Ludwig Feilchenfeld

Rabbi Josel von Rosheim

ein Beitrag zur Geschichte der Juden in Deutschland im Reformationszeitalter

Ludwig Feilchenfeld

Rabbi Josel von Rosheim
ein Beitrag zur Geschichte der Juden in Deutschland im Reformationszeitalter

ISBN/EAN: 9783743600997

Hergestellt in Europa, USA, Kanada, Australien, Japan

Cover: Foto ©ninafisch / pixelio.de

Weitere Bücher finden Sie auf **www.hansebooks.com**

RABBI JOSEL VON ROSHEIM

EIN BEITRAG
ZUR GESCHICHTE DER JUDEN IN DEUTSCHLAND
IM REFORMATIONSZEITALTER

INAUGURALDISSERTATION

ZUR

ERLANGUNG DER DOCTORWÜRDE

DER

HOHEN PHILOSOPHISCHEN FACULTÄT

DER

KAISER-WILHELMS-UNIVERSITÄT zu STRASSBURG

VORGELEGT VON

LUDWIG FEILCHENFELD.

STRASSBURG
J. H. ED. HEITZ (HEITZ & MÜNDEL)
1898.

Genehmigt von der philosophischen Facultät der Kaiser-Wilhelms-Üniversität zu Strassburg am 19. Juni 1897.

Einleitung.

Der Zustand des Elsass beim Ausgange des Mittelalters bietet uns ein deutliches Beispiel für die in Deutschland herrschende Zerissenheit und für das immer mehr zunehmde Streben nach Decentralisation in dieser Zeit. Seit 1423 war von Reichswegen dem Pfalzgrafen bei Rhein die Landvogtei über das Elsass übertragen, und das seit 1472 begründete Hofgericht in Heidelberg diente neben dem Reichskammergericht als Berufungsinstanz. Das Land zerfiel in eine obere und in eine untere Landvogtei, jene mit der Hauptstadt Ensisheim, diese mit Hagenau als Verwaltungswohnsitz. Die bedeutenste Stadt des Landes, die alte Bischofsstadt Strassburg, hatte sich am 8. März 1262 durch die Schlacht bei Hausbergen von der Herrschaft ihres geistlichen Oberhauptes unabhängig gemacht, sie erscheint fortan als freie Stadt. Die Verwaltung wird geführt durch einen aus allen Ständen gebildeten kleinen Rat, dem seit 1433 ein nur aus Gewerbetreibenden zusammengesetzter grosser Rat zur Seite steht; letzterem müssen alle neuen Gesetze zur Prüfung und Genehmigung vorgelegt werden. Seit dem Jahre 1487 erhalten auch die abgegangenen Ratsherren, die schon vorher zuweilen zu Rate gezogen waren, eine entscheidende Stimme, so dass der wirkliche Rat und die 21 (alten Herren) gemeinschaftlich das Regiment führten. Ausserdem gab es noch den Rat der 13, der die Kriegs- und die auswärtigen Angelegenheiten zu besorgen, und den Rat der 15, der die Aufrechterhaltung der Verfassung und die Vollziehung der Gesetze und Verordnungen zu überwachen hatte. Wenn die 13, die 15 und die 21 mit dem Rate vereinigt waren, nannte man sie die Herren Räte und 21; von ihnen wurden die meisten Verord-

nungen erlassen. Der Rat allein ohne die 3 Collegien war
oberster Richter in Straf-, Criminal- und Polizeisachen.
Er hiess der grosse Rat, seitdem neben ihm noch ein
aus 18 Personen bestehender kleiner Rat gebildet war,
der die geringeren Prozesse zu entscheiden hatte. Da die
Stadt ein privilegium de non appellando besass, so be-
stand dort ein eigenes Stadtkammergericht, welches, vom
Reichsgericht als Berufungsinstanz delegiert, das höchste
Reichsgericht für die Stadt bildete. Unter den anderen
(10) freien Reichsstädten gründete Karl IV. im Jahre 1354
das sogen. Zehnstädtebündnis, er stellte sie unter den
Schutz des Landvogts in Hagenau. Die Städte waren ver-
bündet, es hatte eine der anderen beizustehen; ihre
Truppen standen unter dem Oberbefehl des Landvogts.
Es waren die Städte: Hagenau, Weissenburg, Colmar,
Schlettstadt, Oberehnheim, Rosheim, Mülhausen, Kaysers-
berg, Türkheim und Münster. 1418 wurden sie freige-
sprochen von der Jurisdiction der Landvogtei. Unter
diesen verwickelten Verhältnissen waren die Juden des
Landes den verschiedensten Obrigkeiten auf Gnade und
Ungnade ergeben. Sie hatten als kaiserliche Kammer-
knechte wohl die Möglichkeit, sich um Abhilfe ihres
Notstandes an ihren Schirrmherrn, den Kaiser, zu wenden.
Aber die vielen Leiden, denen sie ausgesetzt waren,
geben ein beredtes Zeugnis, dass sie in ihrer gedrückten
Lage nicht einmal zu dem Mute sich aufgerafft haben,
an geeigneter Stelle Beschwerde zu führen. Nun können
wir die höchst auffallende und wunderbare Wahrnehmung
machen, wie in der ersten Hälfte des sechzehnten Jahrhunderts ein Jude des Unterelsass diesen Mut der Mei-
nungsäusserung gefunden hat, wie Josel von Rosheim es
gewagt hat, auf Grund seines guten Rechtes einen ganz
ungleichen, beinahe aussichtslosen, und doch immer in
den Schranken des Gesetzes sich haltenden Kampf gegen
alle Widersacher seiner Glaubensgenossen zu unternehmen,
wie er mit unvergleichlicher Energie alle seinen Juden
auf Schritt und Tritt in den Weg gelegten Hindernisse
beseitigt hat, ohne Furcht vor Körperkraft, vor irdischer
Macht, vor geistiger Bedeutung. Sehen wir im Folgenden,
wie er seiner grossen, schweren Aufgabe gerecht geworden ist!

Vorwort.

Die Quellen zur Geschichte Josels fliessen ziemlich reichlich, sind bisher auch schon zum Teil verwertet worden, ohne dass wir doch eine rechte Lebensbeschreibung dieses merkwürdigen Mannes besitzen. Ganz ausser acht lassen müssen wir bei Berücksichtigung der Litteratur das zweibändige Werk von M. Lehmann: Rabbi Joselmann von Rosheim. Eine historische Erzählung aus der Zeit der Reformation, Frankfurt a. M., 1879/80. Ueber den belletristischen Wert des Buches haben wir uns hier nicht auszulassen, aber als objektiven Berichterstatter werden wir den Verf. nicht bezeichnen können, da er zunächst seiner Phantasie gar zu freien Spielraum gelassen hat. S. hierüber Geiger's Ztschr. f. d. G. d. J. V, 308. Von wirklich zuverlässigen Quellen hat Lehmann nur die Memoiren Josels und die beiden Notizen im Jossif Omez benutzt. Die von ihm abgedruckten, sehr willkürlich verwerteten zwanzig Urkunden sind nur sehr fehlerhaft wiedergegeben und vor allem nicht aus erster Quelle geschöpft, sondern aus der sogen. Birkenthal'schen Sammlung. S. Geiger's Ztschr. I, 106 und das 202 f. Diese Sammlung, die sich jetzt im Besitze des Herrn Oscar Lehmann-Mainz befindet, enthält Kopien einer grossen Anzahl für die Geschichte der Juden wertvoller Urkunden aus den verschiedensten Archiven Südwestdeutschlands. Diese Kopien sind zwar amtlich als mit den Originalen übereinstimmend beglaubigt, sind aber bei näherer Prüfung doch nicht als durchaus zuverlässige Abschriften anzusehen. Immerhin bleibt Lehmann das grosse Verdienst, die Aufmerksamkeit weiterer Kreise auf Josel gelenkt zu haben. Vor Lehmann hat E. Carmoly zwei Aufsätze über Josel veröffentlicht: 1) Analecten von Dr. C. in Brüssel. 7. Ein allgemeiner Anwalt der Juden im deutschen Reiche, in «Israelitische Annalen» ed. M. Jost. Frankfurt a. M., 1839, pag. 94; 2) Joseph Louans, surnommé Joselman Rosheim, in «La France Israélite,» Frankfurt a. M., 1858, pag. 128—138. Ausserdem bringt er noch in «Revue orientale», Bd. II, 1842, pag. 25 eine kurze Notiz über Josel. Seine Mitteilungen sind als durchaus unzuverlässig anzusehen, C. stellt die kühnsten Behauptungen auf, ohne die Spur eines Beweises dafür zu erbringen. Noch schlimmer sind die Arbeiten Scheids: Joselman de Rosheim, in «Revue des études juives», Bd. XIII, 1886, pag. 62—84, und pag. 248—259, und ders. in seiner Histoire des juifs d'Alsace, Paris, 1887 an verschiedenen Stellen. Scheid hat zwar viel urkundliches Material aus den elsässischen Archiven benutzt, hat aber die meisten Urkunden ganz falsch und mit sehr vielen Lesefehlern zum Abdruck gebracht und auch verwertet. Auf einzelne dieser Fehler ist schon aufmerksam gemacht worden, auch ich habe im folgenden ganz ungesucht, ohne dabei Anspruch auf Vollständigkeit zu machen, Gelegenheit, ihm die gröbsten Verstösse nachzuweisen. In Scheids Wegen ist A. Glaser gewandelt in seiner kleinen Schrift: Geschichte der Juden in Strassburg, Strassburg, 1894. Für eine ernste Arbeit über Josel müssen auch unberücksichtigt bleiben die Arbeiten von J. Loeb: 1) Rabbi Joselmann de Rosheim in «Revue des ét. j.» Bd. II. 1881, pag. 271—277, und 2) unter demselben Titel das. Bd. V, 1882, pag. 95—103; ebenso von Jean de Barr (Nerlinger): Le rabbi Joselman in seiner «Petite collection Alsacienne, Études Alsaciennes, Paris, 1884, pag. 77—88, weil sie ohne Rücksicht auf die Zuverlässigkeit ihrer Gewährsmänner gearbeitet haben. Auch den Angaben Gractz's in seiner «Geschichte der Juden», Bd. IX., 3. Aufl., kann man nicht unbedingt trauen, da er in der Benutzung der ihm zu Gebote stehenden Quellen nicht vorsichtig und gewissenhaft genug zu Werke gegangen ist. Auf die brauchbaren Arbeiten kommen wir bei Be-

sprechung der Quellen zurück. Die hebräischen Quellen
sind, da es sich um Werke Josels handelt, an anderer
Stelle zu besprechen ; merkwürdig ist, dass sich in zeitgenössischen hebräischen Gutachten keine Erwähnung
Josels vorfindet. Sehr ergiebig ist für unseren Zweck
das Stadtarchiv Strassburg. Das für die apologetische
Wirksamkeit Josels in Betracht kommende ist grösstenteils schon von H. Bresslau verwertet worden : Zur Geschichte Josels von Rosheim, in Geiger's Ztschr. f. Gesch.
d. J. Bd. V, 1892, pag. 307—334. Das übrige, für Josels
Beziehungen zur Stadt überaus wichtige Material ist bisher noch nicht in genügender Weise verarbeitet worden,
ebensowenig wie die auf dem kaiserlichen Bezirks-Archiv
für das Unterelsass in Strassburg befindlichen Landvog-
teiakten. Auch von den jetzt von Wetzlar nach Strassburg auf das Bez.-Arch. gebrachten Prozessacten vom
Jahre 1535 ist von Scheid nur in unbefriedigender Weise
Gebrauch gemacht worden ; dagegen sind die das. befindlichen Acten, die über den Prozess mit Colmar berichten, schon gewürdigt von Kracauer : Procès de R. Joselmann contre la ville de Colmar, in «Revue d. ét. j.» Bd.
XIX, 1889, pag. 282—293. Aber er hat den Gegenstand
nicht erschöpfen können, da ihm das auf dem Stadtarchiv in Colmar befindliche, entsprechende, umfangreiche
Urkundenmaterial nicht zu Gebote stand. Dieses ist nun
wieder einseitig und auch nicht ganz erschöpfend, besonders was Josels Wirksamkeit dabei betrifft, verwertet
von H. Mossmann in seiner «Étude sur l'histoire des
juifs à Colmar», Paris, 1866 (Extrait de la Revue de
l'Est). Für Josels Beziehungen zur Stadt Oberehnheim
kommen mehrere auf dem dortigen Stadtarchiv befindliche Urkunden in Betracht, die in der Hauptsache schon
benützt sind von J. Gyss in seiner «Histoire de la ville
d'Obernai», 2 Bde, Strassburg, 1866. Ueber Josels Verhandlungen mit Württemberg berichten bisher noch nicht
ausreichend verwertete Urkunden des königlich württembergischen geheimen Haus- und Staats-Archivs in Stuttgart. Ein interessantes Aktenstück aus dem das. befindlichen ehemaligen Deutschordensarchiv zu Mergentheim,
wichtig für Josels Beziehungen zu dem deutschen Orden,
bringt Loewenstein zum Abruck : Joselmann von Rosheim,
in «Israelitische Monatsschrift» wissenschaftl. Beil. zur

— 4 —

«Jüd. Presse», Berlin, 1890, pag. 46. Einige auch in anderen Archiven noch vorhandene Kaiserurkunden aus dieser Zeit bringen die Pfälzer Copialbücher des Grossherzoglich badischen Generallandesarchivs zu Karlsruhe. Eine Urkunde aus dem Königlich bayrischen allgemeinen Reichsarchiv zu München bringt Aretin in seiner «Geschichte der Juden in Baiern», Landshut, 1803, pag. 52—57, inhaltlich wiedergegeben von Kracauer in Revue XVI, 105. Eine ebenfalls für uns in Betracht kommende Urkunde aus dem Archiv des germanischen Nationalmuseums in Nürnberg ist abgedruckt von M. Stern: Joselmann von Rosheim und seine Nachkommen, in Geiger's Ztschr. Bd. III, pag. 66—74. Sonst habe ich in Bayern keine für Josel zu berücksichtigende Urkunde feststellen können. Wahrscheinlich aus dem Wiener Staatsarchiv druckt G. Wolf zwei Urkunden ab: Josel Rossheim (Loans), in Geiger's Ztschr. III, pag. 165—170. Zu erwähnen wäre schliesslich noch eine von Josel unterschriebene hebräische Urkunde bei Horovitz, Frankfurter Rabbinen, 1882, I, pag. 46—47. Eine Zusammenstellung der Zeitschriftenaufsätze über Josel mit einigen Ungenauigkeiten bieten Burkhardt und Stern: Aus der Zeitschriftenlitteratur zur Geschichte der Juden in Deutschland, in Geiger's Ztschr., Bd. II, pag. 14.

Den verschiedenen löblichen Archiv- und Bibliotheksverwaltungen spreche ich für die Bereitwilligkeit, mit der sie mir das in Betracht kommende Urkunden- resp. Büchermaterial zur Verfügung stellten, sowie dem löblichen Curatorium der Zunzstiftung für die mir zur Drucklegung bewilligte Subvention meinen herzlichsten Dank aus.

I.

Im Jahre 1470 wurden auf dem Kirchhofe der Christen zu Endingen vier Leichen gefunden, deren Tod gewaltsam herbeigeführt zu sein schien. Es wurden daraufhin drei dortige Juden, die Brüder Mercklin, Helya und Eberlin gefänglich eingezogen und durch die Folter gezwungen, in falschem Geständnis auszusagen, dass sie gemeinsam mit noch anderen Juden aus Pforzheim jene Christen ermordet hätten, um ihr Blut zu Beschneidungszwecken zu gebrauchen. Auf dies Geständnis hin wurden die drei ebenso wie die von ihnen als Mitschuldige bezeichneten vier Pforzheimer Juden verbrannt.[1] Ein Neffe jener drei Endinger Brüder, Namens Gerson, der Vater unseres Josel, der selbst in seinen Memoiren[2] über diese Verfolgung berichtet, entrann nur mit Mühe dem auch ihm drohenden Verderben. Josel schreibt hierüber: «Und es war im Jahre 231 des 6. Tausends (= 1470/71), da kamen die Dränger Endingens, um ihr Netz zu werfen über drei Brüder, Oheime meines Vaters; sie wurden zusammen auf einmal ergriffen, und mein Vater rettete

---

[1] S. Wolfram in Ztschr. f. d. Gesch. d. Oberrh., N. F., Bd. II, pag. 318; dasselbe bei Kracauer in Revue d. ét. j. XVI, 237 f. Ueber das auf diese Angelegenheit sich beziehende Endinger Judenspiel s. Geigers Ztschr. f. G. d. Jud. II, 358 f., das. II, 210 und III, 65 Anm. 2.

[2] N. 1. Die aus den Memoiren Josels im folgenden gemachten Anführungen sind eine wörtliche Uebersetzung aus dem hebr. Abdruck von Kracauer in Revue etc. XVI, pg. 84 f.

mit Mühe durch Gottes Hilfe sein Leben. Und es kamen
die Feinde, um ihre Seele zu peinigen mit allen Arten
von Züchtigungen, bis sie gezwungen waren, falsch zu
bekennen wegen des Bastards (Christculeiche), der gefunden war in dem unreinen Weinberge (Christenkirch-
hof). Und sie wurden verbrannt zur Heiligung Seines geprie-
senen Namens; auch die Heiligen Pforzheims wurden in
diesem Zeitabschnitt verbrannt. » [1] Dies ist die früheste
Nachricht über Josels Vorfahren; was dagegen von Carmoly [2] über Urgrossvater und Grossvater Josels, was ferner von demselben [3] und von Scheid [4] über die Herkunft
von Josels Familie aus dem französischen Orte Louhans
erzählt wird, müssen wir als gänzlich unbewiesen ausser
acht lassen. Ob überhaupt der Familienname Louans,
den sich Josel selbst nur einmal, — bei ungewisser Lesung — beilegt, [5] während er von anderen ihm gegenüber
gar nicht gebraucht wird, auf einen gleichnamigen Ort
hinweist, ob er auf irgend welche Verwandtschaft Josels
mit dem Leibarzte Kaiser Friedrich's III. und Lehrer
Reuchlins [6] schliessen lässt, muss ganz dahingestellt
bleiben. Als sicher können wir nur feststellen, dass
Gerson 1470 aus Endingen hat fliehen müssen, und dass
wir ihn 1477 in Oberehnheim vorfinden. Als in diesem
Jahre Karl der Kühne mit dem Herzog René um den
Besitz Lothringens kämpfte, und als die Eidgenossen und
die Städte des Elsass mit René im Bunde dem bedrohten
Nancy zu Hilfe eilten, da veranstalteten die Schweizer
Söldner an den Orten des Elsass, die sie durchzogen,
Judenverfolgungen, so in Schlettstadt, Bergheim, Kaysers-
berg, Ammersweiler, Türkheim, Colmar und Ensisheim. Die
Juden Oberehnheims, unter ihnen auch Gerson mit seiner
Frau Reislin, die wahrscheinlich aus Hagenau stammte,
— zwei ihrer Brüder wohnten daselbst, [7] — flüchteten

---

[1] Die hieran sich schliessende Mitteilung Josels über die Tötung
eines Bruders seines Schwiegervaters in Hagenau steht mit dem Endinger Ereignis nicht in Zusammenhang.

[2] Isr. Ann. 1839, pag. 94.

[3] La France isr. pag. 181.

[4] Revue d. ét. j. XIII, 63.

[5] S. Horovitz, Frankfurter Rabbinen, I, pag. 47.

[6] S. Scheid in Revue d. ét. j. XIII, 68; Graetz, Gesch. der Juden, Bd. IX, 3. Aufl., pag. 86; Carmoly in Isr. Ann. 1839, pag. 94.

[7] S. Kaufmann, R. Jair Chajjim Bacharach, pag. 9.

sich noch rechtzeitig nach zwei benachbarten festen Plätzen, wo sie ein Jahr lang notdürftig ihr Leben fristeten. Josel erzählt von dieser Verfolgung [1] : «Ich habe von meinem Vater gehört, dass er und meine Mutter, auch alle ihre Freunde und ihre Kinder aus der Stadt Oberehnheim gezogen sind; in Verbindung mit den Bewohnern des Landes flohen sie vor ihrer Stimme und flüchteten sich in zwei Festungen, Barr (?) und Lützelstein, und sie waren dort ein ganzes Jahr in Hunger und Durst.» Und nach weiteren Ausführungen über die unglücklicheren Schicksale anderer Gemeinden des Elsass, Ausführungen, die sich mit den Aufzeichnungen des Niederehnheimer [2] und Oberehnheimer [3] Memorbuches decken, schreibt er ; «Und gepriesen sei Gott, der meinen Vater und meine Mutter und alle Familien unserer Freunde und Verwandten mit den übrigen Männern und Frauen, Knaben und Kindern errettet hat. . . .» Wenn wir nun Josels wahrheitsgetreue, sorgfältige Ausdrucksweise in Betracht ziehen, so werden wir nicht fehlgehen, wenn wir aus obigem Berichte schliessen, dass um diese Zeit Josels Eltern noch keine Kinder besessen haben, dass mindestens Josel damals noch nicht geboren war, da er sonst auch für s e i n e Rettung gewiss an dieser Stelle Gott gedankt und überhaupt von der Rettung von Geschwistern geredet hätte. Wir können deshalb annehmen, dass Josels Eltern, als sie im Beginn des Jahres 1477 bei der Wiedereroberung Burgunds durch die Schweizer fliehen und sich ein Jahr verborgen halten mussten, noch kinderlos waren. Josel kann daher nicht vor 1478 geboren sein, aber auch nicht viel später. Josel macht nämlich vom Jahre 1536 an in verschiedenen Urkunden gelegentlich gleichmässige Angaben über die bisherige Dauer seiner Thätigkeit. So bemerkt er im Jahre 1554 : [4] «. . . dass ich nun bei 50 jaren der juden halben . . . zu friden und einigkeit gewesen.» Da er hiernach also seit ca. 1504 für die Juden, wenn auch nicht gleich amtlich, thätig war, da er also schon seit diesem Jahre für die Interessen einer Gemeinschaft

[1] Mem. n. 2.
[2] Scheid in Revue XIII, 63 und 266.
[3] Wovon mir Herr Rabb. Dr. Salfeld-Mainz freundlichst Abschrift zugehen liess.
[4] Beil. XXX.

eingetreten ist, so kann er im Jahre 1504 nicht gut viel jünger als 26 Jahre gewesen sein. Es spricht hierfür noch der Umstand, dass er in seinen Memoiren[1] für dasselbe Jahr 1504 schon von seinen «Hausleuten» spricht; wenn er demnach in diesem Jahre schon Gatte und Vater war, so wird er wohl kaum später als 1478 geboren sein. Eine genauere Bestimmung seines Geburtsjahres haben wir leider nicht.

Als Geburtsort Josels gibt Carmoly[2] Rosheim an, ohne allerdings irgend welche Nachweise dafür zu erbringen. Es lässt sich aber nachweisen, dass Josel sicher nicht in Rosheim geboren ist. Denn die Juden der Landvogtei Hagenau schreiben in ihrer Klageschrift gegen Oberehnheim im Jahre 1522[3] von Josel: «. . . unser verseher und gwalthaber Josyl juden, jetzunt zu Rossen gesessn, zu der röm. kais. Mt. Maximilian, . . . usgesant.» Hieraus geht jedenfalls hervor, dass es eine Zeit vor 1522 gegeben habe, zu welcher Josel nicht in Rosheim gewohnt hat, und wir fassen die Stelle wohl richtig auf, wenn wir daraus folgern, dass Josel zur Zeit der hier erwähnten Entsendung zu Kaiser Maximilian, also im Jahre 1515, noch nicht in Rosheim gewohnt habe. Diese Folgerung erweist sich aber als unzweifelhaft richtig, wenn wir eine andere Stelle aus der oben angeführten Supplication Josels an den Hagenauer Rat vom Jahre 1554[4] betrachten, in welcher es heisst: «dann ich nun bei 40 jaren zu Rossheim gewhonet». Josel ist also erst um das Jahr 1516 nach Rosheim gekommen. In Oberehnheim ist Josel aber auch nicht geboren; denn nach der Judenaustreibung des Jahres 1477 weigerte sich diese Stadt, ebenso wie die anderen Reichsstädte des Elsass, trotz verschiedener Aufforderungen seitens des Landvogts und sogar des Kaisers, bis zum Jahre 1500 hartnäckig, die Vertriebenen wieder aufzunehmen.[5] Haben nun Josels Eltern mit noch anderen, vielleicht verwandten Familien, sich im Jahre 1478, nach dem einjährigen Aufenthalte in der Festung, in Mittelbergheim in Sicherheit gebracht, und hat Josel dort das

---

[1] N. 3.
[2] La Fr. isr. pag. 131.
[3] Beil II.
[4] Beil. XXX.
[5] S. Gyss, Hist. de la v. d'Obernai, I, 270 f.

Licht der Welt erblickt? Wir haben keinen weiteren Anhaltspunkt für diese Vermutung, als dass sich im Jahre
1551 ein Vetter Josels, Namens Jeckel, in Oberbergheim
nachweisen lässt,[1] und dass wir Josel selbst in den Jahren
1512 und 1514 in Mittelbergheim vorfinden. 1512 wird
«Jesel, der jud von Mittelbergheim», vom Strassburger
Rat bestraft, weil er ohne Erlaubnis und Geleit des
Stadtmeisters mehrmals mit seiner Frau nach Strassburg
gekommen ist. «Hot geschworen ein urphete siner ge-
fangnüss, dieselbe nit wollen rächen gegen der statt
Strassburg, allen iren burgern oder zugewanthen».[2] Im
Jahre 1514 finden wir «die Söhne Mittelbergheims» und
ihn mit ihnen, im Ganzen acht Personen, der Hostienschändung angeklagt. «Und sie setzten uns in zwei Ge-
fängnisse der Stadt Oberehnheim, und es vergingen über
uns zweimal sieben Wochen, bis unser Recht und unsere Gerechtigkeit ans Licht kam . . .»[3] Vielleicht ist Josel auf
Grund dieser Anklage bald darauf von Mittelbergheim
fortgezogen und hat sich in Rosheim niedergelassen.

Ueber seine Erziehung und seinen Bildungsgang wissen wir nichts, aus seinen zahlreichen Werken können wir
aber auf seine grosse Vertrautheit mit dem hebräischen
Schrifttum schliessen, die er sich jedenfalls schon in der
Jugend erworben hat. Hierbei steht fest, dass Gerson, über
dessen Gelehrsamkeit wir trotz Carmoly[4] gar nicht unterrichtet sind, auf Josels Erziehung so gut wie gar keinen
Einfluss gehabt hat; denn Josel selbst erzählt, dass er
seinen Vater als sechsjähriger Knabe verloren habe.
«Und ich habe ihn (einen Oheim) gesehen in den Tagen
meiner Jugend in der Stadt Hagenau; als ich sechs Jahre
alt war, war ich bei ihm und bei meinem frommen Oheim
Rabbi Elia, der nach der heiligen Stadt Jerusalem ging
und mich mit sich nehmen wollte, da starb mein Vater».[5]

---

[1] Jeckel an den Rat um Geleit, empf. 9. April 51, Stadtarch.
Str. IV. 127. Orig.

[2] Mitteil. d. Ges. f. Erh. d. gesch. Denkm. im Els., 2. Folge,
Bd. 15, Strassb., 1892, pag. 231, n. 3398, auch bei Glaser, Gesch.
d. J. in Strassb., pag. 28. S. Scheid in Revue XIII, 75 und Strobel,
Vaterländ. Gesch. des Els., III, 485.

[3] Mem. n. 6.

[4] La Fr. isr. pag. 181.

[5] S. Kaufmann, R. Jair Chajjim Bacharach, pag. 9, nach einer

Verschiedene Urkunden lassen darauf schliessen, dass
Josel, der Sitte der Juden folgend, das Geldgeschäft zu
seinem Hauptberufe gewählt habe. So bekennen am
4. Juli 1549 vor dem Rate zu Rosheim Viax Bonn und
seine Frau aus Bertschweiler, dass sie Josel 50 Gulden
schuldig seien; am 27. Dezember 1549 gesteht Martin
Fell zu Oberehnheim Josel eine Geldforderung zu. [1] Ferner beklagt sich Josel in einem undatierten Schreiben
an den Landvogt, dass Schultheiss und Amtmann zu
Boersch, obwohl Josel sowohl vom Landvogt wie vom
Strassburger Domkapitel die Anerkennung einer Forderung auf den Nachlass eines verstorbenen Schuldners
zu Boersch erhalten habe, ihm kein Recht widerfahren
lasse. Josel droht mit einem Prozess in Rottweil. [2] Sodann macht Josel zum Jahre 1504 folgende merkwürdige
Mitteilung in seinen Memoiren, [3] die jedenfalls auch auf
den gewerbsmässigen Betrieb des Geldausleihens schliessen
lässt. «Im Jahre 263 nach der kleinen Zahl» — d. h.
mit Auslassung der Tausender — «und 264 und 265
(1503—1505) kämpften viele Völker im Namen unseres
Herrn, des Kaisers Maximilian, gegen den Herzog von
Heidelberg, bis sie ihn mit Erniedrigung von verschiedenen Festungen und Orten stürzten . . . Und es blieb
mir nichts als einige Gegenstände und ein Teil von den
Schulden, in der Aufrichtung auf Treu und Glauben (?).
Auch 101 (oder 140?) ganze Gulden brachte ich heraus
aus den Zähnen der Frevler, um sie vor ihrer Hand zu retten ...» Josel bezieht sich hier auf den im Jahre 1504 zwischen
Kaiser Maximilian und Ruprecht, dem zweiten Sohn des Kurfürsten von der Pfalz, um die Nachfolge in Baiern-Lands-
hut, wo Georg der Reiche kinderlos verstorben war, ausgebrochenen Kampf. Maximilian liess hierbei die Landvogtei
Hagenau, die seit Kaiser Sigmund an die Pfalzgrafen
verpfändet war, verwüsten. Wie wir sehen, wurde auch

Copie Neubauers aus einer Hdschr. Josels, cod. Oxford 2240, über
die wir noch besonders sprechen.
   [1] Aus einer auf Bitten des Oberehnheimer Rats aus den Proto-
kollen des Rates zu Rosheim von diesem gemachten Niederschrift
über die von den Bürgern zu Oberehnh. und Berschweiler bei den
Rosheimer Juden gemachten Schulden, 14. Febr. 1551. Arch. Oberehnh.
   [2] Bez. Arch. Str. C. 78.
   [3] N. 8.

Josel hierbei nicht verschont, sein ganzer Besitz wurde
ihm geraubt, und, wie wir wenigstens die etwas dunkle
Stelle auffassen zu müssen glauben, auch die bei ihm
befindlichen Schuldverschreibungen wurden vernichtet, so
dass er nur noch einen Teil seiner Schuldforderungen,
die auf Treu und Glauben, nämlich mündlich, geleisteten
Darlehen sein eigen nennen konnte. Während so sein
Beruf ihn eigentlich auf das Geldgeschäft hinwies, hat
Josel doch einen sehr grossen Teil seiner Zeit eifrigster,
uneigennützigster Arbeit gewidmet. Ehe wir uns aber
der Darstellung seiner Thätigkeit für die Juden zuwenden,
müssen wir erst über den Charakter des dieser zu Grunde
liegenden Amtes und die Art und Weise seiner Ernennung
hierzu das Nähere erfahren.

II.

Es ist zweifellos, dass Josels umfangreiche Thätigkeit
für die Juden, zunächst allerdings hervorgegangen aus
seiner regen Anteilnahme für das Ergehen seiner bedrängten Glaubensbrüder, doch im Ganzen eine ihm von
Amtswegen übertragene Befugnis zur Grundlage hatte.
Aber während aus der ganzen Wirksamkeit Josels das
Vorhandensein einer amtlichen Bevollmächtigung mit Notwendigkeit sich ergiebt, treten dem Versuche, dieses Amt genauer zu charakterisieren, schärfer zu definieren, verschiedene Schwierigkeiten entgegen; in der That ist es auch
bisher nicht gelungen, in dieser Beziehung befriedigende
Auskunft zu erhalten. Schon die Frage, wer denn Josel
in sein Amt berufen habe, ist bisher von Loeb,[1] von
Scheid,[2] von Carmoly[3] und von Lehmann[4] fälschlich
dahin beantwortet worden, dass hier eine Ernennung
seitens Kaiser Maximilians vorliege.[5] Zu dieser Annahme
wurde man hauptsächlich durch den Umstand verleitet,
dass ein anscheinend ähnlicher Fall aus einer früheren

[1] Revue des ét. j. II, 272. [2] Das. XIII, 64.
[3] Isr. Ann. 1839, pag. 94.
[4] R J. v. B. I, pag. 81.
[5] Scheid in Revue XIII, 65 behauptet sogar, dass der Kaiser
ihm den Titel «Parnos und Manhig» verliehen habe!

Zeit sich urkundlich nachweisen lässt. Im Jahre 1407 bestellte nämlich König Ruprecht den Juden Israel zum obersten Hochmeister der deutschen Juden.[1] Ebenso übertrug der kaiserliche Erbkämmerer Konrad von Weinsberg mit kaiserlicher Vollmacht dem Juden Anselm von Köln das Amt eines obersten Rabbi.[2] Dass es Josel nun ebenso ergangen sei, dafür lässt sich aus seinem Leben höchstens ein Anhaltspunkt finden. Am 12. Mai 1533 erhält nämlich Josel von dem Landvogt des Oberelsass, dem Herrn zu Geroldseck, ein Schreiben, das ihn im Auftrage König Ferdinands unverzüglich nach Ensisheim citiert, mit der Aufschrift: «Josslin dem juden, zu Rossheim gesessen, welcher von röm. kais. Mt. zu einem obersten uber alle juden teutscher nation gesetzt sein soll.»[3] Wenn nun diese Titulatur auch beweist, dass die Meinung, Josel sei vom Kaiser ernannt, im Elsass verbreitet war, so muss es doch auffallend erscheinen, dass die höchste Behörde des Oberelsass, die noch dazu dem Bruder des Kaisers unterstellt war, von der Erwählung des im Elsass wohnhaften Josel nicht amtlich und offiziell, sondern nur unklar und gerüchtweise in Kenntnis gesetzt war. Aber nicht nur hieraus müssen wir schliessen, dass Josel seine Ernennung dem Kaiser nicht zu verdanken gehabt hat; mit zwingender Notwendigkeit ergiebt sich dieser Schluss aus dem Verlauf eines Prozesses, der seitens des Vertreters der kaiserlichen Interessen am Reichskammergericht im Jahre 1535 gegen Josel angestrengt wurde. Josel hatte sich in einer am 5. Juli dieses Jahres dem kaiserlichen Kammergericht zu Speier überreichten Supplication[4] als «regierer gemeiner judischait im reich» unterschrieben. Wegen dieser Unterschrift reichte der kaiserliche Procurator Wolfgang Weidner eine Klage gegen Josel ein, der sich eben damals in Speier aufhielt.[5] Josel wurde am 6. Juli auf

---

[1] S. Wiener, Regesten, pag. 71 f. S. M. Güdemann, Gesch. des Erziehungswesens und der Kultur der abendländ. Juden während des Mittelalters u. der neueren Zeit, III, pag. 35 f. Stobbe, Die Juden in Deutschld., 1866, pag. 146 f.

[2] S. Güdemann, Gesch. u. s. w., III, 86.

[3] Bez. Arch. Str. F. 2615, Wetzl. 454, N. 6, Copie.

[4] S. Beil. XII.

[5] Scheid in Hist. des j. d'A. pag. 89 schreibt hier: Quelque

den einundzwanzigsten Tag danach [1] vor Gericht geladen. In der Citation wurde ausgeführt, dass diese Titulatur «unser Mt. als einign rechten regierer gemelter judischait nit zu geringem verkleinern, spot und hon» gereichte, besonders in jetziger Zeit, da — ein Hinweis auf die Wiedertäufer — «sich ainer schlechter geburt und handwerks kuniglichs titels angemast.» [2] Die Vorladung wird Josel noch am 6. Juli übergeben, und am folgenden Tage beauftragt er, da er selbst den Prozess nicht persönlich wahrnehmen könne, [3] Christof Hoss mit der Führung desselben. [4] Am 20. August bittet der Ankläger um Verurteilung und extraordinäre Bestrafung Josels. [5] Am 10. Januar 1536 wiederholt der Fiscal seinen Antrag, am 5. Juli reicht Hoss dagegen umfangreiche Exceptiones ein, am 4. October repliciert Weidner darauf in ausführlicher Schrift. [6] Weidner erwidert hier auf drei von Hoss zur Verteidigung Josels geltend gemachte Sätze. Erstens habe Josel seine Unterschrift unter jenes verhängnisvolle Schriftstück nicht in der Absicht gegeben, um den Kaiser zu verhöhnen, «sonder einfeltiglich, sine dolo, fraude und one alle arglistigkeit und verachtung.» Zweitens habe sich Josel auf Grund seines Amtes nicht anders nennen können und sei auch von verschiedenen Behörden so oder in ähnlicher Weise tituliert worden;

---

tempa après il retourna dans ses foyers et à peine rentré chez lui il reçut la visite du sieur Leonhardt Speyer...!

[1] Scheid in Revue XIII, 65 übersetzt: le 21 du mois prochain!

[2] Beil. X, im Auszuge, ganz unsinnig abgedruckt von Scheid in s. Hist. des j. d'A. pag. 373, ebenso übersetzt von dems. in Revue XIII, 65. So giebt er, um nur ein Beispiel beizubringen, die Stelle: «auch on einichen schein» dort wieder: «auch an einichen schein», und übersetzt entsprechend hier: sur certaine parchemins!

[3] Was Scheid in s. Hist. des j. d'A. pag. 89 als Hinderungsgrund angiebt: Mais Joselin avait énormément à soigner à Strasbourg et dans les environs, suivant la promesse, qu'il en avait faite au magistrat, ist reines Phantasiegebilde.

[4] Beil. XI, nur zum Teil und ganz unlesbar gedruckt von Scheid in s. Hist. des j. d'A. pag. 874. Dafür, dass Josel den Hos schon lange gekannt habe, wie Scheid in Revue XIII, 66 behauptet, liegt gar kein Anhaltspunkt vor.

[5] Libellus summarius, fiscal ca. Josel juden, der sich nennt ein regierer gemeiner judischait. Bez. Arch. Str. F. 2615. Wetzl. 454. n. 3.

[6] Das Gerichtsprotokoll, beginnend: «Kais. fiscal actor, Joslin jude von Rosheim reus». Bez. Arch. Str. F. 2615, Wetzl. 454. Die exceptiones das. n. 4, s. Beil. XII; die replice, das. A, s. Beil. XIII.

zum Beweise hierfür habe Hoss acht an Josel gerichtete
Briefe als Belege beigebracht. Drittens habe der hebräisch-
chaldäische Sprachgebrauch die Uebersetzung der Wörter
«Parnos» und «Manhig» durch «Regierer» als notwendig
erscheinen lassen. Was Hoss sonst noch zur Rechtfertigung
Josels anführt, z. B. dass Josel zum Unterschiede von noch
einem im (Ober-)Elsass wohnenden Juden Josel «Regierer» genannt worden sei, oder dass das Wort «regieren»
auch noch in anderen Verbindungen gebraucht werde,
die nicht als Beleidigungen des Königs gälten, — das
Geld regiert die Welt —, hält Weidner einer Erwiede-
rung nicht wert. Im Uebrigen macht er gegen ihn geltend: Selbst wenn man annehmen dürfte, dass Josel eine
böse Absicht nicht gehabt habe, so müsse doch in diesem
Falle «factum ipsum per se intolerabile» erwogen werden,
da sonst diese Ausrede auch in wichtigeren Fällen gebraucht werden könne. Hierzu komme, dass der Ange-
klagte ein Jude und so nach kaiserlichem Rechte «feralis secte et nativus Christiani nominis hostis» sei, und
deshalb müsse man bei ihm trotz seines Leugnens eine
böse Absicht voraussetzen ebenso wie bei einem Sklaven.
Sodann habe sich Josel auf Grund seines Amtes nicht «Regierer» zu nennen brauchen, da dieses durch die Worte
«Anwalt» oder «Befehlshaber» nach des Verteidigers ei-
genem Geständnis ebenso gut hätte geschehen können.
Und wenn ihn auch viele Leute als «Regierer» tituliert
hätten, so hätte er sich darum doch noch nicht so nennen dürfen; «quia titulum inconsuetum et incompetentem agnoscere, propterea quod ab aliis adscribatur, minime
licet.» Auf den hebräischen Sprachgebrauch endlich
brauche man in einer deutsch geschriebenen Urkunde
nicht Rücksicht zu nehmen, abgesehen davon, dass ja
selbst nach hebräischem Sprachgebrauch eine andere
Uebertragung als «Regierer» möglich gewesen wäre. [1]
Ueber den weiteren Gang der Verhandlung wissen wir
nur, dass Hoss am 10. und Weidner am 17. November
nochmals zu Worte kommen. [2] Das Gerichtsprotokoll
bricht hier ab, aber der Prozess hat sicher noch fortge-

---

[1] S. die lückenhafte und falsche Wiedergabe der Verteidigungsschrift bei Scheid, Hist. etc. pag. 89/90.
[2] Gerichtsprotokoll, Bez. Arch. Str. a. a. O.

dauert; erst am 23. Februar 1540 präsentiert Weidner
«in der entschidnen sachen» seinen Expenszettel.[1] Der
Ausgang des Prozesses war für Josel ungünstig, er wurde
zu einer Strafe von zwei Mark in Gold und zur Tragung
der Kosten verurteilt. Den Titel «Regierer» hat Josel
schon im Jahre 1536 nicht mehr geführt. Die Begründung des Urteils schliesst sich ganz an die Ausführungen
Weidners in den obigen exceptiones an. Da die Juden
heute in Germanien nach römischem Rechte lebten, so
könnten sie zwar ihre Namen ändern; aber da der Name
«Regierer» ein öffentliches Amt voraussetze, und die Juden als berüchtigte, gemeine, verworfene und niedrige
Personen ein solches nicht bekleiden dürften, so sei Josel
in ausserordentlicher Weise zu strafen. Es habe hierbei
nichts zu bedeuten, dass das Wort «Regierer» verschiedene Bedeutungen habe, wenn man es aus dem Hebräischen
— Parnos — übertrüge, «quia verba magis accipienda sunt
in specie quam in genere, licet dubia sint».[2] Diese Anklage, diese Verteidigung und diese Verurteilung muss
uns endgültig darüber belehren, dass Josel nicht vom
Kaiser in sein Amt eingesetzt sein kann. Schon Kracauer[3]
bemerkt mit Recht, Josel hätte vor allem in diesem
Prozesse zu seiner Verteidigung das kaiserliche Ernennungs-
decret, wenn er ein solches überhaupt besessen hätte,
vorgezeigt. Ausser diesem negativen Argument haben
wir hier aber auch einen positiven Beweis, dass Josel
seine Ernennung den Juden zu verdanken gehabt hat. Hoss
macht nämlich zu Gunsten seines Clienten geltend, dass
er sich «gemeiner judischeit und hebraische sprach nach
nit anders» habe nennen können, dass die Worte «Parnos»
und «Manhig» im deutschen am besten mit «Regierer»
wiedergegeben würden. Hieraus geht klar hervor, dass
ihm der hebräische Titel beigelegt wurde, ehe er sich
oder ehe andere ihn «Regierer», «Befehlshaber» u. s. w.

_____

[1] Bez. Arch. Str. das., praes. Wimpfen, 23. Febr. 1540.
[2] S. P. M. Wehner, Practicarum iuris observationum selectarum
liber, Argentorati, 1701, pag. 403, s. v. Regierer; das. pag. 232 s. v.
Juden. Gylmann, Symphoremata, Suppl. Tom. III, continens ... quaes-
tionum .. et in iure controversarum .. decisiones seu praeiudicia
magni auditorii camerae Imperialis, Francofurti, 1622, pag. 163, s.
v. Judaeus.
[3] Revue d. ét j. XIX, 286.

nannten, dass er also von den Juden und nicht vom
Kaiser zum Parnos und Manhig ernannt wurde.

Wie nun Josels Amt in dieser Beziehung einzig ge-
artet dasteht, so unterscheidet es sich auch noch in der
räumlichen Begrenzung der Amtsbefugnisse von jenen
beiden oben erwähnten, in den Jahren 1407 und 1435 ge-
schaffenen Aemtern. Während nämlich Israel «zu unserem und des richs judischen hochmeister über alle und
igliche judische hohemeistere, juden und judin tutschen
landen» ernannt wurde,[1] während Anselm «oberster
meister und rabbi des heiligen richs und der judischeit»
in einem grossen Teile Deutschlands wurde,[2] war dagegen Josels amtliche Wirksamkeit unzweifelhaft auf einen
kleinen Kreis beschränkt, nur auf das Unterelsass, die
Landvogtei Hagenau. Das geht besonders deutlich hervor
aus einer Urkunde, die am 3. Juli 1543 von «Haym jud
zu Isenach, und mit ime David zu Berckhen und Josslin
zu Krotzingen, beide juden als bevelchaber in namen
unser selbs und von wegen gemeiner judischeit der landvogtei Enssisheim in Oberelsass» ausgestellt ist.[3] Diese
Urkunde, in welcher die Juden des Oberelsass sich verpflichten, ebenso wie die Juden des Unterelsass dies schon
im Jahre 1536 gethan hatten, keinen Strassburger Bürger
in Zukunft vor ein auswärtiges Gericht zu laden, enthält
folgende für uns in Betracht kommende Stelle : «Und dor-
ümben und domit sollichs alles destd stetter und vester
gehalten werden solle, so haben wir uns diss falls alle
underwurflich gemacht Josell dem juden zu Rosheim,
also und dergestalt, so unser einer wider dise ordnung
und verschreibung thette oder Hn. meister und rath in
Strassburg diser ordnung und verschreibung halben
mit unser einem zu handlen haben werden, dass gedachter Jeselle uns alle und unser jeden insonders
dorzu halten und wir demselben darin zu gehorsamen
und zu geleben schuldig sein sollen, allermessen als ob
wir in der landvogte Hagenau im Underelsass und also
under ime Josslin sesshaft weren». Wir sehen hier,
dass im Oberelsass zwei Juden denselben Titel wie Josel

---

[1] Wiener, Regesten, pag. 71.
[2] S. Güdemann, Gesch. u. s. w. III, 265 f.
[3] Stadtarch. Str. G. U. P. 174, n. 25, Copie.

führten und in einem einzelnen Falle sich und ihre Juden
dem Urteilsspruche Josels unterwarfen, während er im
übrigen auch nicht einmal im Oberelsass eine führende
Rolle hatte. Josel ist, wie er selbst im Jahre 1553
sagt,[1] nur «in dieser landvogtei Hagenau und auch an
anderen orten» — wobei wir wohl an die zum Teil im
Oberelsass liegenden, verbündeten zehn Reichsstädte zu
denken haben — «gemeiner judenscheit vorgesetzt und
erwelt worden». So konnte am 20. Juni 1536 der Jude
Abraham «von wegen sein und gemeiner judischeit zu
Obbernberckheim» den Rat zu Strassburg bitten, die Juden, «so der obberlandvogti Enssheim underwurflich»,
nicht mitzubestrafen für eine Ungehörigkeit, die sich
einer «us der judischeit, der landvogti Hagenauw gehörig», hat zu Schulden kommen lassen.[2] So macht auch
der Jude Jäckel von Oberbergheim in einem an den
Strassburger Ammeister am 16. October 1553 gerichteten
Schreiben darauf aufmerksam, dass der Jude zu Dangolsheim, der sich gegen die Judenordnung vergangen habe,
«in Jessil juden gbit ist».[3] So weist auch Josel eine
ihm vom Strassburger Rat vorgebrachte Beschwerde über
den Juden Mennel von Dangolsheim im Jahre 1547 mit
der Begründung ab, dass dieser schon seit einigen Jahren
aus der Landvogtei weggezogen sei. «Dorumb ich ime
derenhalben nit mer zu zwingen hab, dan die uslendische,
frembde juden den vertrag nit verbunden sein wöllen».[4]
Der Rat beschliesst hierauf, da Mennel sich auch seiner
Zeit gleich anderen Juden verpflichtet habe, keinen Angehörigen der Stadt vor ein auswärtiges Gericht zu laden, allen Juden das Geleit zu versagen, bis sein Rottweiler Prozess abgestellt sei.[5] Ueber diesen Bescheid
beklagt sich Josel bitter in einem weiteren Schreiben;
gleichzeitig erbietet er sich, durch Androbung der Bann-
strafe auf Mennel einzuwirken. Er ist überzeugt, dass
dies den gewünschten Eindruck machen werde, da ihn
ja andernfalls kein Jude im Elsass beherbergen dürfe,
und Mennel im Interesse seines Geschäftes das Elsass

---

[1] Beil. XXIX.
[2] Stadtarch. Str. IV. 127, Orig. mit abger. Siegel.
[3] Das. das. Orig. mit abger. Siegel.
[4] Das. das. Or. mit abger. Siegel, lectum 17. Sept. 1547.
[5] Das. Ratsprotokolle, a. 1547, fol. 512.

nicht würde meiden können. «Waiss auch woll, dass er diss
Elsassland nit meiden würt, so im kain jud me hörbergen
würd, wu er das ubersehe». [1] Wir sehen also auch hier, dass
Josels Machtvollkommenheit nicht über das Elsass, genauer
das Unterelsass, «diss Elsassland», hinausging und dass
auch der von ihm zu verhängende Bann darüber hinaus
keine Wirksamkeit hatte. Wir können also im Gegensatze
zu Lehmann,[2] Loeb,[3] Scheid[4] und Carmoly[5] Josel nicht
als Befehlshaber sämtlicher deutschen Juden bezeichnen.

Wie ist es aber nun zu erklären, dass Josel vielfach
weit über diesen, ihm durch sein Amt zugewiesenen Wirk-
ungskreis hinaus thätig war? Wie kommt es, dass er als
Befehlshaber für die Juden des Unterelsass bald für die
Prager, bald für die schlesischen, bald für die in Griechen-
land wohnhaften Juden wirkte, ja dass er zuweilen Privilegien für sämtliche deutsche Juden vom Kaiser sich erbat?
Diese Frage erledigt sich mit einer anderen: Welchem
Umstande hatte denn Josel überhaupt seine Erhebung zum
Befehlshaber der Juden der Unterlandvogtei zu verdanken?
Josel war schon vor seiner Erhebung für die Glaubensgenossen in seiner Heimat thätig, und dasselbe Interesse,
das er schon vorher bewiesen hatte, zeigte er auch nach
seiner Ernennung zum Parnos und Manhig, und zwar
nun nicht nur für die Juden des Unterelsass, sondern
für alle Juden, die sich in Not befanden und seiner Hülfe
bedurften. In solchen Fällen, wenn es z. B. galt, gegen
Judenverfolgungen einzuschreiten, oder wenn er für die
Judenschaft Privilegien bestätigt erhalten wollte, ging er in
der Regel nicht eigenmächtig vor, sondern liess, wie dies
aus seinen Memoiren zu ersehen ist, erst eine Aufforderung
seitens der Bedrängten an sich herankommen und liess
sich auch von den betreffenden Gemeinden für seine
Unternehmungen Vollmachten ausstellen. So haben wir
uns die von Hoss in seiner Verteidigungsschrift angeführten «ubergeben gewelten» der hohen Schulen der

---

[1] Das. IV. 127. Orig. mit Siegel. Josels Schreiben trägt in der
Unterschrift das Datum des November, was sich sofort als irrtümlich
erweist in dem Vermerk auf der Rückseite: lectum 26. september a.
47 und in der betr. Notiz der Ratsprotokolle, wo auch September steht.
[2] Jos. v. R. I, 81.
[3] Revue etc. II, 272; das. V, 102.
[4] Das. XIII, 64.
[5] Revue orientale II, 295.

Judenschaft zu Frankfurt u. s. w. zu erklären, so
müssen wir auch das interessante Schreiben verstehen,
das die zu Frankfurt versammelten «rabin und bar-
nossen» am 14. Juli 1551 an Josel, «unseren alten
vorgengern», gerichtet haben. Josel liess sich hier von
den Vertretern einer Reihe jüdischer Gemeinden seine
bisher gethanen Schritte in der Württemberger Angelegenheit bestätigen und weitere Verhaltungsmassregeln geben.[1]
Oder wenn Josel im Jahre 1530 seine Judenordnung zu
Augsburg verkündet, so ist er, der sich, wie wir sehen
werden, im Interesse s e i n e r Juden nach Augsburg
begeben hatte, doch erst durch die Klage der Reichsstände angeregt worden, der gemeinen Judenheit allenthalben von den gegen sie erhobenen Beschwerden Mitteilung zu machen mit der Bitte, «das si sampt und
sonder, selbs oder durch ir volmechtige anwalt . . . gen
Augspurg in reichstag» erscheinen mögen.[2] Dass ihn übrigens der Burggraf von Prag in einem ihm am 20. Oktober 1534 erteilten Geleitsbriefe: «der fursichtig judmeister,
Jossell von Rossheim, obrister rabbi der gemeinen judischeit
durch Beheim und der Theutschland»[3] nennt, haben
wir so zu verstehen, dass «Obrister Rabbi» nicht einen
ständigen, sondern nur einen das augenblickliche Geschäft Josels characterisierenden Titel bezeichnet. Die
Privilegien, welche Josel vom Kaiser erbat, sind, wie
wir dies noch im einzelnen festzustellen haben werden,
zumeist hervorgerufen durch Missstände, die sich unter
den in Josels Bezirk wohnhaften Juden herausstellten,
und sind auch zumeist nur den Juden des Elsass zu gute
gekommen. Und wenn ihn der Kaiser in einem ihm am
7. August 1545 erteilten Privileg als «bevelchhaber gemeiner
unserer judenschaft im heiligen reich» bezeichnet,[4] so ge-
schieht dies nur, weil Josel damals in dem besonderen
Falle einen Auftrag der deutschen Judenschaft ausgeführt
hat. Der Kaiser characterisiert am deutlichsten den räumlichen Umfang des Amtsbereichs Josels in dem ihm am
28. Februar 1548 erteilten Privileg mit folgenden Worten[5]: « . . . in betrachtung des und seines wolhaltens,

[1] Beil XXVII.   [2] Beil. III.
[3] Bez. Arch. Str. F. 2615, Wetzl. 454, n. 10, Copie.
[4] S. Revue des ét j. XIX, 287.
[5] Das. das. pag. 289 f. und Geiger's Ztschr. f. G. d. J. III. pag. 69 f.

darvon er uns glaubwurdigen schriftlichen schein von etlichen landvogten, herrn und andern vom adel, darzu
von namhaftigen stetten, im Elsass gelegen, furbracht,
darinnen sich befindt, das sich gemelter Josel jud bei
hochgedachts unsers anherrn hof . . . und den under-
landvogten zu Hagenaw und in derselben landsart seinem
stand und wesen nach unstrafbar und wol gehalten, wie
er dann auch seither in gemeiner judischait geschcften
auf reichstägen und anderswo mit treuem, emsigen
fleiss . . .» Wir müssen hieraus schliessen, dass Josel,
wenn er auch zuweilen die Interessen eines grösseren
Kreises vertrat, doch seine Hauptwirksamkeit im Unterelsass bethätigte. Wir müssen dies um so eher annehmen,
als Josel, wie schon Kracauer[1] bemerkt, wenn er zum
Befehlshaber der deutschen Juden ernannt worden wäre,
doch sicherlich in seinen Memoiren dessen Erwähnung
gethan hätte. Hier aber lesen wir[2]: «Im Jahre 270
(= 1510) wurde ich eingesetzt in Verbindung mit dem
Fürsten R. Zadok und anderen Männern, das Auge offen
zu halten in besonderer Fürsorge über die Gemeinde,
um sie zu leiten.» Wir werden nun hier zwar nicht mit
Stern[3] einverstanden sein, der aus dem Singular «Gemeinde» schliessen will, dass Josel nach dieser Stelle
nur zum Vorsteher der Gemeinde seines Wohnortes gewählt worden sei; denn sowohl kann das Wort צבור auf
eine grössere Gemeinschaft sich beziehen, als auch lässt
die «Fassung des Satzes» (?) eine solche Erklärung ganz
gut zu. Wenn ich also auch nicht glaube, dass Josel
hier von seiner Ernennung zum Gemeindevorsteher spricht,
besonders da er ja dann von seiner Erhebung zum Parnos
und Manhig gewiss nicht geschwiegen hätte, so wird
uns die «Fassung des Satzes» jedenfalls verbieten, hieraus eine Ernennung zum Führer der Gemeinden des
ganzen Reiches entnehmen zu wollen; in diesem Falle
hätte sich Josel anders ausgedrückt. Ich glaube vielmehr,
dass Josel uns in diesen kurzen Worten hier mitteilen
will, er sei zum Manhig, zum Führer der Gemeinschaft
der Juden des Unterelsass ernannt worden.

Auf diese Weise wäre auch die bisher nicht zufrieden-

---

[1] Revue XIX. 286.   [2] N. 5.
[3] Geiger's Ztschr. f. G. d. J. III, 250 Anm. 1.

stellend beantwortete Frage nach dem Zeitpunkte seiner Ernennung ohne weiteres gelöst. Hier giebt Josel das Jahr
1509—1510 an, und diese Angabe stimmt mit verschiedenen
anderen Zeitbestimmungen, die sich aus mehreren Urkunden
ergeben, völlig überein. So sagt Hoss in seiner oft citierten
Verteidigungsschrift im Jahre 1536, also ungefähr 27 Jahre
nach seiner Ernennung: «Josel jud . . . nun bei 30
jaren lang . . . von wegen gemeiner judischeit gehandelt.»
So schreibt Josel am 8. Juni 1552 an den Strassburger
Rat:[1] «Demnach nun bei 40 joren oder mehr ich nun
der gemeinen juden vorgenger gewesen . .», ebenso an
denselben am 13. November 1553[2]: «hab ich mich nun
mehr dan 40 jar gegen E. Gn. vorfaren und noch gegen-
wurtige derhalben nie klagbar gemacht.» Wenn wir dagegen in einem von Josel an den Pfalzgrafen Friedrich
am 21. Mai 1553 gerichteten Schreiben lesen:[3] «Demnach
ich nun bei 50 jaren lang her in dieser landvogtei Hag . . .
gemeiner judenscheit vorgesetzt . .», oder in einer an
denselben Adressaten gerichteten Supplication, praes. 26.
Januar 1554:[4] «Dwil ich aber nun bei 50 jaren . .
mich dermassen gehalten . . onstreflich», oder schliesslich in einer Supplication an den Hagenauer Rat von demselben Jahre:[5] «. . dass ich nun bei 50 jaren der juden halben . . zu friden und einigkeit gewesen;» so will er,
ausser einer kleinen Uebertreibung, mit dieser Bestimmung
offenbar andeuten, dass er schon einige Jahre vor seiner
Erhebung ins Amt für seine Glaubensgenossen thätig war.

Mit dieser unserer Annahme, dass Josel im Jahre
1510 von den Juden des Unterelsass zu ihrem Führer
ernannt wurde, löst sich auch die Schwierigkeit, die
M. Stern[6] darin findet, dass Josel sich in der am 8.
August 1510 von Kaiser Maximilian angeordneten Kommission von 5 Juden, welche eine Versammlung sämmtlicher
deutschen Juden zu Worms herbeizuführen sollte, nicht
befunden hat. Es wird uns eben nicht wunder nehmen,
dass der in demselben Jahre erst in sein Amt eingesetzte

---

[1] Stadtarch. Str. IV, 127. Orig. mit Siegel.
[2] Das. das. Or. mit Siegel.
[3] Beil. XXIX.
[4] Bez. Arch Str. C. 78, Copie.
[5] Beil. XXX.
[6] Geiger's Ztschr. f. G. d. J. III, 248 f.

Josel in der Wormser Angelegenheit einem anderen, vielleicht
älteren und angeseheneren Juden, nämlich dem Juden Han von
Colmar, welches letztere ja zu dem Bunde der zehn Reichsstädte der Landvogtei Hagenau gehörte, den Vortritt liess.[1]

Dass ferner Josel sich auch nicht an dem Pfefferkornschen Streit beteiligt hat, wird uns unter diesen
Umständen nicht auffallen. Lehmann behandelt zwar
Josels Wirksamkeit gegen Pfefferkorn in sehr ausführlicher und sehr phantasiereich ausgeschmückter Darstellung;[2] auch Scheid,[3] Kracauer,[4] diesem folgend Geiger,[5]
ebenso Graetz[6] behaupten noch eine Einmischung Josels
in den Kampf gegen Pfefferkorn. Aber später ist Kracauer
selbst[7] mit Recht von dieser Ansicht zurückgekommen, die
sich, wie er sagt, weder aus den Memoiren Josels noch aus
den zeitgenössischen Berichten erweisen lasse. Josel
selbst spricht zweimal über das Unheil, das den Juden
durch Pfefferkorn gedroht hat, und zwar zuerst in seinen
Memoiren:[8] «Auch erhoben sich Feinde und Zerstörer
gegen unser Volk, um die schriftliche Lehre zu vernichten,
da zeigte Gott uns ein Wunder im Wunder, dass durch
die Weisen der Völker einer sich gegen ihn erhob, um
die Lehre zu ihrem alten Ansehen zurückzubringen. Und
die Gemeinde Frankfurt gab ihr Leben und ihr Vermögen
preis in vielen Ausgaben hierfür, bis Gott unser Elend
sah und uns errettete von dem Plane des Abtrünnigen.»
Wenn hier auch Pfefferkorns Name nicht genannt ist, so
spricht Josel doch von der durch jenen in Frankfurt
vorgenommenen Bücherconfiscation und von der sich an-
schliessenden Verteidigung der Juden durch Reuchlin.[9]
Ebenso wenig aber wie an dieser bringt Josel an der

---

[1] Zu dieser Versammlung vgl. Geiger's Ztschr. III, 315 f., wo
Bresslau auch diese Urkunde mit der Pfefferkornschen Angelegenheit
in Verbindung bringt.

[2] R. Jos. v. R., I, 19-90.

[3] Revue des ét. j. XIII, 248.

[4] Das. XVI, 102.

[5] Geiger's Ztschr. f. G. d. J. II, 323.

[6] Gesch. d. J., Bd. IX, 8. Aufl., pag. 140.

[7] Revue XIX, 286.

[8] N. 5.

[9] Eine aktenmässige Darstellung der Confiscation der hebr.
Schriften in Frankfurt/M. bietet Kracauer in Geiger's Ztschr. f. G. d.
J. I, 160 f. und 230 f. Er bespricht auch ausführlich die von den
Frankfurter Juden gemachten grossen Geldaufwendungen.

anderen Stelle seine Person mit dem Sreit in Verbindung.
Diese zweite Stelle, aus seinem 1547 verfassten Werke,
lautet nämlich : [1] «Siehe, was sich ereignet hat mit dem
Manne, dem Dränger und Feinde, der mit Namen «Thre-
pha Kazaw» (Metzger) [2] benannt war, der anfangs aufstand, um Einzelne und Viele zu verleumden, und nachher in Streit kam mit unbescholtenen Männern, um zu
verleumden und zu schädigen, bis er zu der bösen Brut hinaus ging, ganz Israel Schmerz zu bereiten. Und er versuchte
zu vernichten und zu vertilgen die mündliche Lehre und
alle heiligen Bücher. Und Gott zeigte uns ein Wunder im
Wunder, dass er einen guten Mann sendete, und ihn zu
besiegen vor dem Bischof, dass es nicht recht sei, den
Talmud und unsere heiligen Bücher zu verbergen. Und
der Bedränger kehrte zurück (von seinem Vorhaben) infolge seiner Beschämung, und Jubel und Freude war bei
den Juden.» Wenn nun auch an anderer Stelle berichtet
wird, [3] dass der Landvogt des Unterelsass, Caspar von
Mörsperg, wegen der seinen Juden fortgenommenen Bücher am 1. Februar 1510 bei dem Frankfurter Rat inter-
venierte, so haben doch die Juden der unteren Landvogtei,
also auch ihr Vertreter Josel, unmittelbar mit der
Pfefferkornschen Affäre überhaupt nichts zu thun gehabt.
Wir haben gar keinen Grund anzunehmen, dass die Notiz
des Frankfurter Bürgermeisterbuchs vom Jahre 1513, [4]
wo «der judden hohe meister, so in kais. hoff liget,» mit
Pfefferkorn in Verbindung gebracht wird, sich auf Josel
bezieht. [5]

. Fragen wir nunmehr noch nach dem Inhalt, nach
der thatsächlichen Bedeutung des Amtes Josels, so werden
wir auch hierbei einen prinzipiellen Gegensatz zu der
oben charakterisierten Stellung Israels und Anselms von
Köln finden, einen Gegensatz, welcher dem schon früher
angegebenen entsprechend ist. Der von seinen Glaubensgenossen . in sein Amt eingesetzte Josel hatte nicht wie
jene beiden vom Kaiser berufenen Männer die Hauptauf-

---

[1] Ms. Oxford n. 2240.
[2] Pfefferkorn war Metzger, s. Geiger's Ztschr. I, pag. 161.
[3] Das. das. pag. 233.
[4] Fol. 90. S. Revue des ét. j. XVI, 104 und Geiger's Ztschr. II, 323.
[5] Für eine andere Persönlichkeit spricht vielmehr der bei Graetz,
Gesch. d. J., IX, pag. 506 f. gebrachte hebr. Bericht.

gabe, die kaiserlichen Kassen durch möglichst reichliche
Eintreibung von Judensteuern zu füllen. Doch lassen wir
hierüber Josel selbst sich äussern. So schreibt er am
8. Juni 1552 an den Strassburger Rat.[1] «Dannach . .
ich nun der gemeinen juden vorgenger gewesen, dorum
nun, was sich zwitracht oder irrung wider die billigkeit
zwischen juden und christen erhalten hat und mir dasselbig fürbracht worden, alwegen die juden dohin gehalten,
das si sich haben nach der erbarkeit miessen halten und
der unbillichheit miessen vermiden, . . . derglichen auch,
was minen verwanten von den uweren etlichen der unverstendigen und gitzigen den minen mit unbilligkeit
entgegen geschehen, und so ich dasselbig E. Gn. fürbracht
oder geclagt hab, alwegen . . . dasselbig . . . glich ab-
gewent . . .»; ferner schreibt Josel im Jahre 1553 an den
Pfalzgrafen:[2] «Demnach ich nun . . . erwelt worden, . . .
wo gemeine judenscheit wider irer freiheiten, . . . lang
jore her bis uf disen tag herpracht und noch bei handen
haben, hiewider einicherlei widerforen wolt, so muss
ich allezeit dasselbige von iren wegen ire beschwere an
orten und enden, do sich dan solche sachen gepüren
wöllen, furpringen . . .» Vergleichen wir mit diesen Angaben Josels noch das, was Hoss in seinen Exceptiones
über seines Klienten Amt anführt[3]: «. . dass Josel jud . .
bei weilant Keiser Maximilian . . ., auch bei itzt regierender kais. und kön. Mt. . . . von wegen gemeiner
judischeit darzu geordnet, gehandelt, uf allen reichstegen
ire freiheiten und confirmationes derselben ausbracht . .», so
sehen wir, dass Josels Aufgabe eine doppelte war. Einerseits
musste er darauf sehen, dass die Juden in ihrem Verkehr
mit den Christen sich keine Unbilligkeit zu Schulden
kommen liessen, andererseits hatte er, nötigenfalls auch
durch Intervention bei dem Kaiser, jede Ungerechtigkeit,
die sich gegen seine Juden richtete, abzuwenden. Als
zum ersten Teil dieses seines Amtes gehörig betrachtete
es Josel, Streitigkeiten und Misshelligkeiten, die sich
unter den Juden selbst erhoben, beizulegen, und infolge
seiner zweiten Verpflichtung nahm er auch wohl die Gelegenheit wahr, um Angriffen, die sich gegen das Juden-

---

[1] Stadtarch. Str. IV. 127. Or. mit Siegel.
[2] Beil. XXIX.   [3] Beil. XII.

tum im ganzen richteten, in Wort und Schrift entgegen-
zutreten. Wie wir wiederum aus Josels Munde wissen,[1]
hat er «ein schweren, hohen eid», jedenfalls der Judenschaft der Landvogtei, wohl auch im einzelnen Falle anderen Juden, die sich um Vermittlung an ihn wendeten,
ablegen müssen, dass er den übernommenen Verpflich-
tungen nachkommen werde. Von einem solchen Amtseide
erfahren wir bei jüdischen Beamten meines Wissens nur
sehr selten. Die Kscherim, alljährlich durch das Los zu
wählende, geachtete Männer in der israelitischen Gemeinde
Posens, denen die Besetzung der jedes Jahr frei werden-
den Ehrenämter der Gemeinde oblag, hatten gleichzeitig
die Aufgabe, der neugewählten Gemeindevertretung Nor-
men für die künftige Verwaltung vorzuzeichnen und sie
durch einen in der Synagoge geleisteten Eid vor der
Amtseinführung zu genauer Beobachtung derselben zu
verpflichten. So berichtet uns das seit dem Jahre 1621
zwei Jahrhunderte hindurch geführte Kscherimbuch, ein
Protokoll über die von den Kscherim getroffenen Bestimmungen.[2] Wenn also ein solcher Amtseid auch auffallend erscheint, so können wir doch keineswegs mit Scheid[3]
annehmen, dass er dem Kaiser geleistet worden sei, da
Josel eben nur Beamter der Juden war. Kraft seines
Amtes hat Josel gemeinsam mit anderen Juden auch
richterliche Befugnisse gehabt, wie dies aus einer Urkunde
vom 9. Februar 1552[4] hervorgeht; aber nur, soweit rein
rechtliche, nicht eigentlich religiöse Fragen in Betracht
kamen. Josel schreibt nämlich: «Demnoch ich noch vermöge unsere jüdische ordnung zu Rossheim mit samt
noch 2 jüdischen rabe und riechter geriecht gehalten,
darzu auch etliche ordnong den juden in diser landvogtei
verkündt, das sie sich der gepür seln halten». In derselben Urkunde spricht Josel es auch aus: «gepürt uns in
disem land, auch keim weltlichen riechter jüdische ehe
bedreffend hierinnen zu erkennen, wie dan alle geschribne
recht vermogen, das sellichs ver geistliche und gelerte

---

[1] Beil. XXIX.

[2] W. Feilchenfeld, Eine Innungsordnung für die jüd. Handwerker
zu Posen in «Zeitschrift der hist. Gesellsch. für die Prov. Posen»,
10. Jahrg., Posen, 1895, pag. 311.

[3] Revue des ét. j. XIII, 64.

[4] Bez. Arch Str. C. 78.

riechter zu ererderen». Er stellt sich hier in Gegensatz
zu dem «geistlichen» Richter und giebt für diese religiöse
Ehefrage, auf die wir noch zu sprechen kommen werden,
den obersten Rabbi von Worms als Autorität an. Josel
fungierte als Richter in den Angelegenheiten, die die Beziehungen der Juden mit den Christen betrafen. Als
Executionsmittel stand ihm ausser Geldstrafen die Verhängung des Bannes zu Gebote, die den Betroffenen von
jedem Verkehr mit seinen Glaubensgenossen ausschloss.
Dieser Bann wurde in gewissem Sinne von der Behörde
anerkannt, denn Josel berichtet uns in einem Schreiben
an den Strassburger Rat vom 15. November 1553[1]: «Wir
haben kein anderen thurn oder weltlich straf den unsern
hohen baun. Wer denselben ein monat übersicht und nit ab-
stölt, der ist kaiserlichem fiscal sein gueter verfallen.» Auch
gebieten die kurfürstlichen Freiheiten:[2] «Wenn die 3
riechter einen us der landvogtei erkennen, se sel hoch-
gedechter curfürst oder derselben cfl. amtlüten demselbigen
nit weiter schurm geben, sonder ime hienwege gepieten».
Danach hatte er also das Recht, widerspenstige Juden auszuweisen. Wenn auch so dieses Amt mit bedeutenden Rechten
und Pflichten ausgestattet war, hat Josel es doch ohne Be-
soldung ausgeübt und sich nur seine Auslagen für die oft
weiten Reisen erstatten lassen. So erzählt er in seinen
Memoiren zum Jahre 1528[3]: «Und obgleich sie mir Vollmacht gegeben haben, bis 300 dafür auszugeben, so habe
ich doch im Gesamtverbrauch des Hingehens und Zurück-
kehrens bis in mein Haus nur 40 Gulden ausgegeben». Mit
dieser Mitteilung steht im Einklang der in den Memor-
büchern von Hanau[4] und Eschwege[5] dem Andenken Josels
gleichlautend gewidmete ehrende Nachruf, in welchem es
heisst: «weil er nicht sein Geld schonte.., und einen Geld-
gewinn suchte er nicht dabei». Demnach hat er weitere Bezahlung überhaupt nicht angenommen. Aus der nun folgenden Darstellung seiner Einzelleistungen wird es uns klar

---

[1] Stadtarch. Str. IV. 127. Original.
[2] Bez. Arch. Str. C. 78 sine dato.
[3] N. 12.
[4] S. Lehmann, R. Jos. v. R. II, 326, und Carmoly in La Fr.
isr. pag. 137.
[5] Wovon mir der dortige isr. Lehrer freundlichst Abschrift zugehen liess.

werden, dass er, wie dieselben Memorbücher ihm nachrühmen, mit gleicher Selbstlosigkeit und Unerschrockenheit auch Mühen und Gefahren nicht scheute, um seinen edlen gemeinnützigen Aufgaben aufs gewissenhafteste nachzukommen.

III.

Betrachten wir zunächst seine mannigfachen Mühewaltungen um Abstellung von Missbräuchen, die unter den Juden eingerissen waren. Das erste Mal erfahren wir von einem diesbezüglichen Auftreten Josels im Jahre 1530. Als er sich in diesem Jahre aus Gründen, die wir noch an andrer Stelle zu betrachten haben werden, in Augsburg eingefunden hatte, wurden vielseitige Klagen seitens der dort zum Reichstage versammelten Stände ihm gegenüber als dem Gesandten «gemeiner Judischeit» laut, «mundlich und geschriftlich», dass die Juden in ihren Handelsbeziehungen mit den Christen sich «der ungebürd haltent in villerlei weg»; so klagte z. B. ausser Colmar auch Württemberg. Hiervon machte nun Josel, der «gemeinen judischeit allenthalben» Mitteilung, [1] mit seinem «ernstlichen begeren», dass sie «selbs oder durch ir volmechtige anwalt» auf dem Augsburger Reichstage erscheinen sollten, um mit ihm gemeinsam über Beseitigung der vorgebrachten Beschwerden sich zu beraten. Das hierbei ausgesprochene, «ernstliche Begehren» Josels haben wir nicht etwa als den Befehl eines «Regierers» an seine Untergebenen aufzufassen, es ist vielmehr der dringende Rat eines mit dem Ernst der Sachlage wohl vertrauten Glaubensgenossen. Die Juden leisteten dem Rate Josels «gehorsamlich» Folge und entsendeten «von vil orten und enden» ihre «gewalthaber» nach Augsburg. Im Verein mit ihnen stellte nun Josel «ain zimbliche, erbere ordnung und satzung» fest, welche, in zehn Artikeln abgefasst, besonders solchen Missbräuchen in Handel und Wandel begegnen sollten, die durch die den Juden will-

---

[1] Gyss, Histoire de la ville d'Ob., I, pag. 391 stellt die Sache umgekehrt dar, wenn er sagt: que dans le but d'abolir ces abus et d'introduire un règlement honnête, il avait été chargé par la communauté juive des diverses contrées de l'empire de se rendre à Augsbourg.

kürlich zugewiesene Ausnahmestellung hervorgerufen
waren und durch die vorhandenen Gesetzesbestimmuungen
nicht geahndet werden konnten. Mit Ueberwachung dieser
für ganz Deutschland erlassenen Verordnungen und Bestrafung der Zuwiderhandelnden wurden die Parnosen betraut, diejenigen jüdischen Beamten, die, wie Josel, in
anderen Teilen des deutschen Reiches mit der Leitung grösserer Bezirke beauftragt waren. Der wesentliche Inhalt der
Verordnung war folgender: 1) der jüdische Verkäufer
sollte, wenn sein christlicher Käufer nicht in der Lage
ist, gleich zu bezahlen, wegen dieser Creditierung die
Ware nicht teurer berechnen, bei Vermeidung einer Strafe
von 3 Goldgulden, von denen 2 an die Obrigkeit und
einer an die Parnosen zu zahlen sein solle; auch müsse
der zu viel geforderte Betrag dem Käufer wieder erstattet
werden. 2) Bei Geldgeschäften sei ein gewisser Zinsfuss
erlaubt, dieser dürfte aber bei obiger Strafe nicht alle
Viertel- oder Halbjahre dem Kapital zugerechnet werden.
3) Wenn ein Christ zur festgesetzten Zeit seine Schuld
nicht bezahlen könne, so solle der jüdische Gläubiger
jenen nicht gleich vor ein ausländisches Gericht laden,
sondern zunächst in Güte seine Forderung vor dem zu-
ständigen Amtmann oder Schultheissen geltend machen.
Sollte dieser Schritt erfolglos sein, und der Jude sich
doch zur Anrufung eines fremden Gerichtes genötigt
sehen, so solle er jedenfalls seinem Schuldner keine un-
gebührlichen Kosten machen. 4) Wenn der Jude auf ein
Pfand ausleiht, so soll er sich davon überzeugen, dass
das Pfand nicht verdächtiger Herkunft sei; ist ihm ohne
sein Verschulden einmal ein solches Pfand in die Hände
gekommen, so soll er künftighin jede Handelsverbindung
mit solchen, «reuplichen oder dieplichen personen» ab-
brechen, da er im Wiederholungsfalle angehalten werden
muss, das gestohlene Pfand seinem Eigentümer unentgeltlich wiederzugeben. Wenn der Jude dagegen Pferde,
Kühe oder Schafe kauft, von denen sich nach Jahr und
Tag herausstellt, dass sie gestohlen waren, so hat er auf
alle Fälle sie selbst, oder wenn er sie schon weiter verkauft
oder vertauscht hat, das Geld dafür dem rechtmässigen
Besitzer unentgeltlich wieder zuzustellen. 5) Ein Geschäft,
das der Jude mit unmündigen Kindern oder mit Knechten
und Mägden ohne Vorwissen des Vaters oder Herrn ab-

schliesst, soll ungültig sein und den Juden zu keiner
Forderung berechtigen. 6) Ist der Schuldner eines Juden
gestorben, so soll dieser die Erben, ob sie sich zu der
Schuld bekennen oder nicht, nicht gleich vor Gericht
laden, sondern der von den Parnosen in der Sache ihm
gegebenen Weisung Folge leisten. Die Uebertreter haben
eine Strafe von 12 Goldgulden zu zahlen, acht davon an
die Obrigkeit und vier an die Parnosen. 7) Wenn ein
Jude von Christen Geld oder Waren entnimmt und sich
damit in betrügerischer Absicht aus dem Lande entfernt,
so soll dieser Jude von seinen Parnosen mit dem Banne
belegt werden und so aller vom Kaiser dem Juden verliehenen Freiheiten verlustig gehen. Kein Jude, keine
Jüdin darf mit dem Gebannten «verhaireten, auch noch
mit im essen noch trinken, zu herbergen.» Wer diesen
Bann mutwillig übertritt, indem er mit dem Gebannten
in Verkehr tritt, hat den von letzterem angerichteten
Schaden zu ersetzen. 8) Die Parnosen sind verpflichtet,
einem Christen, der sich über einen Juden beklagt, zu
seinem Rechte zu verhelfen. 9) Jeder Jude soll bei Strafe
verpflichtet sein, eine ihm zu Ohren kommende Ungehörigkeit bei seinen obersten Parnosen und Richtern zur
Anzeige zu bringen. 10) Die Parnosen sollen, auch ohne
dass eine Klage vorliegt, darauf achten, dass die Juden
in ihren Geschäften mit den Christen der grösstmöglichen
Ehrlichkeit sich befleissigen, und sollen gegen Uebertreter
mit unnachsichtiger Strenge vorgehen.

Indem Josel in diesen Artikeln wirksame Massregeln
traf gegen eine finanzielle Ausbeutung der Christen durch
die Juden, hoffte er, wie er dies am Schlusse der jene
enthaltenden Urkunde ausspricht, die Reichsstände von
der Verübung von Willkürlichkeiten gegen die Juden,
«mer dan alle kais. freiheiten ausweisen,» abzubringen.
«Dan wir auch menschen, von Gott dem almechtigen
auf der erden ze wonen geschaffen, bei euch und mit
euch ze wonen und handlen.» Die zu Augsburg versammelten Juden bevollmächtigten Josel, diese Artikel den
Juden allenthalben zur Beachtung zu verkünden; erst an
der Stelle der Urkunde, wo er diese Vollmacht mitteilt,
nennt sich daher Josel «gemeiner judischeit regierer in
deutzen land.» Die Abfassung der Artikel hat sich wahrscheinlich in die Länge gezogen; sie wurde wohl bald

nach dem 12. August, nachdem Josel die Bestätigung
des Privilegs Kaiser Sigmunds erwirkt hatte, in Angriff
genommen. Josel setzte dagegen Unterschrift und Siegel
unter die fertiggestellte Urkunde erst am 17. November.
Sowohl die Juden wie auch die Obrigkeiten sollten von
dieser Augsburger Judenordnung in Kenntnis gesetzt
werden. Ich glaube aber nicht, wie Bresslau,[1] dass Josel
sie den versammelten Reichsständen in Augsburg publiciert habe. Dagegen spricht schon der Umstand, dass die
Judenordnung erst zwei Tage vor Schluss des Reichs-
tages fertiggestellt war. Auch hat der vom 19. November
datierte Reichstagsabschied[2] auf dieselbe gar keine Rücksicht genommen, da er nach Klagen über die schänd-
lichen Wuchergeschäfte der Juden allen wuchernden Juden
das kaiserliche Geleit aufsagt. «Damit sie aber dannoch
ihre leibsnahrung haben mögen,» sollen die Obrigkeiten sie dazu anhalten, «dass sie sich des wuchers
und verbotener wucherlicher Kauf enthalten und mit
ziemlicher hantierung und handarbeit ernehren.» Nun hat
ja Josels Judenordnung im zweiten Artikel ausdrücklich
die Berechtigung zu Auferlegung gewisser Zinsen «nach vermugen und laut unser kais. und loblichen hergebrachten
freiheiten und gnaden» ausgesprochen. Es ist auch wahrscheinlich, dass der Kaiser, wenn er die in Josels Artikeln
angegebenen Beschränkungen am 19. November schon
gekannt hätte, den Juden den Wucher wohl gestattet hätte.
Wir müssen vielmehr annehmen, dass der Kaiser am 25.
November 1530 von der Judenordnung noch keine Kenntnis
gehabt hat, da der kaiserliche Hofrat Mathias Held an
diesem Tage von Augsburg aus in einem Schreiben Josel ermahnt, für Abstellung der vielen Rottweiler Prozesse bei
den Juden zu sorgen, da doch der Kaiser inzwischen,
am 12. August, die Privilegien der Juden bestätigt, und
Josel selbst dem Herrn von Costnitz und den kaiserlichen
Hofräten versprochen habe, diese Beschwerden abzuwenden.[3] Da Held, wenn der Kaiser damals die Judenordnung schon in Händen gehabt hätte, in welcher eine
übereilte Vorladung vor ein auswärtiges Gericht ja unter

[1] Geiger's Ztschr. f. Gesch. d. J. V, 810.
[2] S. Reichsabschiede, Frankfurt, 1797, Teil II, pag. 842, n. XXVII.
[3] Beil. IV. Scheid in Revue des ét. j. XIII, 254 datiert fälschlich aus Innsbruck.

Strafe gesetzt war, an Josel ein solches Schreiben nicht
gerichtet hätte, da auch die in unserer Urkunde nach
Josels Unterschrift noch folgenden Empfangsbescheinig-
ungen darauf schliessen lassen, so werden wir annehmen
müssen, dass Josel seine Judenartikel nicht dem versammelten Reichstage, sondern nach Schluss desselben
einzelnen Ständen vorgelegt hat, und dass mit anderen,
von Josel nicht benachrichtigten, Obrigkeiten die anderen
nach Augsburg deputierten Judenparnosen in Verbindung
getreten sind. Es hat offenbar jeder von ihnen bei denjenigen
Obrigkeiten um Genehmigung der Judenordnung nachgesucht, denen er unterstand, und die ihm am leichtesten er-
reichbar waren. So überreicht Josel die zehn Artikel zunächst dem Bischof von Augsburg, Christoph von Stadion,
der auch dem Landschreiber der Markgrafschaft Burgau
eine Copie zugehen lässt; gleichzeitig, am 6. Dezember,
dem bischöflichen Landvogt zu Ayslingen; am 8. Dezember dem Ulmer Stadtschreiber für seinen Rat, der sie am
9. Dezember erhält.[1] Noch von Augsburg aus hatte
sich Jsoel an Statthalter und Räte des Herzogtums Württemberg, wo seit 1519 Herzog Ulrich durch den schwä-
bischen Bund verjagt und Erzherzog Ferdinand seit 1522
vom Kaiser belehnt war, mit einer doppelten, in einem
Schreiben vom 10. Dezember[2] deutlicher ausgesprochenen
Bitte gewendet, nämlich um die Erlaubnis, die Judenordnung überbringen und dem Kaiser, der sich mit seinem Bruder auf dem Wege durch Württemberg nach
Köln zur Krönung Ferdinands befand, durch das Land,
jedenfalls auch zur Ueberbringung der Augsburger Artikel, nachziehen zu dürfen.[3] Josel beruft sich hier auf
ein altes, von der württembergischen Regierung ihm erteiltes Geleit, das er vielleicht bei seinen früher vielfach
vorgenommenen Reisen durch das Land schon benutzt
haben mag.[4] Er hatte im Hinblick auf das Schreiben

[1] Lehmann, R. Jos. v. R. II, 81 datiert hier: Donnerstag nach
Neujahr 1531.

[2] Beil. VI.

[3] Dieser Brief, in Beil. V nur angedeutet, ist jedenfalls noch in
den letzten Tagen des November von Augsburg abgegangen, da am
8. Dezember von Nürtingen aus schon die Antwort erfolgt.

[4] Josel an den württemberg. Kanzler, 6. Februar 1551: «so bin
ich vor 40 jaren vilmalen durch bemelt land hin und wider gezogen».
Staatsarch. Stuttgart, Orig.

Helds vom 25. November um so mehr Interesse, dem
Kaiser die Augsburger Judenordnung vorzulegen. Am 3.
Dezember erhält Josel von Nürtingen aus Bescheid, dass
er sich seines alten Geleits nicht «getrösten» könne, da
die dem Lande vom Kaiser verliehene Freiheit demselben
widerspreche.[1] Das Land hatte auf dem Augsburger
Reichstage in Berücksichtigung des Umstandes, dass die
Juden durch ihren Wucher dort grossen Schaden angerichtet hatten, das Privileg erhalten, dass nunmehr kein
Jude ohne Erlaubnis des regierenden Herrn Aufenthaltsrecht
haben sollte.[2] Darauf spricht nun Josel, der sich inzwischen in Günzburg an der Donau eingefunden, am
6. Dezember noch einmal seine Bitte aus und verpflichtet
sich, bei seiner Wanderung durch das Land weiter keine
Geschäfte vorzunehmen. Er bittet unter Uebersendung
der Judenordnung[3] um Erteilung des Geleits, damit er
auch in Nürtingen mit dem Statthalter wegen der Juden
mündlich verhandeln könne.[4] Am 10. Dezember wird
ihm aber ein vollständig abschlägiger Bescheid erteilt,
er erhält nicht einmal die Erlaubnis, durch das Land zu

---

[1] Beil. V.

[2] Staatsarch. Stuttg. «Kais. freiheit, wie die jüngsten der juden
halb auf werenden reichstage zu Augspurg erlangt ist.» Auf sie
kommt Josel noch in einer am 22. Febr. 1551 an den Herzog von
Württemberg gerichteten Eingabe zu sprechen: «das vor etlichen
jaren, als ungeverlich im 80. jar uf grosse clag und furpringen Kais.
Mt. . ., wie sich etliche juden gar der ungebür mit den armen leuten
in E. fl. Gn. land und daselbst umbheer gehalten heten, und ein
sollichs zufurkommen, so soll kein jud im land wonen oder handlen,
sonder on E. fl. Gn. glait». Staatsarch. Stuttg. Ebenso in einer am
19. Febr. 1551 an den Kaiser gerichteten Supplication: «weil sie von
E. kais. Mt. uns arme zerruck in Brabant verklagt haben, wie sich
etliche juden derselben zeit der ungebur ums land und im land gehalten heten, darauf E. kais. Mt. der landschaft Wirtenberg sölche
freihait geben, das dieselbigen juden und ire gleichen im gemelten
land Wirt. nit wonen oder wandlen sollen sonder vorwissen furstens
des lands geschriben gelait». Das. Auffallend ist hier die Anführung
von Brabant statt Augsburg.

[3] Auf dem Staatsarch. Stuttg. befindet sich ein Exemplar derselben mit Josels Siegel und der Aufschrift: «Das sind die artigel
und die ordnung, die durch Jösel jud von Rossheim, gemainer jüdischen regierer im teutschen land, aufgericht und beschlossen worden, gehalten in dem reichstag zu Augspurg im jar als man zelt
1530 jar.» Am Schlusse ist erklärlicher Weise nur die Empfangsbe-
scheinigung des Bischofs von Augsburg angegeben.

[4] Beil. VI.

ziehen, um den Kaiser zu erreichen. Josel giebt diese Absicht, da er so ohne dies Zeit verloren, nunmehr auf, und wir finden ihn am 16. Dezember in Hagenau, wo ihm der Secretär des Unterlandvogts beurkundet, dass sein Herr die Judenordnung empfangen habe. [1] Hier hat Josel wohl auch den zu einem Deputationstag in Hagenau, von dem wir allerdings sonst nichts hören, versammelten Obrigkeiten die Judenordnung zur Genehmigung vorgelegt, und sich auch an den Kanzler des deutschen Ordens, welcher letztere sich seit der Säcularisation Preussens ganz nach Mergentheim zurückgezogen hatte, gewendet. «Inmassen er dann auf den hinach» — nach dem Augsburger Reichstag — «gefolgten particularversammlungen und deputationstägen solch vorhaben zu befördern, und in specie auch bei den zu Hagenaw vorgewesten deputationstag sich eingefunden, dabei nebst andern auch an des hohen ordens damalig abgeordneten cantzlare, herrn Gregor Spiessen, gemacht, und bei diesem auram secundam zu capiren keine gelegenheit unterlassen». Spiess sollte den Hof- und Deutschmeister für die Juden günstig stimmen. Josel hatte aber bei ihm keinen Erfolg. [2] Am 10. Januar 1531 ist Josel wieder in Rosheim, und auch der dortige Rat nimmt Kenntnis von den Augsburger Artikeln und findet ebenso Gefallen daran, wie der Rat zu Oberehnheim, dem sie von Josel am 10. Januar 1541 überreicht werden. Letzterer erhält erst so spät Kenntnis von den Artikeln, da Josel, wie wir sehen werden, einen besonderen Anlass hat, sie zu überreichen. [3]

In demselben Jahre 1541 fand eine der Augsburger ähnliche Judenversammlung zu Worms statt, von welcher «ein schwerer, grosser Bann» zum Schutze der Augsburger Judenordnung erlassen wurde. Auf wessen

---

[1] Beil. III.

[2] S. hierüber die von Loewenstein gebrachte Urkunde in Hoffmann's Isr. Monatsschrift, Beil. zur «Jüd Presse», Berlin, 1890, pag. 46.

[3] Beil. III. Lehmann. R. Jos. v. R. II, 81 giebt das Rosheimer Datum fälschlich vom Erhardtage, dem 8. Januar. Die Oberehnheimer Urkunde hat der Birkenthalschen Copie zu Grunde gelegen, und diese wiederum dem nicht genügend zuverlässigen Abdruck bei Lehm., a. a. O. II, 81 f. Ausser dem schon erwähnten Exemplar in Stuttgart existiert dann auch noch eine von Josel gelegentlich dem Strassburger Rate übergebene Copie auf dem Stadtarch. Str. G. U. P. 174 n. 19. Alle drei Copien haben nur ganz geringe Varianten.

Betreiben sie zu stande kam, ob auch ihr Josel präsi-
dierte, welcher Art dieser neu aufgerichtete Bann war,
ob etwa Strafverschärfungen hinzugekommen sind, dies
alles wissen wir nicht. Josel versuchte unter Bezugnahme
auf diese Versammlung dem auf dem Regensburger Reichstage des Jahres 1541 anwesenden Ordenshochmeister
Walther von Cronberg (1526—1543) «ob ihm schon vor-
hero zu genügen bekannt, dass dieser seiner sect grösster
verfolger», in einer besonderen Denkschrift eine günstigere
Meinung von den Juden beizubringen, — aber vergebens. [1]
Mehr Erfolg hatten Josels Bemühungen, die Juden
in erträglichen Beziehungen zu den einzelnen Städten
der Unterlandvogtei zu erhalten, indem er sie anhielt,
den in der Augsburger Judenordnung ausgesprochenen
Grundsätzen treu zu bleiben. Da z. B. in Strassburg
Bürger der Stadt von den Juden durch übermässigen
Wucher geschädigt und durch Vorladung vor auswärtige Gerichte in grosse Unkosten gestürzt wurden, hatte
der Rat durch ein offenes Mandat am 16. März 1530
seinen Bürgern bei schwerer Strafe verboten, sich mit
den Juden in irgend welche Darlehnsgeschäfte einzulassen. [2] Aber weder hatte dieses Verbot des Rats die
Bürger zurückgehalten, mit den Juden Geschäfte zu
machen, noch war Josels Verordnung vom 17. November 1530 im stande gewesen, die Vorladungen vor auswärtige Gerichte seitens der Juden abzustellen. Der
Rath hatte im Jahre 1534 mehrfach Ursache, hierüber
Klage zu führen. Josel suchte in jedem Falle diese Beschwerden beizulegen, selbst durch Zahlungen aus eigener
Tasche, um nur den Juden das Geleit zu erhalten. Die
Klagen mehrten sich aber, und da Josel am 23. Juni
1534 wieder eine solche über den Juden Jacob von Niederschopfen erhalten hatte, entschloss er sich, «als gemeiner judischeit regierer . . . mit rath etlicher anderer
mehr juden anstatt und in namen aller judischait in
theutschen landen», nachdem er also den Rat noch anderer Führer der deutschen Juden eingeholt, ihre Zustimmung sich gesichert hatte, eine Erweiterung der
Augsburger Bestimmungen vorzunehmen. Während näm-

---

[1] S. Monatsschr., Beil. zur «Jüd. Presse», 1890, pag. 46.
[2] Urk. vom 19. Juli 1536; 3 Copien im Stadtarch. Str. G. U.
P. 174 n. 22.

lich hier zwar eine Geldstrafe auf eine übereilte Citierung
vor ein ausländisches Gericht gesetzt, aber eine solche
Ladung an sich doch noch immer möglich war, sollte
von nun an jede Streitsache nur vor Meister und Rat und
in der Berufungsinstanz nur vor den dreizehn kaiserlichen
Kammerrichtern in Strassburg verhandelt werden; von
dem Urteil dieser Richter, welche infolge des der Stadt
verliehenen privilegium de non appellando vom Reichskammergericht als Berufungsinstanz delegiert waren, sollte
es keine Appellation mehr geben. Damit die Verordnung
um so eher befolgt werde, bestimmt Josel «als regierer
und mit rath etlicher juden» — hier nochmals wiederholt — einmal, dass jeder Jude, der das Strassburger
Geleit zu erhalten wünsche, erst schwören solle, sich
dieser neuen Verordnung unbedingt unterwerfen zu wollen;
sodann solle derjenige, der diesen Eid übertrete, mit
dem jüdischen Banne belegt und von jedem Verkehr
mit seinen Glaubensgenossen ausgeschlossen werden, bis
die Strassburger Obrigkeit wieder zufriedengestellt sei. Josel
erlässt eine diesbezügliche Bekanntmachung an die Juden,[1]
und setzt am 25. Juni 1534 den Rat davon in Kenntnis.
Er spricht in seinem Schreiben die Hoffnung aus, dass
von jetzt an nur die ungehorsamen Juden von der Stadt
mit Verlust des Geleites bestraft, dass aber nicht die
anderen darunter zu leiden haben würden.[2] Josel erscheint selbst in Strassburg, und zwei Ratsherren, die
mit Prüfung der Angelegenheit betraut werden, die auch
die Bestimmung, dass die Juden nicht auf liegende Pfänder leihen dürfen, hinzufügen und das Ratsmandat vom
16. März 1530 damit in Einklang bringen sollen, sind
der Ansicht, dass man zunächst den Bürgern das Verbot
des Handelns mit den Juden wieder in Erinnerung bringen solle. «Wo dann solchs geschehn . . bedörfte es Jöss-
lins oder aller andrer juden bekantnus . . . , auch aller
weiterer Handlung mit inen den juden, wo sie recht
suchen, nemen und geben solten etc., gar nut.» Wenn
aber doch Jemand «aus verachtung des gepots oder aus
unbedacht, unwissenhait, obligender not und armut oder
in ainichem anderen wege» sich mit den Juden in Hau-

---

[1] Das. das. n. 21, Copie, ausführlicher als Beil. VIII.
[2] Beil. VIII. Das. das. Orig. mit Siegel. Ganz entstellter Abdruck bei Scheid, Hist. des j. d'A. pag. 370 f.

delsverbindung einlasse, so könne man in diesem Falle
von Josels Obligation Gebrauch machen. Deshalb solle
«ein- aigen lad» und ein besonderes Buch bestimmt werden, in welches die Namen der Juden, die einmal einen
solchen ·Eid abgelegt hätten, einzuzeichnen seien. Auf
diese Weise brauche man nicht demselben Juden die
Bestimmungen dieser Obligation zweimal vorzulesen, man
wüsste beständig, welche Juden sich ihr unterworfen hätten, und hätte schliesslich den Vorteil, dass der Rat, da
er selbst über jede Streitsache abzuurteilen habe, in jedem Falle ermessen könne, was bei der Forderung des
Juden unberechtigter Wucher sei.[1] Diese Erwägungen
liessen natürlich Josels Vorschlag als sehr annehmbar erscheinen, und Josel hat auch die Annahme seiner Verordnung bei dem Strassburger Rate durchgesetzt. So schreibt
am 19. Juli 1535 der Jude Jacob von Niederschopfen an
den Rat, er habe einen säumigen Schuld ner bei dem Rottweiler Hofgericht verklagt, aber auf einen Brief hin, den
Josel, «rengnirer gemeiner judischeit», ihm geschrieben,
diesen Prozess wieder aufgegeben. Da Josel ihm mitgeteilt
habe, dass der Rat ihm in Strassburg zu seinem Rechte verhelfen wolle, so bittet er hierfür um freies, sicheres Geleit.[2]

Aber auf die Dauer kehrten sich nicht einmal die
Juden des Unterelsass an das von Josel geschaffene
Verbot. Schon im Jahre 1536 hatte der Rat Anlass,
darüber Klage zu führen und den Juden das Geleit
zu versagen. Der Jude Samuel von Eschbach hatte
nämlich einen Bürger von Marlenheim vor das Rottweiler Gericht geladen. Auf eine Beschwerde des Strassburger Rates wollte Samuel den Prozess wieder rückgängig
machen. Unglücklicherweise hatte aber der Bote, den er
nach Rottweil geschickt, um den Schuldbrief des ver-
klagten Strassburger Unterthanen abzuholen, seinen Auftrag auszurichten vergessen. Josel schickte nun auf Jo-
hannis 1536 nochmals einen Boten nach Rottweil, um die
Sache zu erledigen, und bat in einem Schreiben vom 26.
Juni den Rat wegen der Verzögerung um Entschuldigung.[3]
Josels Schreiben kam aber zu spät, der Rat hatte den

[1] Protokoll. Bericht der beiden Ratsherrn. Stadtarch. Str. a. a. O.
[2] Stadtarch. Str. IV. 127. Orig. mit Siegel.
[3] Das. G. U. P. 174 n. 22. Orig. mit abger. Siegel. S. Scheid,
Hist. des j. d'A. pag. 91.

Juden schon das Geleit versagt; dies ersehen wir aus einem Schreiben Abrahams von Oberbergheim vom 20. Juni, in welchem er darum bittet, die Juden des Ober-elsass nicht auch bestrafen zu wollen, da sie sich den Bedingungen des Rates unterwerfen wollten.[1] Josel will nun wenigstens für «seine» Juden die Gunst des Rates wiedergewinnen. Sie versammeln sich zu Rosheim, wie sie das schon seit früher gewohnt sind, — «wie wir jetzo nach unserem brauch und herkommen in der gemelten landvogtei Hagenau neulich zu Rossheim versamblet ge-wesen» —, und verpflichten sich, keinen Strassburger Bürger anders als in Strassburg selbst rechtlich zu be-langen, selbst dann, wenn er auch ausdrücklich darauf verzichten sollte; die einzig zulässige Berufungsinstanz sollten wieder nur die dreizehn delegierten kaiserlichen Kammerrichter bilden. Alle Verschreibungen, die im Wi-derspruch mit dieser Bestimmung stehend aufgerichtet seien, sollten hinfällig sein. Wenn sodann ein verklagter Bürger gegen den Juden Widerklage erhebe, so solle auch diese vor dem Rate verhandelt werden; werde dagegen sonst ein Bürger gegen einen Juden klagbar, so habe dies vor dem ordentlichen Richter zu geschehen. Ferner verpflichten sich die Juden aus Dankbarkeit für den ihnen in Kriegsnöten, so im Bauernkriege, seitens der Stadt gewährten Schutz, Gegenstände, die als einem Strass-burger Bürger gestohlen in die Hände eines von ihnen gelangten, dem Bestohlenen unentgeltlich wieder zuzu-stellen. Auch solle der Rat jeden Uebertreter mit einer Strafe von zehn Pfund belegen und ihm fernerhin das Geleit versagen; doch wird auch hier nochmals betont, wie dies bisher vergeblich geschehen war, dass die übri-gen Juden darunter nicht zu leiden haben sollten. Josel übersendet diesen Vertragsentwurf an den Rat mit der Bitte, ihm etwaige Bedenken mitzuteilen, damit er nöti-genfalls in vierzehn Tagen die Juden nochmals versam-meln könne.[2] Der Rat scheint aber nichts zu erinnern gehabt zu haben, da schon am 18. Juli der endgültige Wortlaut der Verordnung bekannt gegeben wird un-ter Josels und des Rosheimer Rates Insiegel.[3]

---

[1] Das. das. n. 21 Orig. mit abger. Siegel.
[2] Beil. XIV, lectum den 17. Juli 1536.
[3] Von der Bekanntmachung befinden sich 3 Copien auf dem

Auf Grund dieser Abmachungen hatte Josel dann
noch verschiedene Beschwerden der Stadt über einzelne Juden, die Vorladungen vor auswärtige Gerichte
sich zu Schulden kommen liessen, zu beseitigen. So
schreibt Josel am 15. November 1540 an den Rat:
«das der jud zu Aspach die Rotweyleschen process
bei dem bann soll abstellen, item das er dem juden
zu Bar bei ban gepoten, mit inen ferner stillzustohn»[1];
auch bei letzterem scheint es sich um einen Rottweiler
Prozess gehandelt zu haben. Eine ähnliche Ursache
zur Klage hat wohl auch im Jahre 1545 vorgelegen,
da Josel am 16. September «Hamau juden halben zu
Rossenweiler» schreibt, dass «desselben oberkeit» dem
Rate schreiben werde, und der Rat nunmehr warten
will, «bis die antwort komme».[2] Im Jahre 1546 behauptet
ein Strassburger Bürger, von dem Juden Hitzig in Dangolsheim zu Unrecht in Rottweil vorgeladen zu sein, und
macht bei dem Rate Anzeige. Dieser sendet durch den
Kläger selbst ein Schreiben an Josel, der die Angelegenheit regeln solle. Josel schickt diesen Brief mit des
Bürgers Supplication noch an demselben Tage, dem
11. April, an Hitzig, und fordert ihn bei Strafe des Bannes auf, sich vor dem Strassburger Rate zu verantworten.[3] Darauf findet sich Hitzig sofort bei Josel ein und
setzt ihm den Thatbestand auseinander. Er habe nicht
den Strassburger Unterthan in Rottweil in Anspruch genommen, sondern vielmehr dessen Sohn, an den er auch
eine Schuldforderung habe, der aber Bürger zu Kelpsen (?)
sei und sich deshalb auf die von dem Strassburger Rate

Stadtarch. Str. G. U. P. 174 n. 22. In zweien derselben, wohl nur
Entwürfen, ist von der Verpflichtung, betreffend die Diebstähle, nicht
die Rede. Am Schluss der dritten befinden sich Notizen von Juden,
die sich verpflichtet haben, der Verordnung nachzukommen. Diese
Notizen, recht unleserlich geschrieben, rühren wohl von dem jewei-
ligen Stadtschreiber her; sie reichen vom 9. August 1536 bis zum
30. Juni 1564. — Die Pergamenturkunde mit den beiden Siegeln,
von der Scheid in s. Hist. des j. d'A. pag. 90 spricht, ist mir unter
den Strassburger Akten nicht zu Gesichte gekommen. Scheid giebt
übrigens das. pag 375 einen sehr fehlerhaften Abdruck dieser Verordnung vom 18. Juli.
[1] Stadtarch. Str. Ratsprotokolle, a. 1540, fol. 463.
[2] Das. das. a. 1545, fol 375.
[3] Das. G. U. P. 174 n. 26. Orig. mit Siegel.

mit den Juden geschlossenen Verträge nicht berufen
könne. Da sich Hitzig bereit erklärt, dem Rate diesen
Sachverhalt persönlich klarzulegen, so bittet Josel am
11. April den Rat, jenem eine schriftliche Vorladung zu-
zuschicken, «damit er nicht von etliche gehempt mocht
werden.»[1] Ein anderer Dangolsheimer Jude, Mennel mit Namen, war schon im Jahre 1531 beim Rate
verklagt worden, worauf dieser den Juden ohne weiteres
in Abwesenheit Josels das Geleit aufsagte. Als Josel
dann davon erfuhr, liess er Mennel vor sich kommen,
und es stellte sich bei der in Gegenwart von zwei Ratsherren vorgenommenen Untersuchung heraus, dass die
Anschuldigung zum grössten Teil gegenstandslos war,
«dass», wie Josel am 21. Juni dem Rate schreibt, «wir
armen juden bei vilen herter besagt und beklagt werden,
dan es an im selbs ist.» Josel spricht in diesem Briefe
auch die Hoffnung aus, der Rat werde den Juden das
Geleit wieder gewähren, und macht auf die bisher seitens seiner Glaubensgenossen bereitwilligst an die Rats-
diener entrichtete jährliche «niessung» und, mit Beziehung auf die Augsburger Artikel, auf die neuerdings aufgerichtete schwere Judenordnung aufmerksam.[2] Eine im
Jahre 1547 über denselben Mennel aus derselben Ursache
vorgebrachten Beschwerde weist Josel, wie wir schon
oben sahen, in einem Schreiben vom 7. September ab,
indem er darauf hinweist, dass Mennel Wormser Bürger sei und Josels Botmässigkeit nicht mehr unterstehe.[3]
Da der Rat aber trotzdem den Juden das Geleit verweigert, so kommt Josel am 26. September selbst nach
Strassburg[4] und teilt dem Rate mit, dass über Mennel
der Bann schon verhängt sei. Der Rat will aber trotzdem
den Juden das Geleit nicht wieder gewähren, ehe nicht
der Prozess wirklich aufgegeben sei.[5] Darauf lässt nun
Josel durch einen eigenen Boten jenen zur Verantwortung
nach Strassburg laden. Hier erscheinen beide am 12.

---

[1] Das. das. Orig. mit Siegel.
[2] Beil. VII. Wegen der letzten Bemerkung können wir das auf
der Rückseite vermerkte Datum: «im XXI. jar» nicht als richtig annehmen.
[3] Stadtarch. Str. IV. 127, Orig. mit abger. Siegel. lectum 17.
Sept. 1547.
[4] Das. das. Orig. mit Siegel.
[5] Das. Ratsprotokolle, a. 1547, fol. 531.

Oktober, und Mennel rechtfertigt sich in folgender Weise:
Er habe vor ungefähr sechs Jahren einem Bürger von
Irmstett sechs Gulden geliehen, sie aber trotz mehrfacher
Mahnungen nicht wieder erhalten können. Da er
schliesslich nach Worms habe verziehen müssen, so habe
er den Schaffner gebeten, ihm zu seinem Gelde zu verhelfen, er müsse seinen Schuldner sonst nach Rottweil
laden. Diese Drohung habe er verwirklichen müssen, als
der Schaffner keinen Rat, sondern nur Spott für ihn gehabt habe. Mennel ist jedoch bereit, den Prozess noch
jetzt abzustellen, wenn er auf gütlichem oder rechtlichem
Wege in Strassburg oder Irmstett zu seinem Gelde
gelangen könne. Der Rat ist mit diesem Anerbieten zufrieden und bestimmt zwei Herren, die die Sache ins
reine bringen sollen. Josel bittet nun diese beiden Ratsherren, man möge, wenn wieder eine Klage über einen
Juden einlaufe, erst ihn in Kenntnis setzen und nicht
gleich allen Juden die Stadt verbieten. Der Rat will dies
versuchen, doch nur soweit der Vertrag in Betracht komme,
und auch hierbei soll die Hand des Rates «unbeschlossen»
sein. Pfitzer und Storck sollen, wenn eine Klage komme,
Josel Mitteilung machen.[1] Eine solche Mitteilung ergeht
nun an Josel wirklich im Jahre 1551, da der Jude Jakob
von Duhnigen einen Rottweiler Prozess gegen einen Dor-
losheimer Bürger unternommen hatte. Der Brief des Rats,
in welchem wieder die Entziehung des Geleits angedroht
wird, trifft Josel nicht in Rosheim an. Josel antwortet am
24. März mit dem Ausdrucke der Verwunderung, dass
der Rat den Juden das Geleit versagen wolle, wenn sie
auch ihre Schuldigkeit getban und Jakob gebannt hätten.
«Bin ungezwifiete hoffnung, E. Gn. aus hochem, gnäd.
verstand, auch naturliche recht, das kainer fur den
andern gestroft oder einiches uferlegt werde, sovern
wir unsern ban und gebot anlegen wider denjenigen, so
gemeltem vertrag zuwiderhandlen wolte». Josel habe auch
nach seiner Heimkehr, am 19. März, Jakob aufgefordert,
nach Ostern (29. März) beim Rate einen gütlichen Verhörstag zu beantragen; er bittet schliesslich um weitere
Vergleitung der Juden.[2] Der Rat will aber auch hier das

[1] Beil. XXII.
[2] Stadtarch. Str. IV. 127. Or. mit Siegel.

Geleit nicht wieder erteilen vor thatsächlicher Abstellung des Prozesses,[1] und kündigt auch den Juden des Oberelsass in einem Schreiben an Jeckel von Oberbergheim, einen Vetter Josels, das Geleit, da ja die Juden des Oberelsass durch ihren am 3. Juli 1543 geschlossenen Vertrag sich in ihren Beziehungen zu Strassburg Josel untergeordnet hatten. Jeckel bemüht sich dann im Verein mit Josel, Jakob zum Aufgeben des Prozesses zu bewegen, wie dies aus zwei an den Rat gerichteten Briefen, in welchen Jeckel um Geleit bittet, hervorgeht.[2] Am 4. Mai wird endlich dem Rate mitgeteilt, Josel habe Jakob bewogen, mit der Strassburger Entscheidung sich zu begnügen.[3]

Im folgenden Jahre nimmt der Rat wieder Gelegenheit, den Juden des Unterelsass das Geleit zu versagen. Jakob von Orsweiler bittet nämlich am 17. Februar 1552 um Geleit vor das Stadtgericht; es wird ihm gewährt, da er nicht unter Josel sitze.[4] Anlass zum Einschreiten gegen Josels Juden fand der Rat darin, dass die Juden zu Rosheim und Rossenweiler von einem Landfahrer Silber gekauft hatten, das der Silberkrämer Wolf Eberstein als ihm gestohlen für sich in Anspruch nahm. Obwohl nun die Juden dadurch grossen Schaden hatten, so überliessen sie doch, um den Vertrag mit der Stadt nicht zu verletzen, Eberstein unentgeltlich das ganze Silber und leisteten einen Eid, dass sie alles herausgegeben hätten. Eberstein behauptete aber in einer an den Rat gerichteten Supplikation, dass der Jude Jeckel ihn wegen des noch ausstehenden Silbers vertröstet habe. Darauf fordert der Rat Josel auf, bei Verlust des Geleits die Juden zur Herausgabe des Silbers zu veranlassen. In dem am 28. März in Strassburg eingetroffenen Antwortschreiben spricht Josel den Wunsch aus, Eberstein möge sich an Jeckel allein halten, der ihm Zusicherungen gemacht habe; die übrigen Juden seien bereit, ihm in Strassburg ihre Un-

1 Das. Ratsprot., 1551, fol. 110; die Eingabe des Dorlesheimers das. das. fol. 86.
2 Das. IV. 127; beide Schreiben Origg. mit abger. Siegel, empfangen Donnerstag den 9. April. Jeckel scheint 1551 dort Judenbefehlshaber gewesen zu sein.
3 Das. Ratsprot. a. 1551, fol. 158.
4 Das. das. a. 1552, fol. 47.

schuld zu erweisen. Josel bittet den Rat, die Juden in
diesen schweren Zeiten — die Empörung des Kurfürsten
Moritz von Sachsen, — wie schon früher im Bauernkriege,
wieder in Strassburg aufzunehmen.[1] Der Rat beschliesst,
Eberstein von diesem Schreiben in Kenntnis zu setzen,
jedenfalls aber mit Erteilung des Geleits zu warten, bis
die Sachlage aufgeklärt sei.[2] Noch eine ähnliche Klage
beschäftigte zu Lebzeiten Josels den Strassburger Rat,
als im Jahre 1553 Klein Hans zu Morlenheim in ausführlicher Bittschrift darlegte, wie er von dem Juden
Berlin und dessen Schwiegervater Hitzig mit Rottweiler
Gericht in Anspruch genommen sei.[3] Josel, dem in seiner
Abwesenheit hiervon Mitteilung gemacht wird, erwidert
am 23. Oktober, dass er Hitzig unter Androhung des
Bannes aufgefordert habe, sich in Strassburg zu recht-
fertigen. Josel bittet, der Rat möge Hitzig wie auch dem
Juden Jakob, der in der Angelegenheit mit dem Dorlos-
heimer Bürger vom Jahre 1551 noch immer nicht zu
seinem Rechte gekommen sei, einen Verhörstag ansetzen, «damit man möcht diser sachen halben auch zu
friden komen und jedem bescheinen, wuzu er recht habe.»[4]
Der Rat verlangt darauf am 25. Oktober, es solle nicht
nur Hitzig von seinen Ansprüchen abstehen, sondern
auch der Metzger Bles zu Molsheim, an welchen Hitzig
die Schuldforderung übertragen habe, durch den Rosheimer Stadtmeister zum Aufgeben des von ihm in der
Sache anhängig gemachten Rottweiler Prozesses veranlasst
werden; erst dann sollten die Juden Geleit erhalten.[5]
Seine Antwort vom 13. November lässt Josel, da er selbst
krank ist, durch seinen Schwiegersohn David in Strassburg überreichen. Er erklärt sich ausser stande, nach
Verhängung des Bannes über die Juden weitere Schritte
zu thun, und beruft sich auf einen Ausspruch des sehr
geachteten Strassburger Altammeisters Martin Herlin:
«Wen ihr mit dem hohen ban das euer gethun, wollen
wir darnach wol sölche ubertröter zukumen und sie greifen,
wo sie uns werden, dweil einer so ferrucht wollt sein».

---

[1] Das. IV. 127. Copie.
[2] Das. Ratsprot a. 1552 fol. 93.
[3] Das. IV. 127. Copie, praes. 9. Sept. 1553.
[4] Das. das. Orig. mit Siegel.
[5] Das. Ratsprot. a. 1553 fol. 374.

Wer den Judenbann einen Monat lang übersehe, dessen
Güter seien dem Fiscus verfallen. Josel bittet, den Juden
das Geleit wieder zu erteilen.[1] Der Rat bleibt aber bei
seinem früheren Erkenntnis, wie aus einem weiteren
Schreiben Josels vom 23. November hervorgeht. Hier
teilt Josel mit, dass er den Isaak gebannt, und dass
dieser daraufhin, um nur vom Banne befreit zu werden,
sich bereit erklärt habe, dem Rate zu Willen zu sein,
und nicht nur einen Eid hierauf leisten, sondern auch
noch 100 Gulden bei dem Amtmanne zu Morlenheim als
Sicherheit hinterlegen wolle. Josel ersucht nunmehr nochmals um Ansetzung eines Verhörstages, an welchem er
mit Hitzig zusammen in Strassburg erscheinen wolle.[2]
Aehnliche Schwierigkeiten bot Josel das Verhalten der
Juden zur Stadt Oberehnheim. Mit dieser Stadt hatten, wie
wir wir noch an anderer Stelle sehen werden, die Juden
der Unterlandvogtei durch Vermittlung des Landvogts
Jakob von Mörsperg im Jahre 1524 einen Vertrag geschlossen. Aber schon im Jahre 1528 hat die Stadt Grund
zur Klage über die Juden zu Rosheim bei demselben
Landvogt, der auch diesmal wieder eine Einigung her-
zustellen weiss. Am 9. Juni müssen sich die Vertreter
der Juden, «Joslin und sein sone und andere mer juden»
gegenüber dem von der Stadt zur Verhandlung bei dem
Landvogt entsendeten Stadtmeister Hans Heiligenstein
(1525—1548) verpflichten, fürderhin auf keine liegenden
Güter zu Oberehnheim mehr Geld zu leihen bei Verlust
ihrer Ansprüche.[3] Aber auch über Vorladungen vor das
Rottweiler Hofgericht hatte die Stadt Klage zu führen,
und lässt dieser Klage im Jahre 1540 Ausdruck geben
durch die verbündeten neun Reichsstädte der Landvogtei
Hagenau. Diese schreiben am 26. Dezember an Josel,
«gemeiner judischeit furstender und parnosen», dass Juden
in Barr, trotzdem es in den vom Reiche den zehn Städten verliehenen Rechten vorgeschrieben sei, dass keiner
den anderen in erster Instanz mit ausländischen Rechten
in Anspruch nehmen solle, und trotzdem die Stadt Oberehnheim den Juden ihre Rechtshülfe nicht verweigert
habe, einen Bürger Fiax Bonn zu Rottweil verklagt und

---

[1] Das. IV. 127, Orig. mit Siegel.
[2] Das. das. Orig. mit Siegel.
[3] Arch. Oberehnh., s. Gyss I, pg. 390.

dort einen Achtbrief erlangt hätten. Da nun die zehn
Städte alte kaiserliche Privilegien für das ius de non
evocando hätten,[1] so solle Josel für Abstellung dieser Un-
gebörigkeit sorgen.[2] Auf dieses Schreiben hin begab sich
Josel nach Oberehnheim, um durch Ueberreichung der
Judenordnung von 1530 den Rat zu überzeugen, dass
schon diese ein solches Vorgehen seitens der Juden ver-
biete.[3] Aber die Juden zu Barr scheinen den Rat doch
nicht zufriedengestellt zu haben. Es liegt ein Schreiben
des Rats an Josel vom 6. Oktober 1542 vor, aus welchem
hervorgeht, dass die beiden Juden zu Barr mittlerweile auch
noch andere Bürger von Oberehnheim und Bernhardsweiler,
das seit 1349 der Stadt gehörte,[4] in Rottweil vorgefordert
hatten. Auf ihren Antrag wurde sogar der Rat der Stadt
als Schirmherr zur Sicherstellung ihrer Forderungen ernannt, und als dieser sich weigerte, sie in die Güter,
auf die sie kraft des Rottweiler Spruches als Pfandob-
jecte Anspruch machten, einzusetzen, weil dies Vorgehen
mit dem Vertrage von 1524 in Widerspruch stehe, gingen
die Juden sogar so weit, die Stadt selbst nach Rottweil
vorzuladen, trotzdem sie sich bereit erklärt hatte, in
Hagenau oder in Barr ihnen Rede zu stehen. Der Rat
erlangte in Rottweil noch einen Aufschub, und verlangt
nun in seinem Schreiben von Josel, er solle die Juden
zur Abstellung ihres unrechtmässigen Verfahrens veranlassen.[5] In der am 10. Oktober darauf gegebenen Antwort bedauert Josel im Namen der Juden des Unterelsass,
die er inzwischen davon in Kenntnis gesetzt hat, dass
der Rat wiederum alle Juden für Vergehungen einzelner
büssen lassen wolle; eine derartige Bestimmung enthalte
der Vertrag von 1524 nicht. Auch würden die Juden
wohl, wenn der Rat ihnen den Vertrag aufkündigen
wolle, leicht dazu kommen, ebenso wie vor 1524 wieder
bei Kaiser oder Kammergericht klagbar zu werden; darum solle nur der gestraft werden, der den Vertrag

---

[1] Für Oberehnheim besonders vgl. Gyss, Hist. de la v. d'Ob.
I, 213 f.
[2] Beil. XV. Nach einer Copie der Birkenthalschen Sammlung
abgedruckt bei Lehmann, R. Jos. v. R. II, 209 f.
[3] S. Beil. III.
[4] Gyss, Hist. de la v. d'Ob. I, 165.
[5] Arch Oberehnheim.

gebrochen. Die Juden zu Barr hätten sich übrigens ihm gegenüber verpflichtet, den Wünschen des Rates nachzukommen. Josel will durch persönliche und mündliche Verhandlungen die Angelegenheit bald zur Zufriedenheit beilegen.[1] Er findet sich wirklich an demselben Tage mit noch einem Juden in Oberehnheim ein, und der Rat ladet nunmehr die beiden Juden zu Barr zu einer gütlichen Auseinandersetzung auf den 12. Oktober vor;[2] die endgültige Vertragsurkunde wird allerdings erst am 13. November unterzeichnet. «Josliu jude zu Rossheim sesshaft als gemainer judischeit diser landen bevelchhaber und parness» hat hierbei folgende Bestimmungen verabredet: 1) der Vertrag von 1524 bleibt in allen seinen Punkten bestehen; 2) die beiden Juden geben die in Rottweil anhängig gemachten Prozesse gegen Oberehnheimer Bürger auf; 3) dagegen sorgt der Rat für Bezahlung der den Juden geschuldeten Gelder zu Weihnachten 1542 und 1543; 4) sollten die Juden dann auch nicht bezahlt werden, so können sie durch einen Ratsboten ihre Schuldner pfänden lassen; 5) die Juden dürfen keinem Bürger mehr als sechs Gulden leihen, auf höhere Summen haben sie keinen Ersatzanspruch; 6) das Darlehen darf auf des Schuldners «Vertrauen» oder auf fahrende Pfänder, nicht aber auf liegende Güter oder Verschreibungen gegeben werden; 7) eine Klage ist von ihnen nur vor dem Rate der Stadt oder dem dortigen Reichsgericht, nicht vor einem fremden Gerichte anzubringen. Diesen Vertrag haben beide Parteien beschworen, und Schultheiss und Gericht zu Barr haben ihr Siegel an die darüber ausgestellte Urkunde gehängt.[3] Weitere Reibungen scheinen zu Lebzeiten Josels mit Oberehnheim nicht vorgekommen zu sein.

Auch das Verhalten der Juden gegen Colmar war nicht immer einwandfrei. Am 19. März 1534 beklagt sich der Rat dieser Stadt bei «Jösslin, dem Judenrabbi zu Rosheim», dass die Juden fremde Münzen nach der Stadt brächten und den Geldwechsel bei besonderen Personen, nicht in dem «offenen Wechsel» besorgten. Wenn auch ferner das Feilbieten alter Kleider den Juden erlaubt ge-

---

[1] Beil. XVIII. Orig. Copie auch bei Birkenthal.
[2] Arch. Oberehnh. Copie.
[3] Beil. XIX. Gyss, Hist. etc. I, pag. 891 f. hat hierüber nur kurz und nicht genau berichtet.

wesen sei, so hätten sie zum Schaden der städtischen
Handwerker neue Kleider anfertigen lassen und in der
Stadt verkauft. Da das der Rat auf die Dauer nicht mehr
mit ansehen wolle, so solle Josel bei den Juden, die
seinem Gehorsam unterwürfig und die Stadt zu besuchen
in Uebung seien, einer Wiederholung solcher Ungehörigkeiten vorbeugen.[1] Josel erwiderte mit dem Ausdrucke
des Bedauerns über solche Vorkommnisse am 22. März,
er wolle nach Ostern den Juden zu Türkheim, Winzenheim
und Ammersweier — alle drei Orte zur oberen Landvogtei gehörig und in der Nähe von Colmar gelegen —
schreiben, ihnen solches vorhalten und darin handeln
mit allem Fleiss.[2] Hiernach will Josel die hier nur in
Betracht kommenden, ihm eigentlich nicht unterstehenden
Juden der Oberlandvogtei Ensisheim, wie es scheint, in
Güte an die Einhaltung ihrer Verbindlichkeiten erinnern.

Zu Schlettstadt hatte Josel keine weiteren Beziehungen,
nur einmal, am 16. Juni 1535, teilt ihm der Rat mit,
dass einem seiner Bürger Seiden- und Atlaswaren im
Werte von 200 Gulden entwendet und bei einem Juden zu
Wingersheim bei Hochfelden versetzt worden seien. Josel,
«gemeiner judischeit regierer», soll nun diesen überreden,
gegen Erstattung des Pfandschillings die Waren wieder
dem Eigenthümer zuzustellen und den Dieb anzuzeigen.[3]

Vom Landvogt des Oberelsass wird Josel einmal in
Anspruch genommen, in einem Schreiben vom 12. Mai
1533, in welchem er aufgefordert wird, sich «stracks und
onverzieen» nach Ensisheim zu verfügen. Man habe auf
«röm. kön. Mt. statthalter, regenten und trahe der ober-
osterreichischen lande schreiben und bevelch» mit ihm zu
verhandeln, «sachen halber, so du vernemen wurst.» [4]
Wahrscheinlich handelte es sich auch hier um eine Beschwerde gegen einen Juden.

Wie wir bisher sahen, dass Josel von verschie-

---

1 Stadtarch. Colmar, G. G. Isr.
2 Das. das.
3 Bez. Arch. Str. F. 2615. Wetzl. 454, n. 9. Copie. Scheid in
Revue des ét. j. XIII, 255 datiert fälschlich vom 6. Juni. — Weiter
habe ich über diese Angelegenheit nichts ermitteln können.
4 Bez. Arch. Str. a. a. O. n. 6. Copie. Scheid in Revue des
ét. j. XIII, 255 hat das Datum des 1. Mai. — Auch hier habe ich trotz
Nachfrage bei dem Ensisheimer Gemeinde- und dem Colmarer Bezirks-
archiv für das Ober-Elsass kein weiteres Material beibringen können.

denen Behörden in Anspruch genommen wurde, wenn
es galt, Ungehörigkeiten zur Sprache zu bringen, die
sich Juden gegen die christlichen Unterthanen jener
zu Schulden kommen liessen, so können wir nun auch
beobachten, wie wohl einmal Behörden Josel zur Beilegung von Zwistigkeiten auffordern, die unter Juden
selbst entstanden sind. So schreibt am 7. Mai 1535
Sebastian Stibern, der Burggraf zum Rotenberg, auf
Bitten zweier Juden an Josel, er möge die Irrung, die sich
zwischen ihnen halte, gütlich schlichten.[1] So erhält Josel
im Jahre 1534, als er Streitigkeiten, die sich zwischen
den Juden Prags und der Gemeinde Horwitz erhoben,
beilegen will, vom obersten Burggrafen von Prag einen
Geleitsbrief. Der Streit in den beiden Gemeinden hatte
sich nach Josels Bericht in den Memoiren,[2] schon über
ganz Böhmen ausgedehnt. Die Rabbiner Posens und
Deutschlands machten ihnen schliesslich den Vorschlag,
ihre Angelegenheit wahrhaften Männern zur Entscheidung zu übertragen, und man beauftragte den damaligen
Prager Rabbiner Abraham ben Abigdor (gest. 1542)[3] und
Josel, «Zäune zu machen und Einrichtungen für sie zu
treffen». Auf dringendes Bitten der Rabbiner begab sich
Josel nach Prag und stellte dort im Verein mit Abraham
23 «vorzügliche und gute» Artikel fest. «Und es gefiel
in ihren Augen, zu kommen und die Worte nach ihrer
Niederschrift zu unterzeichnen, mehr als 400 Männern,
die zum Heere ausziehen konnten. Jedenfalls aber, während
ich noch in der Gesellschaft war, gab die Narde ihren
Wohlgeruch von sich», (euphemistisch für: es geschah
etwas Uebles) «denn es stand ein Mann von Horwitz
Namens Scheftel, mit seinem Anhange auf, nun mich in
die Hand der Mörder zu geben». Josels Leben war bedroht, und er musste sich dreimal auf die Prager Burg
flüchten. «Und die ganze Gemeinde stand mir zur Seite,
und mit Gottes Hilfe ging ich frei und in Frieden aus
den Händen der Löwen hervor. Aber bei alledem kamen
einige Männer, die sich ansahen in ihren Geschäften»,
(soviel wie: die müssig waren), «die da waren von der Reihe

---

[1] Bez. Arch. Str. a. a. O. n. 8 Copie. S. Scheid in Revue des
ét. j. XIII, 255.

[2] N. 20.

[3] S. Güdemann, Gesch. u. s. w. III, 158.

der Verständigen» (Euphemismus für: Unverständige),
«um den Männern des Streites gegen meine Ehre die Hand
zu reichen. Jedenfalls macht die Wahrheit ihren Weg,
denn es zogen Männer aus jeder Seite und Ecke des
fremden Landes und Oesterreichs aus, um sich in das
Gewand des Eifers zu kleiden, des Eifers für den Herrn
der Heerscharen, und meine Beschwerung zu untersuchen
und meinen Streit zu führen.» Josel könnte mit diesen
dunklen Worten andeuten wollen, dass andere Männer sich
nunmehr seiner annahmen und für die Beobachtung der
von ihm und Abraham entworfenen Judenordnung eintraten.
Ein Rabbiner aus dem «fremden Lande», der berühmte
Rabbi Meir Katzenellenbogen aus Padua, hat auf Wunsch
Kaiser Ferdinands I. bei einer anderen Gelegenheit mit
zwei deutschen Rabbinen eine Ordnung für die Wahl der
Aeltesten der Judengemeinde in Prag ausgearbeitet; [1]
auch hier hat derselbe Rabbi sich wohl Josels angenommen.
Jedenfalls hat Josel bei dieser Gelegenheit, wir wissen
nicht, ob vor Beginn seiner Thätigkeit oder vielleicht·
auch zum Schutze gegen die Verfolgungen, am 20.
Oktober 1534 von dem obersten Burggrafen zu Prag,
dem seit dem 16. Jahrhundert die Juden Prags unterstellt
waren, [2] ein Geleit erhalten. Der Burggraf spricht darin
den Wunsch aus, dass jede Obrigkeit, durch deren Gebiet
Josel «aus notturft seines auferlegten amts und viler zufelliger gescheft halben» zu reisen hat, ihm keine Hindernisse bereite oder bereiten lasse, sondern ihm möglichste
Förderung angedeihen lassen möge. [3] Am 19. Juni 1547
ist Josel wieder in Prag, wo inzwischen nach der Vertreibung des Jahres 1542 wieder Uneinigkeit unter den
Juden eingerissen, oder, wie Josel bemerkt, [4] «wo einige
Häuser wieder zu ihrer Schlechtigkeit in Streitigkeiten zu·
rückgekehrt waren. Jedenfalls redete ich zu ihrem Herzen
Worte offener Zurechtweisung, bis sie es auf sich nahmen,
auf dem Wege der Wahrheit und des Friedens zu gehen».
Während diese Thätigkeit Josels in Prag, wie wir aus

---

[1] S. Wolf in Geiger's Ztschr. f. G. d. J. I, 311; Horovitz,
Frankf. Rabbinen, I, 24.
[2] Wolf in Geiger's Ztschr. I, 310.
[3] Bez. Arch. Str. F. 2615. Wetzl. 454. n. 10. Copie. Scheid in
Revue etc. XIII, 255 datiert falsch vom 18. Oktober.
[4] Memoiren, n. 25.

seinen Angaben in den Memoiren ersehen haben, nicht
auf Grund amtlicher Befugnisse vor sich ging, hat Josel
sich auch in seiner Eigenschaft als Parnos und Manhig
mit den Angelegenheiten der Juden der unteren Landvogtei befasst. Im Jahre 1552 hatte sich der Jude Elias
mit seiner Frau, mit der er durch den obersten Rabbiner
zu Worms ehelich verbunden war, entzweit. Eine Klage
hierüber hatte Elias nicht, wie es sich gehört hätte,
diesem Rabbiner oder auch Josel vorgebracht, sondern er
hatte vom Landvogt einen Befehl erwirkt, «das er sein
frau, und was sie hat, ufrecht ufgehalten werden sollen».
Die Frau verlangte nun von Josel und seinen zwei Mit-
richtern, die grade in Rosheim zu Gericht sassen, «bei
jüdischen ordnong und recht» gehandhabt und geschirmt
zu werden. Die drei Männer erkannten darauf, wenn sie
wieder gütlich zu ihrem Manne wolle, so gehöre «dise
sache vor den obersten rabe zu Wurmbs, der hat dise
ehe gemacht und zusamengeben, der hat auch macht,
uf ihre clage und sein antwurt sei wider zusamen oder
von einander scheiden.» Abgesehen davon, dass Josel
selbst ebensowenig wie der Landvogt in dieser rein religiösen Frage irgend welche Autorität besitze, (wir haben
Josels Worte hierüber schon oben angeführt) so sei es
in diesem Falle auch nicht angängig, die Entscheidung
eines elsässischen Rabbiners anzurufen. Vielleicht beruhte
diese Unmöglichkeit auf der thatsächlich überragenden
Bedeutung des obersten Rabbiners von Worms; dieser
scheint in der That eine Art Oberrabbiner für Deutschland gewesen zu sein, vielleicht derselbe, von dem Weyden [1]
berichtet, dass er in des Kaisers Namen eine Steuer von
den deutschen Juden eintreiben sollte. So bitten auch
im Jahre 1551 die Juden von Burgau den Kaiser um die
Erlaubnis, den Rabbiner Jacob von Worms zu ihrem
obersten Rabbiner einsetzen zu dürfen. [2] Möglicherweise
beruhte auch diese Zurückverweisung der Eheangelegen-
heit an den Rabbiner zu Worms auf einer alten für
diese Gemeinde getroffenen Einrichtung, wonach kein Ein-
heimischer gezwungen werden konnte, in einer Streitsache einen auswärtigen Rabbiner als Richter anzuerken-

---

[1] Gesch. d. Juden in Köln, pag. 180.
[2] Geiger's Ztschr. f. G. d. J. III, 161.

nen.[1] Noch Kaiser Josef II. erteilte der Wormser jüdischen
Gemeinde das Privileg, dass niemand ihren Mitgliedern
zu befehlen oder sie mit dem Banne zu belegen habe. [2]
Dagegen liegt ein religionsgesetzlicher Grund für diese
Ueberweisung an denselben Rabbiner, der die Ehe ein-
gesegnet hat, nicht vor. Die Frau jenes Elias verlangte
nun auf den Bescheid Josels hin ein «Attestat» Geleit nach
Worms, wurde aber von Elias dort erwartet und auf Grund
des Befehls des Landvogts gezwungen, «mit ime heim-
zugen». Josel begiebt sich auf die Kunde hiervon nach
Hagenau, trifft allerdings den Landvogt nicht an und
bittet ihn daher schriftlich am 9. Februar 1552, der Frau
auch «ein offen fürschrift» zu geben, damit sie so ein
sicheres Geleit nach Worms erhalte.[3] Später teilt Josel dem
Landvogt mit, dass er im Verein mit zwei Richtern den
Elias «nach vermöge unsere judische geschribne recht und
ordnong, auch aus kraft ctl. freiheiten, uf seine über-
dretung und überfarung judische ordnung, auch etlicher
schmehung, so er hohe und nider stenden geüpt hat,
darzu scheltwort und schmeung wider jüdisch personen
und riechter vielfaltige getriben», nachdem er schon
vorher wegen eines einem Juden zu Selz zugefügten
Schadens mit dem Turm gestraft worden war, binnen
3 Monaten aus der Landvogtei Hagenau verwiesen habe ;
der Landvogt möge gemäss den kurfürstlichen Freiheiten
durch den Schultheissen in Wingersheim dieses Urtheil
an Elias vollziehen lassen.[4]

Im Jahre 1542 nahm Josel an einer Versammlung
jüdischer Abgeordneter in Worms teil, welche sich mit
einem unter den Juden eingerissenen Missbrauche zu befassen hatte. Während es nämlich den Juden von den
weltlichen Obrigkeiten verwehrt war, christliche Schuldner
vor ein auswärtiges Gericht zu ziehen, machten sie ihren
Glaubensgenossen gegenüber ungestört von dieser Möglichkeit Gebrauch, nur mit dem Unterschiede, dass bei

---

[1] S. Horovitz, Frankf. Rabb. I, 17, wo auch eine entsprechende
Verordnung für Frankfurt angeführt ist.
[2] Geiger's Ztschr. etc. III. 164. Anm. 3.
[3] Bez. Arch. Str. C. 78. Orig. mit abger. Siegel.
[4] Das. das., sine dato, ohne Adresse und Siegel, wohl bald
nach dem ersten Schreiben, auf welches es Bezug nimmt, oder zugleich mit ihm übergeben.

Streitigkeiten zwischen Juden unter einander die Vorladung vor den auswärtigen Rabbiner nicht immer von dem reichen Gläubiger, sondern häufig von den armen Schuldner ausging.[1] Der Grund zu diesem Verfahren lag offenbar darin, dass der Schuldner hoffte, es werde der Gläubiger, um die Kosten und Mühen der Reise zu sparen, lieber auf seine Forderung ganz oder teilweise verzichten. Ueber die von dem jüdischen Religionsgesetz getroffene Bestimmung, dass derjenige, der sich dem Rechtsspruche seines Ortsgerichts beugen will, nicht gezwungen werden könne, an ein anderes Gericht zu gehen, setzte man sich dabei allerdings hinweg. Um nun solchem Missbrauche, der übrigens schliesslich durch die unvermeidlich sich ergebende Erschwerung des Leihgeschäftes für die Schuldner selbst hätte verhängnisvoll werden können, für die Zukunft zuvorzukommen, bestimmten neun am 25. August zu Worms versammelte Juden als Vertreter der Gemeinden Frankfurt, Worms, Landau, Schweinfurt und der Juden des Elsass, dass von nun an kein Rabbiner eines anderen Reiches das Recht haben solle, einen Juden seinem Heimatsgerichte zu entziehen oder gegen ihn irgend eine Verordnung zu erlassen; solche Urteilssprüche sollen vielmehr vollständig ungültig sein. Diese nicht aus Herrschsucht, sondern im Interesse des Friedens erlassene Verordnung wird von einem besonderen Vertreter für Landau und von Josel mit folgenden Worten unterzeichnet : «Auch ich komme mit Vollmacht des Gerichtes der Bewohner des Elsass ; der Spruch Josels, des Sohnes Gersons, aus der Familie Luans (?).»

Mit Josel trat auch in Beziehungen jener schwär-

---

[1] S. Horovitz, Frankf. Rabb. I, pag. 16 f.

[2] Nach einer im Besitze des Verfassers befindlichen Handschrift abgedruckt bei Horovitz, Frankf. Rabb. I, pag. 46 f. Uebersetzung und Besprech. das. pag. 19 f., wobei wir uns dem zweiten Argument, dass diese Verordnung, die übrigens, wie mir scheint, nur von Gemeindeleitern und Stadlanim, nicht von Rabbinern unterzeichnet ist, gegen einen möglicherweise vorkommenden Missbrauch der amtlichen Befugnisse derselben Stadlanim erlassen sei, durchaus nicht anschliessen wollen. Die Annahme, dass das Volk sich an auswärtige Rabbiner gewendet habe, weil es seinen heimischen Richtern nicht genügend Objectivität gegenüber dem überragenden Einflusse der Stadlanim zugetraut habe, hat doch die andere durchaus unbewiesene Vermutung zur Voraussetzung, dass eben diese Stadlanim einen Richterspruch zuweilen beeinflusst haben.

merische Proselyt Salomon Molcho, ehemaliger Sekretär
des Königs von Portugal, der heimlich zum Judentum
übergetreten war. Er kam mit David Reubeni im Jahre
1532 nach Regensburg, um Kaiser Karl mitzuteilen, dass er
die deutschen Juden zu einem Kriege gegen die Türken
aufbieten wolle. Schon als Josel, der auch auf dem Regensburger Reichstage war, von dem Vorhaben Molchos
hörte, richtete er an ihn ein Schreiben, um ihn zu war-
nen, «dass er nicht das Herz des Kaisers errege und
ihn nicht das grosse Feuer verzehre». Mit Recht hatte
Josel gefürchtet, dass der Argwohn des Kaisers durch
Molcho rege gemacht werde, dass er eine Erhebung der
Juden gegen seine eigene Herrschaft in Verbindung mit
den Türken befürchten würde. Karl liess ihn, als er
nach Regensburg kam, gefangennehmen und in Italien
verbrennen.[1] Josel hatte sich, da sein Brief erfolglos
war, schon vor Molchos Ankunft aus Regensburg entfernt, damit der Kaiser nicht sage, «seine Hand sei mit
ihm im Werke».[2]

IV.

Wenden wir uns nunmehr zu dem weit umfang-
reicheren und bedeutungsvolleren Teil von Josels Thätigkeit, der darin bestand, dass er für die seinen Glaubensgenossen gewährleisteten Rechte und Privilegien kraft
seines Amtes eintrat; eine Thätigkeit, bei der er Mühen
nicht scheute, sich durch Misserfolge nicht abschrecken

---

[1] Zemach David, ed. David Gans, pag. 31 a giebt als Grund für
die Verfolgung Molchos an, dass er das Herz des Kaisers dem jüdischen Glauben habe geneigt machen wollen. Während aus Josels
Worten der von uns angeführte Grund sich nur vermuten lässt, giebt
die bei Graetz, Gesch. d. J. IX, 3. Aufl. pag. 558 citierte Quelle
jedenfalls das Einleuchtendste an, wenn sie sagt, dass der Kaiser ihn
propter seditionis hebraicae metum verbrannt habe. — Nach den bei
dems. a. a. O. pag. 547 angeführten Quellen ebenso wie nach Zemach
David a. a. O. werden wir auch, im Widerspruch mit Josels Angabe,
annehmen müssen, dass Molcho in Mantua und nicht in Bologna
verbrannt wurde. Ueber Molcho s. ausführlich bei Graetz, Gesch. d.
J. Bd. IX, pag. 530 f.
[2] Mem. n. 17.

liess, eine Thätigkeit, die ihn mit den verschiedensten
Ständen, sehr oft mit dem deutschen Kaiser in Verbindung brachte. Betrachten wir zunächst seine Leistungen
für die gesamte deutsche Judenheit, wobei wir im einzelnen Falle immer die Beziehungen zu seinem Amte
genau festlegen wollen. Schon im Jahre 1520, als Kaiser
Karl in Aachen zum römischen König gekrönt wurde,
erlangte Josel und «der Mann, der mit ihm war», ein
Judenprivileg für die ganze Ausdehnung Deutschlands.
Josel war aber ursprünglich im Interesse der Juden des
Unterelsass nach Aachen entsendet worden, um über das
willkürliche Vorgehen der Stadt Oberehnheim beim Könige Klage zu führen. [1] Auf das hier erteilte Privileg
nimmt Karl im Jahre 1530 Bezug, als er am 18. Mai zu
Innsbruck, wo er sich mit seinem Bruder Ferdinand vom
4. Mai bis zum 6. Juni aufhielt, auf Bitten der «judisch-
heit, allenthalben im reich und unsern erblichen furstenthumben und landen wohuhaft und gesessen,» die Privilegien, die sie «nach empfahung unser königlichen cron
zu Aach» erhalten haben, «als römischer gekrönter keiser» — die Kaiserkrönung hatte am 24. Februar in Bologna stattgefunden — voll und ganz bestätigt, unter
Androhung einer besonderen Strafe von 50 Mark lötigen
Goldes,. «die ein jeder, so oft er freventlich hierwieder
thete, halb in unser und des heil. reichs cammer, und den
andern halben theil gemelter jüdischheit unnachlässig zu
bezahlen verfallen sein solle.» [2] Auch dieses Privileg erwirkte Josel vom Kaiser, als er «mit Einwilligung der
Gemeinden» zu apologetischer Wirksamkeit sich zum
Kaiser begeben und «Gunst in seinen Augen gefunden»
hatte.[3] In demselben Jahre gelang es Josel, noch ein
Privileg für die deutschen Juden zu erlangen, auf jenem
Reichstage zu Augsburg. da sich, wie Josel schreibt, [4]
«alle Fürsten der Völker, die Vornehmen und Mädchen (?)
ohne Zahl» — will er damit das zahlreiche Gefolge der
Fürsten bezeichnen? — «versammelten, um Abgrenzungen
und Ordnungen einzurichten; und sie beabsichtigten, die

[1] Das. n. 9.
[2] S. Limnaeus, Tomus IV. Juris publici, Strassburg 1650, pag
801, enthalten in einem Judenprivileg Ferdinands I. vom J. 1560.
[3] Mem. n. 14.
[4] Das. n. 15.

Streitigkeiten beizulegen.» So wird nach dem Zusammenhang die Stelle richtig zu lesen und zu übersetzen sein, mit Bezug auf die Beilegung der religiösen Streitigkeiten, die der Kaiser hier beabsichtigte. «Und in jenen Tagen stand ich gegenüber mit der Hilfe Gottes und erreichte, dass der Kaiser die Privilegien von Kaiser Sigmund erneuerte.» Dieser letztere hatte den Juden in den Städten des Elsass folgendes Privileg verliehen:[1] 1) Es sollen den Juden ihre Schulden bezahlt werden, und sie sollen berechtigt sein, ein Jahr nach Verfall das bei ihnen hinterlegte Pfand nach Belieben zu verwenden. 2) Ihr Leib und Gut soll überall beschirmt sein, alle Strassen sollen ihnen offen sein, sie sollen dieselben Freiheiten und Gnaden geniessen wie die Christen. 3) Es sollen ihnen neben den von Kaisern und Königen festgesetzten keine neuen Zölle aufgelegt werden. 4) Man soll keinen Juden zur Taufe zwingen. 5) «Das sie auch in unser und des reichs cammer gehoren»; darum ist es der Wille des Königs, «das man sie noch ir keinen furbass mher verthailen oder aigen solle», sondern sie frei aus einer Stadt in die andere ziehen lasse. 6) Wer Ansprüche an sie habe, solle diese nicht «fur landgericht oder auch fur landfride, ob die weren, oder landtäge» geltend machen, sondern nur vor dem weltlichen Gericht «der steten, darin sie gesessen sein». 7) Wenn der Jude zu schwören habe, so solle er dies «auf Moises buch» thun, mit den Worten: «als im Gott helfe, bei der eve (= Ehe, Bündnis), die Gott gab auf dem Berg Sinai». 8) Zeugnis ablegen gegen einen Juden wegen Sachen, die an Leib oder Gut gehen, sollen nur unverdächtige Christen oder Juden, die nicht seine offenbaren Feinde seien. 9) Der König will die Juden «weder durch dienst oder bete willen» an einen anderen veräussern.

Diese Vergünstigungen erneuerte nun Kaiser Karl

---

[1] Jedenfalls vor dem 31. Mai 1433, dem Tage seiner Kaiserkrönung, da mehrfach von «König» Sigmund die Rede ist. Das von Wolf in Geiger's Ztschr. f. G. d. J. i. D. III, 166 angegebene Datum des 12. Febr. 1418 bezieht sich auf ein anderes Privileg, auf die Bestätigung des von Papst Martin V. an diesem Tage erlassenen Schutzbriefs; s. Geiger's Ztschr. III, 8 und einen Abdruck von Sigmunds Bestätigung das. V, 191. Lehmann, R. J. v. R., II, 77 datiert hier vom J. 1416. In Aschbach's ausführlicher und mit Itinerar versehener Gesch. K. Sigm.'s habe ich über das Privileg nichts ermitteln können.

auf demütige Bitten der Juden am 12. August, «damit sie hienfuro in heil. reiche dester ruwiger sitzen, whonen und beleiben mogen». Denjenigen, der wider sie handelt, bedroht eine an die kaiserliche Kammer zu zahlende Strafe von 20 Mark in Gold.[1] Wir können annehmen, dass Josel, nachdem er am 18. Mai in Innsbruck einen Erfolg errungen, sich erst wieder nach Haus begeben habe. Da aber die Stadt Colmar sich anschickte, Klagen über die Juden beim Kaiser in Augsburg vorzubringen, die ja dann wirklich zur Erteilung des gegen die Juden gerichteten Privilegs vom 29. Juli 1530 führten, so wurde auch Josel von seinen Juden beauftragt, den Kaiser um Bestätigung des Sigmundschen Privilegs zu bitten. Josel hatte dann zuerst, wie wir sehen werden, am 25. Juli den Kampf gegen Margarita aufzunehmen, und vielleicht hat der Kaiser infolge des hierbei errungenen Sieges dem Wunsche Josels am 12. August um so leichter nachgegeben; die Ausdehnung des Privilegs auf alle Juden des Reiches hat Josel bei dieser Gelegenheit ohne Schwierigkeit und ohne besonderen Auftrag mit erbitten können. Auf weitere Klagen der Stände hat Josel schliesslich im Verein mit den von ihm eingeladenen anderen Deputierten am 17. November die oben besprochene Judenordnung fertiggestellt.

Im Jahre 1531 hatte Josel wieder mit dem Kaiser zu verhandeln, wahrscheinlich auch im Interesse der ganzen deutschen Judenheit. Er musste diesmal nach Brabant und Flandern ziehen, wo damals keine Juden wohnten;[2] er war von vielen dazu angeregt worden, die beim Kaiser von neuem vorgebrachten Klagen zu entkräften. Es gelang Josel bei seinem Aufenthalte daselbst vom 18. Febr. bis 17. Mai, trotzdem er sogar in Lebensgefahr geriet,[3]

---

[1] Copie im Pfälzer Copialbuch, Bd. 9, pag. 150 (Grossh. Bad. Generall. Arch. Karlsruhe), im Stadtarch. Colm. G. G. Israélites, und Bez. Arch. Str. 863, Wetzl. 1249. Abgedruckt zuerst bei Limnaeus, pag. 302 f., in dem Privileg Ferdinand's I. vom J. 1560 enthalten, dann bei Lehmann, R. J. v. R., II, 72 f. Loeb in Revue des ét. j. II, 278 datiert fälschlich vom 2. August, Wolf in Geiger's Ztschr. III, 166 infolge einer Verwechslung gar vom 3. April 1544; W. giebt ausserdem eine stellenweise falsche Inhaltsangabe. S. Mossmann, Etude etc. pag. 23.

[2] Ueber Juden in Holland s. Graetz, Gesch. d. J. IX, 475 f.

[3] Ueber Ursache und Art dieser gegen ihn gerichteten Verfolgung spricht Josel sich nur ganz kurz und dunkel aus.

mit dem Kaiser persönlich nach seinem Bedürfnis zu
sprechen und eine milde Antwort von ihm zu erhalten.
Wir wissen allerdings nichts Näheres über den Gegenstand und die Art des Erfolges dieser von Josel mit
dem Kaiser gepflogenen Unterredung.[1] Auch im folgenden Jahre wurde er genötigt, wiederum den Kaiser
aufzusuchen, «am Tage der Versammlung in der Stadt Regensburg auf der Warte Israels zu stehen. Und Gott war
mit uns und errettete uns auch in jenen Tagen vor den
Anklagen der Fürsten und Edlen, uns den Unterhalt unter den Völkern zu geben in Bezug auf die Zinsen.»[2]
Also auch auf diesem, am 17. April eröffneten, nur von
den katholischen Ständen besuchten, Reichstage herrschte
wieder das Bestreben vor, den Juden die Geldgeschäfte
durch den Kaiser verbieten zu lassen. Josels Bemühungen ist es nun offenbar gelungen, die Pläne der Gegner
zu vereiteln. Handelte er hierbei auch im Auftrage der
deutschen Judenheit? Wir können es annehmen, da er
am 20. Mai «als der judenschaft in teutschen landen
oberster» «us gewalt und bevelch kais. Mt.» vom kaiserlichen Erbmarschalk Georg Wolf zu Boppenheim ein
freies Geleit erhält, «alhie uf diesen reichstag seinem
handel und sachen auszuwarten.»[3] Der ihm hier gegebene Titel scheint darauf hinzudeuten, dass er eine Vollmacht von der deutschen Judenheit vorzeigen konnte.
Auch erhält Josel, «omnium judaeorum totius Germaniae
nomine id a nobis peten(ti)s», von dem auf diesem Reichstage anwesenden päpstlichen Nuntius, Cardinal Campeggio
die Bestätigung eines den Regensburger Juden erteilten
Privilegs vom 3. Januar 1216. Campeggi schreibt nämlich nach Mitteilung des Wortlautes der Urkunde: «Quibus quidem literis diligenter inspectis per notarium publi-
cum .. ipsas literas exemplari transumi et subscribi et
in hanc publicam formam redigi mandavimus; decernen-
tes et volentes, ut huic praesenti transumpto publico sine
exemplo plena fides deinceps adhibeatur in iudicio· et
extra .., ipsumque transumptum fidem faciat ac illi stetur
ac si originales ipsae literae apparerent. Quibus omnibus

---

[1] Mem. n. 16.
[2] Das. n. 17.
[3] Bez. Arch. Str. F. 2615, Wetzl. 454, n. 5, Copie. S. Scheid in
Revue des ét. j. XIII, 255.

et singulis auctoritate nostrae legationis interposuimus ac decretum...» [1] Die Regensburger Juden waren schon 1519 ausgetrieben, wovon auch Josel in seinen Memoiren[2] kurz berichtet. Es ist nicht klar, was für einen Zweck er mit dieser Urkunde, und was er mit der Vidimierung derselben durch Campeggio, der übrigens hier zeichnet: «Datum Ratisponae in aedibus nostrae residentiae ac hortationis», hat erreichen wollen.

Die im Jahre 1530 zu Innsbruck und Augsburg erteilten zwei Privilegien erneuerte der Kaiser auf dem Regensburger Reichstage am 24. Mai 1541. Die Juden hatten ihm hier geklagt, dass sie wider ihre Privilegien vergewaltigt würden, und um seine Hülfe nachgesucht.[3] Auch dieses Privileg ist, obwohl Josels Name nicht dabei genannt ist, unzweifelhaft von ihm erwirkt worden, da er in seinen Memoiren[4] erzählt: «Im Jahre 201 (1541) . . . auf dem Reichstage zu Regensburg wegen der Erforschung der Bedürfnisse der Menge, um noch einige Bestätigungsschreiben von unserem Herrn, dem Kaiser, zu erlangen». Wie schon aus diesen Worten hervorgeht, hat Josel auf demselben Reichstage noch weitere Privilegien erhalten. In der That fordert Karl V. am 20. Juli in einem Mandat auf Grund der früheren Schutzbriefe seine Unterthanen auf, den Juden ausserhalb ihrer Wohnorte keine besonderen Zeichen an den Kleidern aufzuerlegen, sie nicht mit neuen Zöllen zu belästigen und ihnen die freien kaiserlichen Märkte nicht zu versperren, bei einer Strafe von 10 Mark in Gold. Ein Abdruck dieses Mandats, das sich an alle Unterthanen des Reiches richtet, wird in demselben Jahre nach Oberehnheim gebracht, vielleicht mit Rücksicht auf den mit den Juden zu Barr entstandenen Konflikt, da in dem am 26. Dezember 1540 an Josel hierüber gerichteten Schreiben der Reichsstädte[5] davon die Rede war, dass,

---

[1] Bez. Arch. Str. E. 1406. pag. 34. Copeien der juden irer previlegien, so sie itzo in der eil behanden gehabt. S. Mitteil. des Inst. f. österr. Gesch.forsch. Bd. X. pag. 459; hier und in Geiger's Ztschr. III, 895 irrtümlich von 1531 datiert.

[2] N. 8. S. Stobbe, die Juden in Deutschl., pag. 80.

[3] Copie Stadtarch. Colm. und Bez. Arch. Str. 863, Wetzl. 1249; abgedruckt bei Limnaeus a. a. O. pag. 304 f. Einen lücken- und fehlerhaften Abdruck bringt Scheid in s. Hist. etc. pag. 308 f. S. das. pag. 104 und Mossmann, Étude etc. pg. 24.

[4] N. 23. [5] Beil. XV.

wenn Josel nicht für Abstellung dieser Beschwerde sorgte,
die Städte «uf weg und handlung trachten» würden, um
künftighin solcher Handlungen der Juden «unbelestigt»
zu bleiben. Vielleicht hat Josel eine Versperrung des
Marktes zu Oberehnheim befürchtet.[1]

Auf die «freihait, am 18. tag des monats mai des 30.
jars der mindern jarzal nechstverschinnen zu Ynsprugg
ausgangen», kommt der Kaiser nochmals zu sprechen in
dem ausführlichen Judenprivileg vom 3. April 1544. Da
die «judischeit des heil. röm. reiches uf diesem unserm
gegenwürtigen reichstag alhie zu Speyr» dem Kaiser geklagt hat, dass «etliche aus inen» wider ihre bisherigen
Freiheiten ohne Ursache vergewaltigt würden, so erneuert
der Kaiser alle ihre früheren Schutzbriefe. Danach sollen
ihre Schulen und Synagogen unversperrt bleiben, sie
selbst gegen persönliche Vergewaltigungen obrigkeitlichen
Schutz geniessen, zu allen Zeiten freies Geleit ohne un-
gewöhnlich hohe Zölle haben. Auch wird, wie in dem
Mandat vom 20. Juli 1541, hier nochmals eingeschärft,
dass die Juden ausserhalb der Orte, in denen sie wohnten,
oder durch welche sie zu reisen hätten, dass sie auch
«auf gemeiner strassen judische zeichen zu tragen» nicht
verpflichtet sind. Es soll auch «kein jud oder judin, die
nach unser kais. kronung» in dem Reiche gewohnt
haben oder noch darin wohnen, ohne besondere kaiserliche
Erlaubnis ausgetrieben werden, wie dies schon das Privileg vom 18. Mai 1530 vorschreibe. Der Kaiser geht in
seiner Duldsamkeit gegen die Juden sogar soweit, ausdrücklich zu gestatten, dass sie ihr Geld «um zinse und
sonst zu irem nutzen und notturft um so veil desto hoher
und etwas weiter und mehrers, dann den christen zugelassen ist, anlegen und wenden». Der Kaiser geht dabei
von dem bemerkenswerten Gesichtspunkte aus, dass die
Juden vom Reiche viel höher besteuert würden als die
Christen, «aber daneben weder ligende gueter noch andere stattliche handtierung, ampter oder handwerk bei den
christen haben und treiben, davon si soliche anlagen
erstatten und ire narung bekommen, ausserthalb des so
si von iren parschaften zu wege bringen». Der Kaiser war

---

[1] Arch. Oberehnh., gedruckt mit Siegel, copiert bei Birkenthal,
danach gedruckt bei Lehmann, R. J. v. R. II, 226 f.

zu diesem weitgehenden Zugeständnis veranlasst worden
durch die Erkenntnis, dass die Juden so eher im stande
und bereit sein würden, die zu dem Feldzuge gegen
Frankreich ihnen auferlegte Contribution herbeizuschaffen.
Aus diesem Umstande ist es auch zu erklären, dass Karl
in derselben Urkunde gegen die Blutbeschuldigung noch
besonders Stellung nahm. Wie schon Kaiser Friedrich II.,
auf den Karl hier Bezug nimmt, aus Anlass einer Verfolgung von Fuldaer Juden im Juli 1236 in sehr einge-
hender Weise die Grundlosigkeit dieser Beschuldigung
deutlich ausspricht,[1] so musste auch hier erst eine Judenverfolgung vorangehen, ehe der Kaiser ein Machtwort
dagegen erliess. Josel berichtet über die hier zu Grunde
liegende Anklage[2]: «Im Jahre 304 nach der kleinen
Zahl (1543/44) war das Strafgericht erstreckt gegen fünf
Personen, einen Mann, drei Frauen und eine Jungfrau
wegen falscher Beschuldigung, da eines Kindes verwester Leichnam gefunden wurde, und sie den Mann, die
Frauen und die Jungfrau bis zu den Pforten des Todes
peinigten; aber sie legten . . . kein falsches Geständnis
ab». Josel war nun zur Befreiung der gefangengenommenen Juden gemeinsam mit anderen Männern thätig und
musste viel Geld dafür verwenden. Er hielt sich in
Würzburg einen Monat lang auf, vom 30. Dezember 1543
bis zum 28. Januar 1544,[3] während das gefangene
Mädchen mehr als 32 Wochen lang Qualen auf sich nehmen musste. Nachdem Josel auch noch in Speier «mit
den Briefen des Kaisers» gewirkt hatte, erlangte er endlich ihre Freilassung.[4] Josel giebt nicht an, bei wem er sie
durchgesetzt habe, aber es lässt sich aus obigen Worten und
aus unserem Privileg schliessen, dass er auf dem vom

---

[1] S. Hoeniger in Geiger's Ztschr. I, 142 und Stobbe das. I, 206.

[2] Mem. N. 26.

[3] Das. n. 2; das dort angegebene Datum des 3. Schebat war am
Samstag. Vgl. Kracauer z. St

[4] Ueber diese Verfolgung berichtet auch Jossif Omez, ed. Juspa
Hahn § 482 aus einer von Josel herrührenden Handschrift fast mit denselben Worten wie Josel hier. Daher werden wir das dort angegebene
בשנת פ"ק nicht mit Horovitz, Frankf. Rabb. I, 12 als Jahreszahl
180 = 1420 annehmen, da dies schon sprachlich ganz undenkbar
wäre, sondern werden mit Lehmann, R. J. v. R. II, 268 eher glauben,
dass einige Buchstaben im Druck ausgefallen sind, und dass es wie
bei uns heissen muss: בשנת ד"ש לפק.

20. Februar bis 10. Juni gehaltenen Speierer Reichstage den Kaiser für die Sache interessiert hat, so dass dieser schliesslich die Freilassung der unschuldigen Opfer verfügte. Das Privileg selbst hat der Kaiser am 3. April wohl schon in Aussicht gestellt, aber ich glaube nicht, dass Josel es an demselben Tage schon erhalten hat, da er sonst von diesem ausserordentlichen Schutzbrief in seinen Memoiren zu diesem Jahr Mitteilung gemacht hätte. Es ist aus Josels Aeusserungen eher zu schliessen, dass er dies Privileg erst im Jahre 1546 erhalten hat. Josel schreibt nämlich in diesem Jahre[1]: «Im Jahre 306 kam . . der Kaiser nach Regensburg . ., und inzwischen war ich thätig wegen neuer Privilegien, . . . wie seit den Tagen der Vorzeit uns nicht gegeben worden von irgend welchen Kaisern oder Königen. Und bereits hatte mir der Kaiser und seine Ratgeber zu Speier zugesichert, es uns zu geben. Und an jenem Versammlungstage in Regensburg rief ich mit lauter Stimme in die Ohren der Herrscher, die Worte ihrer Zusicherung zu erfüllen, und so . . . wurden sie geschrieben mit der Hand und untersiegelt mit dem Siegel des Kaisers». Da wir nun von einem so bedeutungsvollen Privileg, wie es hier geschildert ist, zum Jahre 1546 sonst nichts erfahren, so werden wir mit Rücksicht darauf, dass hier von in Speier gemachten Versprechungen die Rede ist, in der Annahme nicht fehlgehen, dass dies Privileg vom 3. April 1544 erst im Jahre 1546 erteilt ist und die Datierung von dem Tage seiner Zusicherung erhalten hat. Hierfür spricht noch entscheidend der Umstand, dass es in dem gleich zu besprechenden Judenprivileg vom 7. August 1545 heisst: «wollen wir inen ire privilegien und freihaiten, so sie von unsern vorfaren dem reiche . . ., uns und dem heil. reiche, inmassen wir inen hievor auf unserm jungst gehalten reichstag zu Speyr des negst verschienen 44. jare dieselben zu confirmieren bewilligt, und aber aus furfallender verhinderung bishere nit gescheen konnen, nachmals gnediglichen confirmieren». Da also im Jahre 1544 offenbar noch kein Privileg erteilt war, und das im Jahre 1545 gegebene nur ganz allgemein gehaltene Bestätigungen früherer Privilegien enthält, so ist offenbar

---

[1] Mem. n. 28.

unser Privileg für das Jahr 1546 anzusetzen, und es fällt die Vermutung Kracauer's[1] über das im Jahre 1546 erteilte Privileg fort. Am Schlusse dieses, wie wir sahen, sehr reichhaltigen Privilegs bedroht der Kaiser jeden, so oft er frevenlich hierwider thäte, mit einer Strafe von fünfzig Mark in Gold, zur Hälfte in die kaiserliche Kammer und an die Judenheit oder den Beleidigten zu zahlen.[2] Aber nicht umsonst hat der Kaiser den Juden diese grosse Gunst gewährt. Ebenso wie auf dem Speyerer Reichstage den Protestanten wichtige Konzessionen auf religiösem Gebiete gemacht wurden, nachdem sie ihre Unterstützung zu dem Franzosenkriege zugesagt hatten, so wird auch auf demselben Reichstage den Juden zwar ein sehr weitgehender kaiserlicher Schutz zugesichert, gleichzeitig aber eine Defensivhilfe für den bevorstehenden Krieg auferlegt, der, im Juli 1544 beginnend, den Kaiser bis in die Nähe von Paris führte.[3] Die Juden einigten sich schliesslich, 3000 Gulden, zu 15 Batzen den Gulden, zu geben, 400 Gulden für des Kaisers Privatgebrauch und ausserdem noch Geschenke im Wert von tausend Gulden. Um diese Summe zu bestreiten, beschloss man, $^3/_4$ Gulden von je hundert den Juden als Steuer aufzuerlegen.[4] «Josel von Rosheim, bevelchhaber gemeiner unserer judenschaft im heil. reich», hat nun «in namen derselben unser judischait» diese 3000 Gulden rheinisch dem Kaiser erlegt; darum sagt dieser «denselben Josel

---

[1] Zu Mem. a. a. O.

[2] Ausser der von Bresslau in Geiger's Ztschr. V, 324 erwähnten Copie in Sammelband E 1406 pag. 50-56 befinden sich auf dem Bez. Arch. Str. C. 78 noch zwei Copien; die eine trägt ausser der hebr. Aufschrift קונטרס מיקום den Praesentationsvermerk vom 16. April 1554, die andere ist eine vom Augsburger Rat hergestellte Copie mit dessen Siegel vom 15. April 1548. Der Abschnitt, der von der Erlaubnis, Zinsen zu nehmen, handelt, befindet sich auf dem Stadtarch. Colm. praes. Speier 1. XII. 50, auch in den Pfälzer Copialbüchern zu Karlsruhe Bd. 99, pag. 149 b. Der Teil von der Blutbeschuldigung ist gedruckt bei Scheid, Hist. etc. pag. 387, die ganze Urkunde bei Limnaeus, pag. 807 f., enthalten in einem Privileg Maximilians II. vom 8. März 1566. Scheid in a. Hist. etc. pg. 92 datiert vom 25. Februar, auch ist mir von der das. pag. 93 mit Berufung auf Arch. du Bas-Rhin C. 78 angeführten Bestätigung seitens des Pfalzgrafen vom 15. September 1544 nichts bekannt geworden.

[3] S. Mem. n. 27.

[4] Das. das.

. . . solcher erlegung . . . quit, ledig und los», am 7.
August 1545 zu Worms. Wenn noch einzelne Juden
ihren Teil nicht erlegt hätten, oder sich gegen die Zahlung
sperren würden, «so soll hiemit demselbigen Josel erlaubt sein, das er solche anlag von inen nachmals zu
seiner gelegenhait einfordern und einpringen, und gegen
denen, so sich solchen iren gepurenden thail zu erlegen
widdern und sperren wurden, mit dem judischen bann
und sunst in ander weg nach judischer ordnung zu pro-
cediren, zu handlen und zu verfaren, wie sich gebuert».
Der Kaiser hat also hier — das einzige Mal — Josel
eine Vollmacht verliehen, die derjenigen entsprach, die
ihm die Juden Deutschlands übertragen hatten, als er
in ihrem Namen die Beihülfe zahlte. Der Kaiser bestimmte auch, dass diese Erlegung «iren privilegien,
freihaiten, altem herkomen und geprauch ganz unsched-
lich und unnachthailich» sein solle, d. h. dass der Kaiser
dies nicht als eine den Juden nunmehr regelmässig ab-
zufordernde Steuer ansehen wolle. Zum Entgelt für
diese Dienstleistung will vielmehr der Kaiser ihnen ihre
alten Privilegien erneuern. Da Josel die Originalperga-
menturkunde an fremden Orten gebrauchen muss, und
«ohne sorg» nicht mit sich herumtragen kann, so lässt
er sich am 8. Mai 1546 vom Rat zu Rosheim eine beglaubigte Abschrift davon anfertigen.[1]

Auf demselben Wormser Reichstage des Jahres 1545,
auf welchem der Kaiser nochmals mit den Protestanten an-
knüpfte, um sie nur in Sicherheit zu wiegen, da wurde der
Gedanke angeregt, man solle mit des Kaisers Genehmigung
die Juden aus ganz Deutschland verjagen; «bis ein guter
Mann aufstand,[2] . . um ihnen zu erklären und zu begründen, dass dies nicht der Weg sei, um die Juden
aus ihrer Hand herauszubringen, denn so viel vermögen
ihre Gesetze und Satzungen, die Juden unter den Herrschaften des Kaisers und des römischen Königs festzuhalten
zur Erinnerung».[3] Wollen diese dunklen Worte Josels

[1] Bez. Arch. Str. E. 1406, pag. 48-49, das. 863, Wetzl. 1249. Copie
praes. 1. X. 50; abgedruckt von Kracauer in Revue des ét. j. XIX, 287.
[2] Graetz, Gesch. d. J. IX, 317 vermutet hierin den in Worms
anwesend gewesenen päpstlichen Legaten Alexander Farnese, da er
sich auch der Marranen in Portugal angenommen habe.
[3] Mem. n. 27.

die Notwendigkeit zur Erhaltung der Juden aussprechen, ebenso wie dies in der Mitte des 11. Jahrhunderts der französische Benedictinermönch Glaber Rodulphus gethan hat: «Et . . . oportet. . ., ut ex illis aliqui in futurum supersint vel ad confirmandum proprium nefas seu ad testimonium sanguinis fusi Christi. . . .»[1] Sollte also mit obigen Worten gesagt sein, dass eine Bitte beim Könige um Austreibung der Juden nicht das rechte Mittel sei, von ihnen loszukommen, da des Königs Bestimmungen durchaus eine Duldung der Juden bedingten «zur Erinnerung», und er daher ihre Austreibung nicht genehmigen würde? Jedenfalls kamen nach diesen Worten alle von ihrem Plane zurück und sprachen es aus, «das sollichs nit ze thun ist, und wie von alter her ire oberkeit ire juden bei kais. Mt. und des röm. recht schutz, schirm und geleit halten mag, von menigliche unverletzt».[2]

Während also hier alle, auch die protestantischen Stände, darin einig waren, dass die Juden weiter den Schutz des römischen Kaisers geniessen sollten, hatte Josel im folgenden Jahre Gelegenheit, Protestanten sowohl wie Katholiken an diesen von ihnen auf dem Wormser Reichstage gefassten Beschluss zu erinnern. In dem im Jahre 1546 ausgebrochenen schmalkaldischen Kriege hatten nämlich die Juden Deutschlands von beiden kriegführenden Parteien zu leiden. Die unter des Kaisers Fahnen dienenden spanischen Truppen begannen sich gegen die Juden feindselig zu zeigen. Josel verwendete sich bei Granvella, «bei dem grossen Herrscher, dem zweiten nach dem Kaiser, der Granvelder genannt ist», und dieser stellte wirklich dem Kaiser vor: «Siehe, die Juden haben so viele Leiden von diesen abtrünnigen Lutheranern erduldet, und jetzt kommt dein Volk, die Sefardim (Spanier), um sie preiszugeben wider die neuen Privilegien, die du ihnen seit gestern und ehegestern gegeben hast». «Und der Kaiser willigte ein zu sagen: Es ist nicht recht, die Juden preiszugeben; siehe, es werde geschrieben und besiegelt mit Befehl und Strafen, dass kein Mann aus allen unseren Heeren seine Hand

---

[1] S. Stobbe, die Juden in Deutschl., pg. 17, Note 2. Vgl. Kracaner zu Mem. a. a. O.
[2] Beil. XXI.

und seinen Fuss erhebe, um irgend einem Juden zu
schaden oder Böses zu thun».[1] Ausser diesem seinen
Truppen bekanntgegebenen Erlass liess der Kaiser, in
Erinnerung an sein kurz zuvor erteiltes, umfassendes
Privileg, datiert vom 3. April 1544, noch ein Schutzmandat für die Juden über ganz Deutschland ergehen,
wonach jeder, der die darin enthaltene Bestimmung übertrete, sich des Todes schuldig mache.[2] Dieses in Regensburg ungefähr wohl im Juni 1546 zu stande gekommene
merkwürdige Mandat, welches die Juden als in des
Kaisers und des Reiches Schirm stehend bezeichnete, ist
heute nicht mehr vorhanden.[3] Die Feindseligkeiten der
kaiserlichen Truppen wurden dadurch sofort abgestellt;
dagegen versorgten die Juden diese bei ihrem Durchzuge
mit Brot und Wein.[4] Das kaiserliche Mandat sollte die
Juden natürlich auch gegen die Angriffe seitens der Pro-
testantenpartei schützen. Josel aber, der als «bevelchhaber
gemeiner judischait deutscher nation us brüderlicher lieb»[5]
die Rechte seiner Glaubensgenossen bisher möglichst
vertreten hatte, erfährt bei seiner am 20. August erfolgten
Rückkehr nach Rosheim,[6] dass einige Hauptleute des
schmalkaldischen Bundesheeres die Juden in Schwaben
gebrandschatzt hätten, und dass die Juden im Ries, der
zu beiden Seiten der Donau gelegenen Niederung in der
heutigen bayrischen Provinz Schwaben und Neuburg,
und in dem in der Grafschaft Oettingen belegenen Flecken
Wallerstein (heute ebenfalls bayrisch) nur gegen Zahlung
einer Geldsumme vor den Kriegshaufen sichergestellt
worden seien.[7] In jener Zeit, von Mitte Juli bis Mitte
August hielt sich der Oberbefehlshaber des protestantischen
Bundesheeres, Sebastian Schärtlin von Burtenbach, in
derselben Gegend, um Donauwörth herum, auf. Das kaiserliche Schutzmandat wollte nun dem Schärtlin keiner
überbringen, weil, wie man meinte, er und sein Heer

---

[1] Mem. n. 28.
[2] Das.
[3] Die Datierung ergiebt sich aus den Ratsprotokollen, a. 1546,
fol. 444, Stadtarch. Str.
[4] Mem. n. 28.
[5] Beil. XXI.
[6] Er teilt dem Strassburger Rat am 1. September mit, «fritag
8 tag sei er anheimsch» kommen. Stadtarch. Str. Ratsprot. fol. 444.
[7] Beil. XXI.

als Gegner des Kaisers nicht zu viel darauf geben würden;
«und im (Josel) niemand kein brief zu den hauptleuten
tragen wollen, so sie (die Hauptleute) nicht ins keisers
und des richs schirm seien.»[1] Darum versucht Josel bei
der Stadt Strassburg, die auch dem schmalkaldischen
Bunde angehörte, ein Wort zu Gunsten der Verfolgten
einzulegen. Er wird aber am Stadtthore abgewiesen, und
bittet deshalb schriftlich um Geleit, er habe sein und
seiner Mitbrüder Anliegen vorzubringen.[2] Der Rat beschliesst am 28. August, die anderen Juden nach wie vor
draussen zu lassen, «aber inen zu disem mal hereinlassen,
in hören, was im angelegen.»[3] So finden wir Josel am
1. September in Strassburg, wo er unter Berufung auf
das kaiserliche Mandat und auf die seitens der Stadt
den Juden durch Schutz im Bauernkriege und durch
Ausstellung von Empfehlungsschreiben schon öfter gewährte Hilfe den Rat bittet, bei seinen Bundesgenossen
dahin zu wirken, dass die Juden in Schwaben und der
Markgrafschaft Burgau weiterhin unbehelligt bleiben
mögen.[4] Bei Ueberreichung der Supplikation spricht Josel
auch die Hoffnung aus, «man werd inen und die sinen
wie von altem gleiten und bei dem bruch bliben lassen».
Der Rat lässt ihm mitteilen, «dieweil die leuf so sorglich,
so hab man bevelch geben, nit viel frembd volk herein-
zulassen; dabei lass mans diser zeit der juden halben

---

[1] Stadtarch. Str. Ratsprot. a. 1546 fol. 444.
[2] Von dem Brief Josels ist nur noch die Adresse erhalten,
Stadtarch. Str. IV. 127, mit dem Vermerk auf der Rückseite: «Jöslin
jud von Rossheim, empfangen 27. augusti a. 46, praes. sambstags
den 28. august a. 46.» Hiernach ist das Datum in den Ratsprot. fol.
438 als irrig zu berichtigen.
[3] Stadtarch. Str. Ratsprot. fol. 438.
[4] Beil. XXI. Nach der Oberehnheimer Copie copiert bei Birkenthal, danach fehlerhaft gedruckt bei Lehmann, R. J. v. R. II, 293 f.
Der Brief kann nicht, wie Scheid in Revue des ét. j. XIII, 249 und
Lehm., R. J. v. R. II, 297 wollen, von Josel an Granvella übergeben
sein. Denn abgesehen davon, dass die Urk. sich in Str. vorfindet und
ihr Inhalt in den Ratsprot. wiederkehrt, weist die Adresse und die
ganze Fassung, besonders mit dem Hinweis auf den Schutz im
Bauernkriege und auf die Empfehlungsschreiben, durchaus auf Str.
als Adressatin hin. So haben wir auch den Zeitpunkt der Ueberreichung der undatierten Bittschrift festgestellt. Wie eine Copie derselben nach Oberehnheim gekommen ist, welches damals auf Seiten
des Kaisers gestanden hat — vgl. Gyss, Hist. de la v. d'Ob. I, 364,
kann ich nicht sagen.

bleiben. Nach den leufen beschehe, was gut sei». Wegen
der Vorgänge in Schwaben möge Josel «denen in Schwaben, die sie beschedigt, schreiben, die werden inen wol
wissen antwort zu geben».[1] Trotz dieses völlig abschlägigen
Bescheids kann Josel nach Beendigung des Krieges gegen
Sachsen im Jahre 1547, der mit der Schlacht bei Mühl-
berg am 24. April zu Gunsten des Kaisers abschloss,
mit grosser Freude versichern, dass «von uns kein Mann
in einem so grossen Kampfe vermisst wurde». Die Juden
hatten für den Sieg ihres Kaisers täglich morgens und
abends besondere Gebete verrichtet.[2] In dieser Zeit und
bei derselben Gelegenheit war Josels Hülfe auch erfolgreich angerufen worden von den Juden Frankfurts. Als
diese Stadt von Maximilian von Büren mit einer Abtei-
lung Niederländer nach ganz kurzer Belagerung am 28.
Dezember 1546 erobert wurde, verwendete sich Josel
im Auftrage der Gemeinde bei dem Heerführer, «und
siehe, die heilige Gemeinde wurde durch das Verdienst
der Frommen, die dort ruhten, und der Gelehrsamkeit,
die sich dort befand, gerettet.»[3]

Der Kaiser weist auf das Speierer Privileg vom 3.
April 1544 nochmals hin in einem neuen Privileg vom
30. Januar 1548. Josel, der sich diesmal, um über die
Stadt Colmar Klage zu führen, nach Augsburg zum Kaiser
begeben hat, bringt ihm ausserdem vor, dass immer noch
etliche Juden unter den Gewaltthätigkeiten der Christen
zu leiden hätten, ohne dass ihnen genügender obrigkeit-
licher Schutz zu teil würde. Der Kaiser fordert nun seine
Unterthanen auf, den früheren Privilegien gemäss mit
den Juden zu verfahren.[4] Auf demselben Reichstage erkennt der Kaiser dankbar die Dienste an, die ihm Josel
im letzten französischen Kriege des Jahres 1544 und im
schmalkaldischen Kriege geleistet hat, «mit gelt und pro-
fiant, dasselbig unserm kriegsvolk zuzufurdern». Mit

---

[1] Stadtarch. Str. Ratsprot. a. 1546 fol. 444.
[2] Mem. n. 28.
[3] Das. n. 29. Ms. Oxford fol. 188 und 113 b.
[4] Beil. XXIII. Bez. Arch. Str. C. 78 und Staatsarch. Stuttg.,
gedr. Orig., letztere mit der Aufschrift: «überantwurt durch mich,
Valentin Frauwenberger . . uf den 1. tag des monats februarii a.
1551». Copie auch im Pfälzer Copialbuch (Karlsruhe) Bd. 99, pag.
156-158; hiernach copiert bei Birkenthal, danach gedruckt bei Lehmann, R. J. v. R. II, 302 f.

Rücksicht hierauf und auf das ihm von verschiedenen
Landvögten und Städten im Elsass bescheinigte Wohl-
verhalten erneuert ihm Karl ein schon früher erteiltes
Privileg, welches er bei einem Aufenthalte in Leitmeritz
in Böhmen im Jahre 1547 bei dem römischen Könige
verloren hatte. In welcher Angelegenheit Josel sich zu
Ferdinand, der sich den Juni über in Leitmeritz aufhielt,
begeben hat, lässt sich nicht sagen; wie wir oben sahen,
hat er die Prager Juden zur Einigkeit ermahnt. Josel
kann dem Kaiser nur eine vom Oberehnheimer Rate beglaubigte Abschrift seines Privilegs vorbringen. Hiernach
geniesst Josel, wie ihm dies schon von Maximilian und
Ferdinand in ähnlicher Form zugesichert sei, mit seiner
ganzen Familie, seinem Hab und Gut den besonderen
kaiserlichen Schutz, kann allenthalben im Reich frei
wandern und muss an allen Orten, wo Juden wohnen,
von der Obrigkeit selbst zu dauerndem Aufenthalte zugelassen werden; wer an sie Rechtsansprüche hat, soll
sie nur vor dem Gerichte ihres Wohnortes geltend machen. Die Behörden sollen ihnen besonderen Schutz angedeihen lassen, wer ihnen etwas zu leide thut, hat eine
besondere Strafe von zehn Mark an die kaiserliche Kammer zu entrichten. Zu dieser am 28. Februar ausgestellten
Urkunde lässt sich nun Josel, da sein Schwiegersohn
Michel zu Bähingen bei Landau sie brauche und sich
fürchte, das Original immer bei sich zu führen, am 23.
September 1549 von dem Oberehnheimer Stadtmeister
Herprecht Mopparter (1549—1564) eine beglaubigte Abschrift ausstellen.[1]

Noch einmal nahm Josel des Kaisers Hülfe im Interesse der deutschen Juden in Anspruch, auf dem am
26. Juli 1550 eröffneten Reichstage zu Augsburg, welcher
die Protestanten zur Anerkennung der Beschlüsse des
Trienter Konzils nötigte. Hier hatten die Stände dem
Kaiser geklagt, dass die Juden, obwohl ihnen der Wucher

---

[1] «Copia Josel juden schutz- und schirmbrief», Bez. Arch. Str.
863, Wetzl. 1249, danach mit einigen Kürzungen gedruckt von Kracauer in Revue des ét. j. XIX, 289. Vollständig, ohne das Vidimus
des Oberehnheimer Rats, enthalten in einem Privileg Ferdinands II.
vom 6. Sept. 1630, nach einer Urk. des Arch. des germ. Nationalmuseums zu Nürnberg, gedruckt von M. Stern in Geiger's Ztschr.
III, 69 f.

verboten sei, diesen doch heimlich trieben, «dergestalt
dass der wucher für das hauptgeld in sonderlichen verschreibungen angezogen werde». Auch komme es vor,
dass die Juden ihre wucherischen Forderungen anderen
Christen verkauften «und die verschreibungen auf die
kaufer stellen lassen.» Um diesen Missbräuchen nun zu
begegnen, bestimmt der Kaiser in dem vom 14. Februar
1551 datierten Reichstagsabschied, «dass die juden hin-
fürder kein verschreibung oder obligation vor jemands anders dann der ordentlichen oberkeit, darunter der contra-
hirend christ gesessen, aufrichten» sollen. «Und da sie
diesem zu entgegen einige verschreibung hinfüro aufrichten liessen, so soll dieselbig kraftlos, nichtig und
unbündig sein und kein richter darauf erkennen».[1]
Während die Juden nun diese Bestimmung dahin auslegen, dass liegende Güter von Christen nur mit Wissen
ihrer Obrigkeit verpfändet werden sollen, wollten doch
etliche Christen daraus die viel weitergehende Beschränk-
ung ableiten, dass auch sonstige Darlehensgeschäfte nur
in Gegenwart der Obrigkeit des christlichen Schuldners
abgeschlossen werden dürften. Da die Juden durch diese
Auslegung in ihrem ganzen Erwerbsleben sich bedroht
glauben, so richten «die Gesandten gemeiner Jüdischheit»
— wir haben es wohl hier mit den in Frankfurt im Jahre
1551 versammelten Rabbinen und Parnosen zu thun, — an
den Kaiser eine Bittschrift, in der sie an die Gnade des
Kaisers appellieren, die in dem Speierer Privileg des Jahres
1544 das Ausleihen von Geld auf Zinsen ihnen ausdrücklich gestattet und der Obrigkeit vorgeschrieben habe,
ihnen zur Einbringung ihrer Schulden behilflich zu sein.
Wenn nun die seitens ihrer Gegner beliebte Auslegung
des Reichstagsabschiedes zu Recht bestehen solle, dass
alle Geldgeschäfte «vor der contrahirenden oberkeit, wo-
runder der contrahirende christ» wohne, vor sich gehen
müssten, «wurd uns armen mer costen darauf, dann wir
gewin darum haben möchten». «Dann wir an allen orten
mit grossen zöllen, mauten und geleit beladen seind, auch
uns vil oberkait stett und flecken versport, dahin man
uns nit wandern oder passiren lassen will.» Sie bitten
daher den Kaiser, «in gnädigster bedenkung, das wir all

---

[1] Reichsabschiede, Frankf., 1747, Teil II, pag. 622, §§ 78, 79.

ains beschaffens vor Gott dem almechtigen sain», eine
Erklärung darüber abzugeben, dass, «so hinfurder ein
christ mit einem juden wurd contrahiren und sich des
mit handschriften oder sunst verschreibungen, so vor
erlichen, redlichen oberkeiten ufgericht worden und nit
mit ligenden underpfand versehen, das solches armen
unverfallen sein sollt, sondern das zu haben und erlaubt
sein soll». Diese jedenfalls nicht lange nach dem 14. Februar 1551 aufgesetzte Supplication — es ist darin von
dem «abschid des nechst gehaltenen Augspurgischen
reichstag» die Rede — ist nach Augsburg wohl erst an
die Adresse Josels gesendet worden, der seit Ende Januar
«von wegen der juden, so ire schatzung und anlag zu der
defensifhilf des 44. jars noch nit erlegt», und besonders
mit Aufträgen «betreffend den bass durch das land
Würtemberg» sich in Augsburg aufgehalten hatte.[1] Josel
führt nun als «gemeiner jüdischhait bevelshaber» in einer
besonderen Bittschrift noch aus, dass, wenn der Kaiser
etwa den Gegnern der Juden Gehör schenken würde,
«ain arm jüdischhait von jeglichen gelt kainen nuzen
mehr weder ueben oder haben wirt megen, dieweil kein
oberkait ainich brief und verschreibung . . von innen
aufrichten oder vertigen lassen würdet». Wenn es den
anderen Reichsunterthanen ohne weiteres gestattet sei,
bis zehn und mehr Procent Zinsen zu nehmen, so solle
das den Juden doch auch ebenso vergönnt werden, zumal diese andere Erwerbszweige überhaupt nicht hätten.
«Wann wir E. Kais. Mt. zugeben solten, das solliche vorhaben in das werk gepracht, . . so müsste ain jüdischhait
nit allein des ganzen remisch reich hungers halber verlassen, . . sonder aller röm. kais. und kön. begnadung,
. . die ain jüdischhait nit mit geringen darlegen von dem
heil. reich und sonst an vil ort bisher erworben und erhalten hat, entsetzt werden». Diese Supplication Josels
muss dem ganzen Zusammenhang der Ereignisse nach
in Augsburg abgefasst sein, besonders da er darin von
dem «nechsten albier gehaltenen reichstag» spricht.[2]

---

[1] Geleit vom 2. März 1551, Staatsarch. Stuttg.
[2] Beide Bittschriften undatiert; ohne Angabe der Quelle, wahrscheinlich aus einem Wiener Archiv, mit verschiedenen offenbaren
Fehlern und mangelhafter Interpunction, ohne Bestimmung der Ab-
fassungszeit gedruckt von Wolf in Geiger's Ztschr. III, 168 f.

Wir wissen nichts über den Erfolg der diesbezüglichen Bemühungen Josels beim Kaiser, wir können aber aus dem ihm aus anderem Anlasse noch in demselben Jahre von den kaiserlichen Räten bewiesenen Wohlwollen schliessen, dass er auch hier mehr oder weniger seinen Zweck erreicht hat.

Weitere Erfolge errang Josel auf demselben Reichstage durch die kaiserliche Gnade für die Duldung der Juden in Württemberg. Nachden er im Jahre 1530, wie wir oben gesehen haben, unter Hinweis auf ein kaiserliches Privileg von dem württembergischen Statthalter mit seiner Bitte um Erteilung des Passes durch das Land abgewiesen war, hatte er sich erst wieder am 13. Oktober 1540 an den Strassburger Rat mit dem Ersuchen gewendet, ihm eine Fürschrift an den seit 1534 wieder in sein Land eingesetzten Herzog Ulrich zu erteilen, «ine und seine judischeit passieren zu lassen». Der Rat beschliesst, ihm «eine gemeine fürschrift zu geben».[1] Dass Josels Bemühungen aber auch damals von keinem Erfolge gekrönt waren, ersehen wir daraus, dass er im Jahre 1551 bei dem seit Ende 1550 zur Regierung gekommenen Herzog Christof in demselben Sinne, diesmal mit mehr Energie und mit Erfolg, zu wirken bemüht ist. Unmittelbaren Anlass zum Einschreiten bot Josel ausser dem kurz vorher stattgehabten Regierungswechsel der Umstand, dass nicht nur früher etliche Juden, die zufällig durch das Land passierten, gefangengenommen und gebrandschatzt wurden, sondern auch unter der Regierung Christofs zwei arme Juden, die an das Hofgericht gehen wollten, zwischen Hechingen und Rottweil ergriffen, einige Wochen gefangen gehalten und ihnen hundert Gulden für ihre Freilassung abgefordert wurden; das Geld hatten sich die Juden erst von ihren Freunden erbetteln müssen.[2] Josel reicht nun zunächst «im namen gemainer judischait» bei den kaiserlichen Räten in Augsburg eine Supplication in der Angelegenheit ein. Diese beschliessen am 23. Januar, an Herzog Christof zu schreiben, «das er den juden den pass, wie sie dessen nach gemainen rechten und iren habenden freihaiten befüegt, zu gestatten verschaffen wölle.»[3]

[1] Stadtarch. Str. Ratsprot. a. 1540 fol. 382 b.
[2] Jösel an den Kaiser, 19. Febr. 1551, Staatsarch. Stuttg.
[3] Beschluss der Räte. Staatsarch. Stuttg.

Der kaiserliche Bote Valentin Frauenberger überbringt
am 1. Februar einen von Obernburger beglaubigten Abdruck des am 30. Januar 1548 zu Augsburg erteilten
Judenprivilegs nach Stuttgart.[1] Da nun Frauenberger
hier einen den Juden günstigen Bescheid erhält, so richtet
Josel unter Uebersendung einer Kopie der bei der kaiserlichen Kanzlei von Frauenberger eingereichten schriftlichen
Relation über den Erfolg seiner Sendung am 6. Februar
an den württembergischen Kanzler Johann Fessler ein
Schreiben mit der Bitte, ihm die Zollstätten seines Landes
mitzuteilen, «welche .. di juden hinfuro wissen zu entrichten, und ich als ir bevelchaber si darzue halten kundt,
dasselbig auszurichten». Josel selbst habe bei seinen vor
40 Jahren vielfach gemachten Durchzügen durch das Land
2,4 oder 6 Pfennige gezahlt. Josel will die Juden zu ge-
bührlichem Wandel und Handel anhalten, «und wo ainen
die nacht begreift, in offenem wirtzhaus beherbergt werden
soll». Er bittet, dass durch den Fürsten die einzelnen
Zollämter von der nunmehrigen Zulassung der Juden benachrichtigt werden mögen. Nach Ausgang des Reichs-
tages will Josel die Verhandlungen in Stuttgart persönlich
weiterführen.[2] Hierauf lässt Fessler durch Mitteilung an
die kaiserliche Kanzlei alle früher gemachten Versprechungen widerrufen, und nun wendet sich Josel am 19.
Februar unter Hinweis auf dieses Vorgehen und unter
Schilderung der bisher gegen die Juden dort verübten
Misshandlungen mit einer Supplication an den Kaiser.
welchen er um Erlass eines ernstlichen Mandates, dessen
Nichtbeachtung mit einer namhaften Pön bedroht werden
solle, an Herzog Christof wegen Zulassung der Juden
ersucht. Josel ist überzeugt, dass der Herzog als. «ein
neu khomner furst» an den Ausschreitungen keine Schuld
trage, sondern nur seine Beamten. Diese beriefen sich
fälschlich auf das im Jahre 1530 dem Herzogtume erteilte
kaiserliche Privileg, das doch jedenfalls nicht diejenigen
Juden treffen könne, «so sich in irem wandel und handel
in der kais. strassen erberclich on alle wiecherlichen
handel blos durch das land die strassen bassieren»,
sondern nur die, «so sich der ungebur halten». Die

[1] Das.
[2] Beil. XXVI.

Juden wollten nur den Handel in Messen und Märkten
betreiben, wie dies auch der Reichsabschied vom 14.
Februar ihnen ausdrücklich vorbehalte: «Doch sollen den
juden die aufrichtige hantierungen und commercien in
den offnen freien messen und jahrmärkten hiemit unbenommen sein». Die Juden seien bereit, dasselbe Geleitgeld wie in der Kurpfalz zu zahlen, von jeder Meile
«ain reder weiss pfenning».[1] Auf diese Eingabe beschliessen
die kaiserlichen Räte, wenn die Juden «uber das jungst
ausgangen mandat beschwert werden wölten, so stee inen
bevor, sich desselben mandats im stand des ordenlichen
rechtens zu behelfen».[2] Da also der Kaiser die Juden
zunächst nur auf den Rechtsweg verweist, ohne ihnen
seine persönliche Hilfe in Aussicht zu stellen, so versucht
es Josel zunächst noch einmal am 22. Februar mit einer
an den Herzog selbst gerichteten Bittschrift. Er bittet
um persönliches Geleit und nochmals um Angabe der
Zollstätten und der Höhe des verlangten Zolles. Auch
hier betont er, dass der Kaiser «als ein haupt und ein
brunnen aller gerechtigkeit und niemands, hoch oder ni-
ders stands, wider die pillicheit oder die geschribnen recht
widerfahren lesst, noch vil minder, das ir Mt. sollichs
selbs nit thuet», und dass er daher die Freiheit des Jahres
1530 nur gegen die Juden habe gelten lassen wollen,
die «unpillich» gehandelt hätten, dass er aber nicht ge-
wollt habe, «das ein gemeine arme judischeit sich ainer
oder mer irer notturft nach von ainem land zu dem andern in messen oder anderer notturftiger sachen halben
zu wandlen die kais. strassen verboten sein sollte».[3]
Hierauf erhält Josel «ein kleins briefel» aus der herzoglichen Kanzlei, wonach er in der Herberge zum Strobel
in Augsburg bei dem württembergischen Gesandten Bescheid erhalten sollte. Diesen Bescheid konnte Josel aber
nicht abwarten.[4] Er hatte nämlich am 2. März auf seine
Bitte von Obernburger einen Geleitsbrief erhalten, in

[1] Staatsarch. Stuttg. Copie. praes. 28. Febr. Copiert bei Birkenthal, wonach mit einigen kleinen Fehlern gedruckt bei Lehmann,
R. J. v. B. II, 308 f.
[2] Staatsarch. Stuttg., decretum in consilio imperiali, die 19.
Febr. 1551.
[3] Das., Orig. mit Siegel, praes. 27. Februar.
[4] Josel an den Herzog, 17. Juni 1551, Staatsarch. Stuttg., Orig.
mit Siegel.

welchem ihm bescheinigt wird, dass er «jetzo zu verrer
einpringung der ausstendigen defensifhilf, des 44. Jahres
«und verrichtung anderer seiner und gemainer judischait
sachen in willens ist, zu den juden im heil. reiche hin
und wider gesessen», — so halte er ja um diese Zeit in
Strassburg eine Beschwerde über den Juden Jacob beizulegen — «auch an das kais. cammergericht» — es
handelt sich hier um seinen Prozess gegen die Stadt Colmar,
gegen welche er am 15. Mai zu Speier eine erneute
kammergerichtliche Vorladung erwirkte — «und villeucht
nochmals seiner notturft und gelegenhait wider an höchst-
gedachter kais. Mt. hof zu kommen und seinem habenden bevelch auszuwarten und entschaft zu geben» beab-
sichtige. Für diese seine Reise erhält er aus der kaiserlichen Kanzlei auf Grund seiner kaiserlichen Freiheit
ein besonderes schriftliches, freies Geleit.[1] Den Bescheid
des württenbergischen Gesandten in Augsburg hatte inzwischen in Josels Abwesenheit eine Gesandtschaft von
Wormser Juden entgegengenommen, die aber, wie Josel
schreibt, «nit gewalt oder macht haben, solliche pact und
abscheid one mein vorwissen von wegen gemeiner judischhait anzunemen haben». Da dieser Bescheid des Herzogs übrigens in der Hauptsache darauf hinausging, dass
Josel sich «von wegen gemainer judischait» nach Stuttgart um Erteilung eines Passes wenden solle, so ersucht
Josel, wieder nach Augsburg zurückgekehrt, den Herzog
um einen solchen in einem Schreiben vom 17. Juni. Josel
will ungefähr in einem Monat in Stuttgart zu mündlichen
Verhandlungen mit der herzoglichen Kanzlei eintreffen,
will sich auch bemühen, «ausländische» Prozesse seitens
der Juden möglichst zu verhindern. Er hofft, «so E. fl. Gn.
und derselbigen lobliche räthe gnediger mainung E. fl.
Gn. freihaiten, am letzlich mich als gemainer juden bevelchhaber, der nun bei 50 jaren bei kaisern, kunigin,
cur und fürsten allwegen aus göttlicher forcht der erber-
kait nach von wegen vilgemelter juden samt und sonder
gehandelt und allwegen vill sachen und irrung zu guetem
undertheniglich erzaigt, E. fl. Gn. und derselbigen löb-
liche räthe werden, so ich gehört wurd, auch ain gnedigs

---

[1] Das. Copie, copiert bei Birkenth., danach mit einigen Fehlern
gedruckt bei Lehm., R. J. v. R. II, 316 f.

gefallen daran haben». [1] Aber nicht nur aus diesen Worten
sollte der Herzog Josels ungewöhnliche, langjährige,
uneigennützige und erfolgreiche Bemühungen um die
Juden, «samt und sonder» erkennen; auf Josels Bitten
hatte auch Obernburger am 16. Juni ein besonderes
Empfehlungsschreiben an Fessler gerichtet. Hierin bezeugt
der kaiserliche Sekretär, dass er Josel «in seinen sach
und handlung, die er auf reichstägen und anderswo an
diesem kais. hofe zu verfolgen gehabt, fur ainen juden,
warhaftig und aufrichtig, befunden» habe. Und da er
es ferner nicht in Zweifel stellt, «wes er von gemainer
jüdischeit wegen handlen und zusagen wirdet, das dem
also sei, so hab ich ime meine furderung [2] nit abzu-
schlagen wissen, furnemblich auch darum, dieweil er von
denen ist, so die zusag haben, das si post plenitudinem
gestorum auch widerumb genad erlangen sollen». Wenn
wir hier statt «gestorum» mit Lehmann [3] «gentium» lesen,
so haben wir eine Beziehung auf den Römerbrief, Kap.
11, V. 25, wo es heisst: Ich will euch, Brüder. dieses
Geheimnis nicht verhehlen, . . dass nämlich die Ver-
blendung eines Teils der Israeliten so lange dauern wird.
bis der Heiden Vollzahl übergegangen sein wird. Darum
bittet Obernburger den württembergischen Kanzler, er
möge Josel «in seinem werben und handlungen, sovil
er befuegt und E. Gn. thunlich ist, von meiner wegen
und um diser meiner furpitte willen gnediglich und guetlich bevolhen haben». [4] Hierauf entschliesst sich der Herzog am 21. Juni, sich mit Josel in weitere Verhandlungen
einzulassen. «Wann dann der jud kem, mecht mit im
gehandelt werden, ob die beschwerlichen processe, so die
juden am cammergericht haben, abgestellt, so kunt auch
ime juden alsdann unsern gnäd. fursten und herrn privilegien der juden insinuirt werden». Die Räthe schlagen
ihrem Herzog ferner vor, Josel solle auf den 2. August
nach Göppingen bestellt werden, von wo ihn der dortige

---

[1] Staatsarch. Stuttg. Orig. mit Siegel, praes. 21. Juni 1551.
[2] Lehm., R. J. v. R. II, 319 liest hier: seine forderung!
[3] Das.
[4] Staatsarch. Stuttg. Or. mit Siegel, praes. 21. Juni, copiert bei
Birk., danach mit verschiedenen sinnentstellenden Fehlern, die in
unseren Anführungen grösstenteils verbessert sind, gedruckt bei
Lehm. R. J. v. R., II, 318 f.

Obervogt mit einem lebenbigen Geleite nach Stuttgart
führen lassen werde.[1] So befindet sich denn auch Josel
am Donnerstag, den 6. August, in Stuttgart und bittet
den Herzog in einem Schreiben, er möge ihn vor Samstag abfertigen.[2] Zugleich übersendet er die Uebersetzung
eines hebräischen Briefes, «so mir von minen verwandten
zukomen, wie ich mich hierin halten soll». Er will dadurch beweisen, «das ich warhaftig und ufrichtig mit aller
erberkeit erbietig zu handlen und beschliessen». Die in
Frankfurt versammelten, «rabin und barnosse» hatten
sich nämlich mit Josels Vorschlag, mit Herzog Christof
auf gütlichem Wege einen Vertrag zu schliessen, einverstanden erklärt. Nach diesem Vertrage sollten die
Juden, die Rottweiler Prozesse gegen herzogliche Unterthanen angestrengt hätten, in Güte zur Abstellung
derselben bewogen, auch sollte künftighin kein ausländisches Recht mehr in Anspruch genommen werden.
Sie schlagen ihm ausserdem vor, in den Vertrag die
Bestimmung aufzunehmen, dass Juden, die ihn übertreten,
den Pass verwirkt haben sollen. Die Uebersetzung dieses
vom 14. Juli datierten Schreibens wird dem Herzog am
7. August präsentiert.[3] Die Verhandlungen erledigten sich
aber doch nicht so rasch, wie Josel gewünscht hatte. Es
kam noch zu Auseinandersetzungen wegen der Art des
Geleites, die bei den Juden in Anwendung kommen sollte.
Josel bringt drei Gründe gegen das «lebendige» Geleit
vor: 1) sei es anderwärts nicht gebräuchlich, 2) sei es
ehrenvoller, wenn der Jude schon mit einem Geleitsbrief sicher sei, 3) sei ein lebendiges Geleit für einen
armen Juden schwer zu erschwingen. Der Herzog blieb,
unter Berücksichtigung des letzten Bedenkens, trotz des
Josel zustimmenden Votums der Räte, bei dem lebendigen
Geleit und brachte es auch in den Vertrag.[4] Dieser wurde
erst am 11. August abgeschlossen und von beiden
Parteien untersiegelt. Danach sollen die Juden alle Prozesse, die sie beim Reichskammergericht oder dem Rottweiler Hofgericht anhängig gemacht haben, baldigst
abstellen und sich mit ihren Gegnern vor den herzog-

---

[1] Vermerk auf der Rücks. von Josels Brief vom 17. Juni.
[2] Staatsarch. Stuttg. praes. 7. August, copiert bei Birk.
[3] Beil. XXVII; copiert bei Birk.
[4] Staatsarch. Stuttg., Conc., gedr. bei Lehm., R. J. v. R. II, 322.

lichen Amtleuten gütlich vertragen. Sollte hier ein Einigungsversuch misslingen. so habe man sich nur an ein württembergisches Gericht zu wenden. Forderungen, die ein Jude an einen württembergischen Unterthan hat. sind binnen vier Monaten bei der Stuttgarter Hofkanzlei anzumelden; wenn durch deren Vermittlung der Jude nicht zu seinem Gelde komme, so dürfe er keinesfalls ein ausländisches Gericht anrufen. Hat er innerhalb dieser Zeit seine Ansprüche nicht geltend gemacht, so geht er ihrer verlustig, wenn nicht besondere Entschuldigungsgründe vorliegen. Wer diese Bestimmungen missachtet, verliert das Geleit, Berufungen an ein ausländisches Gericht sind hinfällig; die Juden sollen sich der Uebertreter nicht annehmen. Hiergegen gestattet der Fürst den Juden, durch sein Land zu ziehen; doch sollen sie gleich nach ihrer Ankunft auf württembergischem Gebiet bei dem nächsten Amtmann um Geleit nachsuchen. Von diesem erhalten sie einen Geleitsmann, der ausser Wegzehrung für jede Meile drei Kreuzer zu beanspruchen hat. Juden, die durch Gelübde an Eides Statt ihre Armut beteuern, erhalten ein schriftliches Geleit. Im Lande dürfen sie keinerlei Hantierung treiben, dürfen nur auf einem freien Markte gegen bar kaufen oder verkaufen und nur in Herbergen übernachten. Das Geleitgeld beträgt für einen Mann einen halben, für eine Frau ein viertel und für ein Kind ein achtel Gulden. Wer nicht mehr als zwei Meilen zu ziehen hat, giebt für jede Meile einen halben Batzen.[1] Für das Zustandekommen dieses Vertrages zahlt Josel 80 Gulden, den Gulden zu 15 Batzen, an die herzogliche Kanzlei, wogegen der Kanzler die Vertragsurkunde vielfach abschreiben und allen Zollämtern zugehen lassen will. Josel lässt von Stuttgart aus durch einen «geschworenen» Boten die Juden zu Worms und Frankfurt allenthalben — also wohl die dort versammelten Judendeputierten — von dem Abschluss des Vertrages in Kenntnis setzen. Als aber die Juden von dem Amtmann zu Göppingen Geleit forderten, da behauptet dieser, vom Herzog noch keine entsprechende Weisung erhalten zu haben. Josel bittet nun den Herzog in einem Schreiben, praes. 9. Sep-

---

[1] Beil. XXVIII; vollständig copiert bei Birk.; s. Lehm. R. J. v. R. II, 323, Revue des ét. j. XIII. 250.

tember, die Amtleute mögen baldigst den Befehl erhalten,
die Juden zuzulassen, «damit arm und reich nit mehr
ufgehalten mocht werden.»[1]

In demselben Jahre hatte Herzog Albrecht von Bayern
(1550—1579) auf Ersuchen der Landschaft an alle Juden
seines Landes den Befehl ergehen lassen, bis zum St.
Jakobstag das Land auf immer zu räumen. Vier Juden,
die Brüder Isaak und Hayum aus Am Hof bei Regensburg, den Goldschmied Abraham von Krakau (?) und
Simon Puzl aus Haag, onö. von München, liess der Herzog auf verläumbter Anschuldigungen wegen von
ihnen angeblich verübter Misshandlungen in den Falken-
turm zu München gefangen legen und peinlich verhören.
Josel verwendete sich mit noch anderen Juden bei dem
Herzog mit Erfolg für ihre Freilassung. Zum Dank für
diese Begnadung übernimmt Josel «für sich und gemeine
Judischait als ihr Befehlshaber» die Verpflichtung, dass
nunmehr kein Jude in Baiern sich dauernd aufhalten
oder dort irgend welche Hantierung treiben solle. Wer
aber an einen fürstlichen Unterthanen von früher her noch
eine Forderung habe, der soll sie durch einen Bevollmächtigten, «doch das der kain jud sei», geltend machen
lassen. Müsse ein Jude durch das Land ziehen, so soll
er sich beim nächsten Grenzzollamt einen Geleitsbrief
ausstellen lassen. Die Kosten dafür betragen wie in
Württemberg für einen Mann einen halben, eine Frau
einen viertel und ein Kind ein achtel Gulden; sind nur
einige Meilen zu passieren, so ist für jede Meile ein
halber Batzen zu zahlen, abgesehen von dem an etlichen
Orten etwa noch üblichen Zoll von einigen Pfennigen.
Mit dem Geleitsbrief soll der Jude den kürzesten Weg in
gewöhnlichen Tagereisen durch das Land nehmen und
nicht zwei Nächte an einem Orte bleiben, «es wäre dann,
das si ir sabath ungeverlich underwegen betreffen». Zur
grösseren Sicherheit soll in dem Geleitsbrief der Tag
der Erteilung angegeben sein. Wenn die Juden in ihrem
Durchzuge gegen obige Bestimmungen handeln, so sollen
sie an Leib und Gut gestraft werden. Wenn sie ausser
Landes mit fürstlichen Unterthanen Wuchergeschäfte
machen, soll ihnen zur Bezahlung ihrer Schulden nicht

---

[1] Staatsarch. Stuttg. Orig. mit Siegel.

verholfen werden, diese sollen vielmehr dem Fürsten verfallen sein. Alle entgegenstehenden Rechtsbestimmungen und Privilegien erklärt Josel für hinfällig und leistet am 1. Juli zu München «einen gelerten aid nach rechtem judischen gebrauch», für die Beobachtung obiger Abmachungen einstehen zu wollen. Der kaiserliche Hofmarschall Wilhelm Pöcklin zu Pöcklinsau hängt sein Insiegel an die darüber aufgesetzte Urkunde. Die von Josel unter das Schriftstück an demselben Tage gesetzte hebräische Unterschrift wird von dem bekannten Convertiten Paulus Aemilius,[1] damals Professor der hebräischen Sprache an der 1472 gegründeten Universität Ingolstadt, am 3. September ins Deutsche übersetzt.[2] Auch hier handelt Josel im besonderen Auftrage der Juden, nur war ihm freie Hand gelassen worden, die Höhe des Geleitgeldes zu verabreden ; hiervon macht er erst nachträglich seinen Glaubensgenossen Mitteilung.[3]

Auch in Böhmen war Josel nochmals thätig, als im Jahre 1541 viel grosse Brände im ganzen Lande ausgebrochen waren. Man beschuldigte ausser den Viehhirten auch die Juden der Brandstiftung und brachte sie unter der Folter zu einem Geständnis ; es wurden viele Juden in ganz Böhmen, besonders in Prag, getötet, die übrigen vertrieben.[4] «Und auf das Drängen Vieler kam ich und trat hin wie ein Bruder in der Not mit anderen Männern der That in der heiligen Gemeinde Prag, um den König anzuflehen. Und es sah Gott die Grösse des Fastens und der Kasteiung in Busse, Gebet und Wohlthätigkeit, so dass er noch einen Rest übrig liess.»[5] König Ferdinand gestattete in der That zehn Juden noch einen kurzen Aufenthalt in Prag, und nach kurzer Zeit, noch vor Ablauf eines Jahres, war es dem Könige und seinem Volke klar, woher das grosse Unglück entstanden war, und dass die Juden unter der Folter falsch ausgesagt hatten. «Da redete er ihnen gut zu und rief ihnen zum Frieden, und

---

[1] S. Steinschneider in Geiger's Ztsch. f. G. d. J. i. D. I, 286.
[2] Reichsarch. München, Fasz. 11 der bayr. Judensachen, gedr. bei Aretin, Gesch. d. J. in Bayern pag. 52 f. Inhaltl. wiedergegeben von Kracauer in Revue des ét. j. XVI, 105.
[3] S. Beil. XXVII.
[4] Zemach David, ed. David Gans pag. 81 a.
[5] Mem. n. 25.

sie kehrten in ihr Land und an ihren Geburtsort zurück.»[1]
Hier hat also Josel wenigstens durchgesetzt, dass eine
vollständige Austreibung aus Prag verhütet wurde, indem
er wahrscheinlich den König in Prag aufsuchte. Ferdinand
war nachweisbar in dieser Zeit in Prag vom 1. Dezember
1541 bis zum 17. Januar 1542 und vom 4. bis 15. Mai
1542.[2] Es ist aber auch möglich, dass Josel den König
in Speier auf dem Anfang 1542 dort abgehaltenen Reichstage, auf welchem sich Ferdinand vom 2. Februar bis
zum 13. April wegen Erlangung einer Türkenhülfe von
den Ständen aufhielt, in dieser Angelegenheit um Hülfe
angefleht hat. Sonst wüssten wir nicht, was für einen
Sinn Josel mit folgenden, in einem Schreiben an den
Colmarer Rat vom 1. Juni 1542 ausgesprochenen Worten
verbinden wollte: «dieweil und ich Geschäfte halben
nicht inländig gewesen, dazu auch mit anderen Geschäften
auf nächst gehaltenem Reichstag zu Speier beladen gewesen.»[3] Die für diese Unternehmung nötigen Geldmittel
hatte Josel schon längere Zeit bereitgestellt. Als nämlich
im Jahre 1532 bei dem von den Deutschen mit so ein-
mütiger Begeisterung geführten Türkenkriege Andrèas
Doria das osmanische Geschwader aus dem ionischen
Meere vertrieb und die griechichen Städte Coron und
Patras eroberte, ebenso als im Jahre 1535 Karl V. gegen
den Corsaren Chaireddin Barbarossa nach Tunis zu Felde
zog, wurden viele Juden in den vom Kriege betroffenen Gegenden teils getötet, teils gefangengenommen.
Schliesslich wendeten sich die Gemeinden an ihre Glaubensgenossen in anderen Ländern wegen Auslösung der
Gefangenen. «Und obwohl», so berichtet Josel weiter,[4]
«in dieser Provinz Elsass ein Viertel von je hundert zu
ihrer Auslösung erhoben wurde, so gelangten wir doch
nicht dazu, diese Auslösungssumme in die Hand zuver-
lässiger Leute gelangen zu lassen. Und ich sprach: Es
ist erlaubt Auslösung der Gefangenen für sonstige Auslösung oder für eine ähnlich grosse Pflicht . . . Und ich
gab es aus für die Angelegenheiten und Drangsale des

[1] Zem. Dav. a. a. O.
[2] Forsch. z. deutsch. Gesch. I, 391. Vgl. Graetz. Gesch. d. J.
IX, 307 f.
[3] Stadtarch. Colm.
[4] Mem. n. 19.

schweren Verhängnisses in der Provinz und in der heiligen
Gemeinde Prag und zum Teil für andere Lebensrettungen.»

V.

Mit derselben Entschiedenheit und Mannhaftigkeit,
die wir bisher an ihm bei Inanspruchnahme des Kaisers
und anderer Fürstlichkeiten beobachten konnten, trat
Josel auch den einzelnen Stadtobrigkeiten gegenüber für
die Rechte seiner Juden ein. So beklagt er sich in dem
schon angeführten Schreiben vom 21. Juni 1531 bei dem
Strassburger Rat darüber, dass seinem Vetter silberne
Becher, die er ehrlich gekauft habe, beschlagnahmt worden seien. Sein Vetter habe sie zu einem Goldschmied
gebracht, und sie seien hier von keinem Bürger als ihm
gestohlen bezeichnet worden; sollte das Silber nicht
Strassburger Währung sein, so sei sein Vetter selbst betrogen worden. Josel bittet daher, die Becher dem Käufer
wieder zuzustellen, wogegen dieser die eidliche Versiche-
rung abgebe, den Verkäufer, falls er ihn wiederfinde,
dem Gerichte überliefern zu wollen.[1]

Im Jahre 1534 war ein Jude von Wingersheim getötet
worden. Als «oberer gemeiner judischeit» hatte Josel auf Ver-
wendung des Strassburger Schaffners Conrad Althoffer sich
bereit erklärt, vor Inanspruchnahme kaiserlichen Rechtes
es mit einer gütlichen Verhandlung in Strassburg zu versuchen. Althoffer hat nun die beiden Altammeister Claus
Kniebs, der Josel bekannt war, und den eifrigen Reformator Mathis Pfarrer, Schwiegersohn Sebastian Brants,
zu bewegen gewusst, dieses Verhör am 2. Juni auf der
Pfalz zu Strassburg zu leiten, und bittet Josel am 27. Mai
1534, selbst «als oberer euerem zuschreiben nach» mit
noch zwei oder drei Bevollmächtigten am Verhörstage in
Strassburg zu erscheinen, wofür er ihnen gleichzeitig
freies Geleit zusichert. «Das aber disses schreiben sich
bis jetzt verweilet hat, wollent nit für ungut aufnemen,
dan meine zufallende gescheft sollich hinderung geben
haben. Ich bedank mich auch der muhe, so ir deshalb

---

[1] Beil. VII.

gehapt haben.[1] Was ich euch liebs hergegen beweissen mag, hapt ir mich willig.»[2]

Nicht ganz so entgegenkommend zeigte sich der Rat, als Josel sich am 22. September 1539 bei ihm darüber beschwerte, dass der Bürger Heinrich Kill einem Juden eine Schuld von 25 Gu'den abgekauft hatte, indem er ihm 10 Gulden bar und für die übrigen 15 Gulden vollständig wertloses Tuch gegeben habe. Der Rat beschliesst, die Sache an «die Herrn des Wuchergeldes» zu verweisen.[3] Eine ähnlich abwartende Stellung wird zu einer Beschwerde Josels vom 1. Februar 1540 eingenommen, wonach der Jude Jakob von Wingersheim von einem Dangolsheimer Bürger zu Unrecht mit geistlichen, und dann auch mit Rottweilischen Rechten in Anspruch genommen worden sei. Der Rat will erst den beklagten Wendling verhören, ehe er eine Strafe über ihn verhängt.[4] Eine erneute Klage vom 26. Februar 1550, dass ein Jude, «wider den vertrag mit der stat und inen ufgericht», mit geistlichen Rechten vorgenommen sei, lässt der Rat zwar dem Angeschuldigten zugehen, lässt aber Josel gleichzeitig erwidern, «das es der vertrag nit vermag».[5] Nun hatte allerdings der im Jahre 1536 mit den Juden geschlossene Vertrag ausdrücklich bestimmt: Wenn ein Bürger gegen einen Juden eine Forderung habe, ohne dass dies nur eine Gegenklage gegen des Juden Forderung sei, so habe der Christ diese seine Forderung vor dem ordentlichen Richter der Juden vorzubringen;[6] damit war doch geistliches Gericht ohne weiteres ausgeschlossen.

Im Jahre 1552 hatte Josels Schwiegersohn David dem Martin Krossweiler 53 Mass Wein, das Fuder zu 12 Gulden, unter der Bedingung verkauft, dass er den Wein in einigen Tagen abholen lasse und das Geld dafür gebe. Das Geschäft wurde aber wieder rückgängig gemacht, da Krossweiler die Abmachungen nicht einhielt. David verkaufte seinen Wein anderweitig und behauptet nun, dass

---

[1] Scheid in Revue des ét. j. XIII, 76 überträgt hier: Le prévôt ajoutait, qu'il le remerciait du courage, qu'il avait montré dans cette occasion!

[2] Bez. Arch. Str. F. 2615. Wetzl. 454, n. 7; Copie.

[3] Stadtarch. Str. Ratsprot. a. 1539 fol. 283.

[4] Das. das. a. 1540 fol. 27.

[5] Das. das. a. 1550 fol 93.

[6] S. Beil. XIV.

jener gegen die Verabredung den Wein nachher eigenmächtig habe in sein Haus bringen lassen. Josel richtet hierüber am 8. Juni 1552 eine Beschwerde an den Rat und verlangt, Krossweiler solle zur Strafe das Doppelte des augenblicklichen Weinpreises, 36 Gulden für das Fuder, bezahlen.[1] Auf diesen Brief, mit dem David am 11. Juni in Strassburg erscheint, beschliesst der Rat, Krossweiler vorzuladen.[2] Es findet am 15. Juni eine Verhandlung statt, bei der auch Josel zugegen. Krossweiler behauptet in einer eingereichten Supplication, den Wein rechtmässig erworben zu haben, und will dem Juden den ursprünglichen Preis von 12 Gulden zahlen oder anderen Wein liefern.[3] Josel ist mit 18 Gulden für das Fuder schliesslich zufrieden und verlangt keinen anderen Wein. Der Rat erkennt darauf, die Parteien sollten sich gütlich einigen, da sonst die Sache als Rechtssache an den kleinen Rat gehen müsse.[4]

Wie wir sehen, hat der Strassburger Rat die Juden keineswegs als rechtlos behandelt, gewiss nicht zum kleinsten Teil das Verdienst des massvollen und dabei zielbewussten Verhaltens Josels. So gewährte auch die Stadt den Juden im Bauernkriege Schutz, wofür sich Josel noch später verschiedentlich bedankt.[5] Unter Berufung auf diesen den Juden früher gewährten Schutz bittet Josel im Jahre 1534, mit Bezug auf die Erhebung der Wiedertäufer in Münster, die ja ganz Deutschland in Aufregung hielt, «dweil nu aber jetzund grosse treffenliche zug und geschwinde leuff tuscher nation sich zutragen,» möge der Rat die Juden, «so es von nötten sein wurd», mit ihrer Habe in die Stadt aufnehmen.[6] Zu einer Erfüllung

[1] Stadtarch. Str. IV. 127. Orig. mit Siegel.
[2] Das. Ratsprot. a. 1552, fol. 200.
[3] Das. IV. 127. Copie.
[4] Das. Ratsprot. a. 1552 fol. 205.
[5] Vgl. auch Glaser, Gesch. d. J. in Str. pag. 24, wonach dem Rate eine Supplication der Juden vorgelegt wird, in der sie im J. 1525 um Verlängerung des ihnen bisher gewährten Schutzes bitten; der Rat giebt noch acht Tage Aufschlag. Dasselbe abgedr. in Mitt. d. Ges. f. Erh. d. gesch. Denkm. im Els., 2. F., Bd. 15, Str. 1892, pag. 251, n. 3499 b.
[6] Stadtarch. Str. G. U. P. 174. n. 43, Copie; gedruckt bei Scheid, Hist. etc. pag. 368 und bei Glaser, Gesch. u. s. w. pag. 24. Für das auf der Rücks. der Urk. vermerkte «lectum mitwoch den 3. mai a. 34» haben wir wohl den 13. Mai zu lesen, der auf Mittwoch fiel.

der Bitte ist es jedenfalls nicht gekommen, da das Elsass
in diesem Jahre von Kriegsstürmen verschont blieb. Ueber
die in den Jahren 1516 und 1552 wiederholten, erfolglosen Gesuche Josels um Aufnahme der Juden haben wir
schon oben berichtet.

Weniger freundlich gestaltete sich das Verhältnis Josels
und der Juden zur Stadt Colmar. Am 22. Januar 1510
hatte schon Kaiser Max den Befehl zur Austreibung der
Juden aus dieser Stadt gegeben.[1] Trotzdem dieser Befehl
ausgeführt wurde, hatten es die Juden doch verstanden,
mit den Colmarer Bürgern in regster Geschäftsverbind-
ung zu bleiben, und der Rat hatte schon mehrfach Anlass zur Klage darüber gehabt, wie das Privileg vom 29.
Juli 1530, wonach die Juden nur auf bewegliche Habe,
nicht auf liegende Güter oder Verschreibungen, leihen
sollten,[2] und das oben angeführte Schreiben der Stadt an
Josel vom 19. März 1534 beweisen. Da ferner die
Juden die Jahr-, Wochenmärkte und Messen der Stadt
eifrigst besuchten, wurden andere Umwohner von dem
Besuche zurückgehalten, und so die Stadt an ihren Gefällen
geschädigt; auch geriet die Colmarer Bürgerschaft allmählich in immer grössere finanzielle Abhängigkeit von
den Juden. Um diesen Uebelständen abzuhelfen, erbittet
die Stadt am 11. April 1541 auf dem Regensburger
Reichstage ein kaiserliches Mandat, wonach die Juden
fernerhin bei Strafe nur mit besonderer Erlaubnis des
Meisters und des Rates «mit einiger Ware, Hantierung
oder Gewerbe» die Stadt sollten betreten dürfen.[3] Am
16. August setzt der Rat «Joslin, der Juden Obern zu
Rosshaim,» von diesem Mandat in Kenntnis, «der judischait
deins bevelchs haben anzuzeigen und vor straf, deren die
ungehorsamen daruber zu gewarten, wussten zu verhueten».[4]
Auf dieses Schreiben gelingt es Josel erst am 1. Juni 1542,

[1] Abgedr. bei Lehm., R. J. v. R. I, 65, datiert vom 25. April;
s. Mossmann, Étude etc. pag. 19 f.
[2] Stadtarch. Colm., copiert bei Birk., s. Mossm. a. a. O. pag.
21 und Scheid, Hist. etc. pag. 102.
[3] Bez. Arch. Str. E. 1406 pag. 132, 139; Stadtarch. Colm.,
copiert bei Birk., abgedr. bei Scheid, Hist. etc. pag. 396 f.; übertragen von dems. in Revue des ét. j. XIII, 73. Mossm., Étude etc.
pag. 22 datiert irrtümlich vom 25. April.
[4] Stadtarch. Colm., 3 Copien; Bez. Arch. Str. 863, Wetzl. 1249,
Copie.

da er bisher verhindert war, an den Rat die Bitte zu
richten, ihn auf den folgenden Tag vor sich kommen zu
lassen. Da er überall, wo sich Zwietracht und Irrungen
zwischen Juden und Christen erhoben, «vor und ehe allen
Fleiss angewendet, damit ich durch des allmächtigen
Gottes und frommer, ehrbarer Leute Hilfe viel wichtige
zwieträchtige Sachen zu Gutem und Frieden gebracht».
so hofft er auch hier, durch eine persönliche Unterredung
ohne Gerichtszwang die schwebenden Meinungsverschiedenheiten sofort auszugleichen.[1] Der Rat erwiedert hierauf
am 3. Juni, falls er etwas vorzubringen habe, möge er
dies schriftlich thun.[2] Wir erfahren zunächst nicht von
weiteren Unternehmungen Josels, die Juden müssen aber
doch wieder mit den Colmarer Bürgern in Handelsver-
bindungen gestanden haben, da der Rat sich im Jahre
1544 veranlasst sicht, seinen Bürgern jedes Geschäft mit
den Juden zu verbieten.[3] Josel wurde in der Folge mehrmals vorstellig, dass den Juden die Jahr- und Wochenmärkte «allain zu irer leibsnahrunge und sonder alle arg-
wonige und beschwerliche handlungen» freigegeben werden
mögen. Da aber der Rat dabei blieb, ihnen den Pass
und alle freien Jahr- und Wochenmärkte unter Berufung
auf die Freiheit vom 11. April 1541 gänzlich zu versperren,
so wendete sich Josel wegen dieser Verletzung der Juden-
previlegien an den Kaiser. Am 23. Dezember 1547 erliess
dieser zu Augsburg, wo er, wie wir sahen, den Juden
noch weitere Schutzbriefe erteilte und besonders Josel
gegenüber sich sehr gnädig erwies, eine Declaration
des Inhalts, dass den Juden der Zugang zur Stadt zu
ihrer Notdurft auf keinen Fall verweigert werden dürfe.[4]
Ausserdem erliess der Kaiser an den Landvogt in Hagenau noch ein besonderes Mandat, in welchem er darauf
aufmerksam gemacht wird, dass «die Juden in etlichen
Städten und Flecken der Landvogtei Hagenau bei Tag
und Nacht vergewaltigt, auch bei etlichen ihnen der freie
Zugang in dieselben Städte gesperrt und geweigert» würde.

---

[1] Stadtarch. Colm., s. Mossmann, Ét. etc. pag. 25.
[2] Stadtarch Colm.
[3] Mossm. Ét. etc. pg. 26, Scheid, Hist. etc. pag. 104.
[4] Stadtarch. Colm, 2 Copien; Bez. Arch Str. E. 1406 pag.
133 u. 138; das. 863, Wetzl. 1249, Copie; gedr. von Kracauer in Revue des ét. j. XIX. 292 f. S. Mossm, Étude etc. pag. 28.

Da nun der Kaiser gegen die Vergewaltigung der Juden
einschreiten müsse, so befehle er dem Landvogt ernstlich,
in den betreffenden Städten und Flecken der Landvogtei
für Abstellung der Ungerechtigkeiten zu sorgen. Dieses
Mandat sowie die Deklaration vom 23. Dezember 1547
überbringt Josel am 1. August 1548 dem Landvogt Heinrich von Fleckenstein. Dieser fordert nun an demselben
Tage unter Uebersendung einer Abschrift der Declaration
die Stadt auf, dem Mandat bei Vermeidung der kaiserlichen
Ungnade nachzukommen.[1] Da der Rat hierauf den Juden
nicht gleich Bescheid zugehen lässt, so erinnert Josel am
7. August von Türkheim aus in einem Schreiben den Rat,
dass der Kaiser ihn «von wegen gemeiner judischeit»
vertröstet habe, nach Verkündigung obigen Mandats könne
er mit anderen Juden den Zugang nachsuchen, und bittet,
der Rat möge ihn seiner Notdurft nach zum Colmarer
Markte ziehen lassen; er wolle auch mündlich dem Rate
notwendige Sachen vorbringen, die er, «um der Länge
willen» nicht schreiben könne.[2] Der Rat erwidert am 11.
August: Der Rat wolle, ehe er endgültige Antwort gebe,
erst mit dem Landvogt, «dessen wir dann in wenig tagen
gewertig seind,» darüber Rücksprache nehmen; in läng-
stens drei bis vier Wochen werde Josel die Entschliess-
ungen des Rates erfahren. «Der zuversicht, dieweil du
angeregte freiheit für dich selbs so ein lange zeit unver-
kundt hinderhalten, dieser klainer verzug (wie dann niemand übereilt werden mag) werde dir auch unbeschwerlich
und nit zu widerfechten sein».[3] Da der Rat aber befürchtete,
durch einen Kammergerichtsbeschluss seitens der Juden
zu deren Zulassung gezwungen zu werden, so beschloss er,
den Syndicus Wendeling Zippern zum Kaiser zu schicken
mit der Bitte, «sie des obbemeldeten der Juden Befehls
zu überheben». In der Zippern mitgegebenen Supplication
wird auf die früheren wucherischen Hantierungen der
Juden hingewiesen, auf das deshalb von Kaiser Max erlassene Austreibungsdecret, auf die Wirkungslosigkeit
desselben, auf das vom Kaiser Karl darauf am 29. Juli
1530 und schliesslich auf das am 11. April gewährte

[1] Stadtarch. Colm. Orig. mit Siegel. A.
[2] Das. Copie.
[3] Das. und Bez. Arch. Str. 863 Wetzl. 1249, Copie, praes Speier
1. XII. 50.

Privileg. Die Stadt bittet, sie dabei zu belassen, da die
Juden sie sonst, trotz ihres gegenteiligen Versprechens,
wieder zu Grunde richten würden. Das Vorgeben der Juden,
sie seien auf die Stadt zu ihrer Leibesnahrung angewiesen,
sei unwahr, da an ihren jetzigen Wohnorten auch Jahr-
und Wochenmärkte seien. Auch seien sie auf den Pass
durch die Stadt nicht angewiesen, da sie ja neben derselben
unbehelligt ihren Weg nehmen dürften. Unter einem leb-
haften Appell an die schon oft bewährte und für diesen
Fall vor sieben Jahren ausdrücklich verheissene kaiserliche Gnade bittet die Stadt deshalb um Befreiung von
den Juden.[1] Damit Josel aber nicht inzwischen schon die
Stadt mit einer Citation an das Reichskammergericht
überrasche, bittet der Rat den in Colmar gerade anwesenden jüngeren Fleckenstein, der Landvogt möge die
Juden, wenn sie bei ihm um Bescheid nachsuchten, möglichst lange hinziehen. Zippern suchte den Kaiser in Speier
auf, erhielt von diesem bei Ueberreichung der Supplication
wenigstens die Zusicherung, er sei denen von Colmar von
der ungläubigen Juden wegen nicht ungnädig, musste
aber schliesslich doch unverrichteter Dinge nach Colmar
zurückkehren.[2] Der Landvogt hatte inzwischen wirklich
nach dem Wunsche der Stadt an Josel geschrieben, er
werde in einem Monat «volkemenliche antwurt» erhalten.
Als nun die Reise Wendelins und somit auch die Antwort an die Juden sich gar zu lange hinauszog, wendet
sich Josel Mitte Oktober («nun seind 2 monat und auch
der herbst verschienen») mit einer neuen Beschwerde an
den Landvogt. Er erbietet sich, die Privilegien der Juden
vorzuzeigen und daraus die Ungesetzlichkeit des Vorgehens
der Stadt zu erweisen, und bittet endlich um einen endgültigen Bescheid, «damit ich von wegen gemeiner judischeit
mich weis weiters zu halten. Dann mein gemüth nit
anders dann zu erbarkeit und friden geneigt. Obschon

---

[1] Stadtarch. Colm. Copie, B. S. Mossm. Ét. etc. pag. 29, der
hier nicht ganz genau ist.
[2] Tractat, die Juden belangend, a. 1548 angefangen, Stadtarch.
Colm., jedenfalls vom Stadtschreiber herrührend. Die Belegurkunden
sind der Reihe nach mit Buchstaben bezeichnet. Beil. C. behandelt
die: Relation, was Dr. Wendlin der Juden halben gehandelt bei der
Kais. Mt., sorgfältig benutzt von Mossm., Ét. etc. pag. 29 f. Ich bin
hier auf die interessanten, in solcher Ausführlichkeit mein Thema
nicht berührenden, Reiseerlebnisse Wendelins nicht näher eingegangen.

gleichwol wir mit eines glaubens sein, so seind wir doch
menschen, die Gott der almechtig beschaffen, bei andern
menschen uf erden zu wonen.»[1] Der Landvogt übersendet diese Supplication an den Rat am 25. Oktober und
fordert ihn auf, dem kaiserlichen Befehle endlich nachzukommen oder ihm, dem Landvogt, seine Entschlies-
sungen in der Sache schriftlich mitzuteilen.[2] In dem am
2. November hierauf abgesendeten Antwortschreiben behauptet der Rat, dass er allerdings die Absicht gehabt
habe, Josel binnen Monatsfrist Bescheid zukommen zu
lassen, dass Josel aber bisher den Rat nicht darum ersucht habe. «Darumben haben wir gedocht, dass er vi-
licht, was wir gehandlet, erfaren, und die sach also ersetzen lossen wollen». Auch habe der Landvogt ja den
wirklichen Grund zur Verzögerung der Antwort, die
Reise Wendelings, durch Friedrich von Fleckenstein, der
seiner Zeit wegen der Ratsänderung sich in Colmar befunden habe, mündlich erfahren. Was nun den Wunsch
des Landvogts angehe, dass die Stadt dem kaiserlichen
Befehle nachkommen solle, so sei der Rat aus vielerlei
Ursachen, «die dann hierinnen zu erzelen zu lang we-
rend», hierzu nicht im stande; auch wolle der Kaiser
selbst, wie ihr Gesandter aus seinem Munde gehört
habe, von der ungläubigen Juden wegen der Stadt
nicht ungnädig sein. Die Stadt bittet schliesslich den
Landvogt, die Juden mit ihrem unnotwendigen, unfrucht-
baren Begehren definitiv abzuweisen.[3] Da die Stadt aber
sah, dass die Juden sich so nicht abweisen liessen,
sendeten sie Wendling noch einmal· zum Kaiser nach
Brüssel mit einer neuen Supplication. In dieser, mit der
früheren im übrigen ziemlich gleichlautenden Bittschrift,
macht die Stadt für sich noch geltend, dass sie bisher in
Religionssachen dem Kaiser stets zu Willen gewesen sei.[4]
Auch diesmal wurde nur so viel erreicht, dass der kaiserliche Hofrat Hass dem Abgeordneten der Stadt sagte:

---

[1] Stadtarch. Colm., Bez. Arch. Str. C. 78, Copie; sine dato.
Mossm., Ét. etc. pag. 28 hat eine falsche Datierung angenommen
und ist darum hier unklar.

[2] Bez. Arch. Str. C. 78, Concept.

[3] Das. das. Orig. mit abger. Siegel.

[4] Stadtarch. Colm. F. Mossm., Ét. etc. pag. 29 erwähnt von
dieser zweiten Supplication gar nichts und bringt den neuen Zusatz
schon bei der ersten.

der Juden Befehl vom 23. Dezember 1547 erstrecke sich
nicht dahin, dass die Juden den freien Zugang in die
Stadt wie von altersher haben sollten, sondern sie sollten, so oft ihnen in oder durch die Stadt zu wandern
gemeint, sich dem obersten Meister zuvor ansagen lassen:
der sollte ihre Leibesnotdurft, von Kleidern und Speise
zu kaufen und nichts weiter zu handeln zu vergönnen
schuldig sein. Wo aber einer hierüber etwas weiter mit
Bürgern, fremden oder heimischen, handeln oder practi-
cieren würde, soll man ihn der Gebühr nach strafen. Da
aber Wendling keine Vollmacht hatte, sich mit dieser
Declaration zufrieden zu geben, so schickte er den ihm bei-
gegebenen Söldner Carlin mit einem ausführlichen Schreiben über seine Erlebnisse und der Bitte um weitere In-
structionen nach Colmar.[1] Mittlerweile hatten die Juden
wirklich eine Kammergerichtscitation zu Speier erwirkt.
Am 19. Dezember 1548 wird die Stadt auf Josels Klage
wegen Verletzung der Declaration vom 23. Dezember 1547
auf den 24. Tag nach Ueberantwortung dieser Citation
vor das kaiserliche Kammergericht geladen.[2] Die Stadt
sah nun selbst ein, dass sie in einem Prozesse nicht die
Oberhand behalten würde, da das Privileg vom 11. April
1541 rechtlich durchaus nicht eine vollständige Aus-
schliessung der Juden als gerechtfertigt ... liess,
und da besonders der Kaiser, der als Urheber des Privilegs auch allein das Recht hatte, es zu interpretieren
und zu erläutern, in seiner Declaration vom 23. Dezember 1547 ausdrücklich erklärt hatte, dass nach seinem
Willen den Juden der Pass und der Zugang zu ihrer
Leibesnotdurft nicht abgeschlagen werden solle. Da also
die Stadt mit Recht befürchtete, dass das Gericht an
dieser Declaration nichts ändern werde, und da sie andererseits «viel sanfter» viele tausend Gulden verlieren
wollte, als den Juden den Zugang gestatten, «so hat ein
ehrbarer Rat bedacht, dass man nicht zu Speier, sondern anderswo weiteren Rat suchen müsse.» Deshalb
beschloss man, auch den Stadtschreiber nach Brabant

---

[1] Tractat u. s. w. Stadtarch. Colm. Wendelins Schreiben, auf
dessen Einzelheiten ich an dieser Stelle nicht eingehen kann, das.
G. S. Mossm. Ét. etc. pag. 31.

[2] Beil. XXV, zum Teil übers. von Loeb in Revue des ét. j.
V, 96 f.

hinabzuschicken, der nochmals um weitere Hilfe beim
Kaiser und seinen Räten nachsuchen sollte. Um ihre
Sache mehr zu fördern, schickte die Stadt durch jenen
dem Doctor Hass für seine gehabte Mühe und Arbeit
«eine Verehrung» zu mit einem herzlichen Dankschreiben.[1]
Die von dem Stadtschreiber mitgebrachte neue Supplication wird von Wendling als zu lang befunden, sie wird
in verkürzter Gestalt am 29. Januar 1549 dem Bischof
von Arras, dem jüngeren Granvella, übergeben, zugleich
mit einem an ihn gerichteten Schreiben des Rates.[1] In
der Supplication wird ausgeführt, dass die Zulassung der
Juden für die Stadt eine grosse Strafe bedeuten würde,
die sie bei ihrer bisher und noch zuletzt im schmalkaldischen Kriege dem Kaiser bewiesenen Treue nicht ver-
dient zu haben glaube. Der Stadtschreiber erlangte durch
seine Verhandlungen eine neue Declaration von Obernburger, in welcher der Stadt die weitere Konzession gemacht wird, dass die Juden bald nach Erledigung ihrer
Geschäfte ihres Pfades zu ziehen, dass sie auch «nach
jetziger gemeiner Landesordnung unserer und unseres
freundlichen lieben Bruders, des römischen Königs, anstos-
sender Erblande, damit Gleichheit gehalten werde,» Zeichen
an ihren Kleidern zu tragen und ihre Einkäufe nur auf
freiem Markte und in offenen Läden zu besorgen haben
sollten.[3] Aber auch mit dieser am 5. Februar 1549 er-
langten Declaration war der Stadtschreiber Balthasar Hellu
noch nicht zufrieden, er glaubte auch begründete Hoffnung auf einen noch günstigeren Bescheid zu haben.
Trotzdem er nun den kaiserlichen Räten auf ihren Wunsch
erst eine lateinische, dann eine französische Supplication
überreichte, konnte er doch einen seine Stadt ganz zu-
friedenstellenden Bescheid nicht erlangen. Insofern wies
die ihm jetzt übergebene Declaration einen Fortschritt
gegen die vorhergehende auf, als in jener nur verlangt wurde, dass den Juden der Zugang von einem obersten Meister gestattet werde; in der vom 5. Februar datierten Urkunde hatte es an dieser Stelle geheissen, dass
ihnen das ohne einige weitere Beschwerden, wie von

---

[1] Tractat u. s. w., Stadtarch. Colm., das Schreiben das. J.
[2] Das. L. Copia supplicationis civitatis Colmariae, 29. Jan. 49.
[3] Das N. Vgl. auch das. den ausführlichen Bericht des Stadt-
schreibers, 17. Febr. 49. S. Mossm. Ét. etc. pag. 32 f.

altem Herkommen, erlaubt sein solle.[1] Bei der Aussichts-
losigkeit weiterer Verhandlungen begab sich der Stadtschreiber mit dieser Declaration nach Colmar zurück.
Die Stadt suchte zwar durch ihren Söldner Carlin die
kaiserlichen Räte in Brüssel nochmals für die Sache zu
interessieren, verschlimmerte sie aber jetzt nur, da die
daraufhin am 5. Juni ausgegebene Declaration noch
schärfer als die am 5. Februar erlassene betonte, dass
ein Begehr um Einlass den Juden wegen ihrer harten
Notdurft nicht abgeschlagen, sondern ohne einige weitere
Beschwerde wie von altem Herkommen gestattet werden
solle.[2] Inzwischen war am 1. Januar 1549 der Stadt
die kammergerichtliche Ladung eingehändigt worden.[3]
Den kaiserlichen Kammerboten, der die Ladung über-
brachte, hatte Josel am 30. Dezember beauftragt, den
Rat wegen seines Vorgehens um Entschuldigung zu bitten. «Dann ich von meinen mitvorgesetzten juden meines
eids und pflicht ermahnt worden.» Josel erklärt sich aber
bereit, noch vor Beginn der kaiserlichen Tagsatzung in
Türkheim, Schlettstadt oder Hagenau vor verständigen
Leuten eine gütliche Einigung herbeizuführen. Josel
wollte den Bescheid des Boten auf diese «Instruction» abwarten.[4] Die Stadt war damals wohl um so weniger
geneigt, sich auf eine gütliche Beilegung der obwal-
tenden Meinungsverschiedenheiten einzulassen, als sie zu
derselben Zeit in Brüssel die Zustimmung des Kaisers
zur gänzlichen Austreibung der Juden zu erlangen hoffte.
Sie hat Josel wahrscheinlich gar keiner Antwort gewürdigt, und der Prozess nimmt seinen Verlauf. Am 22.
Dezember hatten «Jesel von Rossheim, gemainer judden-
schaft bevelchaber, und dan Aronn jud zu Dirckhaim.
Menlin jud zu Wintzenhaim, Gerschonn jud zu Amersch-
wyler, Iseck jud zu Danckelsshaim, Löb jud zu Sur-
burg und Seligman jud zu Hagenauw» mit ihren «zuge-
wanten in der landvogti Hagenaw», da sie selbst, «aussen
ehehafter verhinderung» am Kammergericht nicht erscheinen können, mit Führung ihrer Angelegenheiten den
Licentiaten Moritz Breunle und die Doctoren Johann Por-

---

[1] Das. R. 3 Copien; s. Mossm. Ét. etc. pag. 33-36.
[2] Das. Copie, copiert bei Birk.; s. Mossm. Ét. etc pag. 37.
[3] Notiz am Schluss der Citation.
[4] Stadtarch. Colm. Copie.

tius und Johann Hechell, alle drei Kammergerichtsadvokaten und Procuratoren, beauftragt. Der Unterlandvogt Heinrich von Fleckenstein hängt auf Bitten der Juden sein Siegel an die Vollmachtsurkunde.[1] Vertreter der Stadt Colmar ist Licentiat Schwapach, der Prozess beginnt am 25. Januar 1549. Ohne auf die verwickelten und für Josels Geschichte nicht so sehr in Betracht kommenden Einzelheiten des Pozesses näher einzugehen, wollen wir aus dem Gerichtsprotokoll und den dazu gehörigen Aktenstücken[2] nur feststellen, dass am 8. November 1549 erkannt wird, dass Schwapach seinem Gegner die Gerichtskosten auf rechtliche Mässigung zu entrichten schuldig sei. Am 30. Juni 1550 reichte Breunlin dem Gericht die Kostenrechnung ein, aus der hervorgeht, dass er durch einen eigenen Boten am 17. Mai 1549 die exceptiones des Gegners nach Rosheim überschickt und Josels Bericht darauf erfordert habe. Josel sei dann selbst nach Speier gekommen und habe dort gewartet, bis sein Anwalt am 24. Mai auf die exceptiones erwidert habe. Drittens habe Josel durch vier Boten anfragen lassen, ob seine Sache am Kammergericht angenommen sei, einmal habe er seinen Schwiegersohn nach Speier geschickt, und sei schliesslich selbst nochmals gekommen, um sich über die Verzögerung zu beklagen und einen Urteilsspruch zu erbitten. Gegen diese Kostenrechnung, die sich auf über siebzehn Gulden belief und aus der wir Josels rege Teilnahme an dem Fortgange des Prozesses erkennen, protestierte Schwapach am 24. September 1550 in besonderer Schrift. Er behauptet, dass eine Uebersendung der exceptiones an Josel überflüssig war, da die darin behaupteten Thatsachen jedenfalls Breunlin besser bekannt waren als Josel, und jener keineswegs bei diesem Informationen hätte einzuholen brauchen. Da Josel überhaupt einen Anwalt habe, so habe er auch nicht persönlich nach Speier zu kommen, ebenso wenig wie bei dem anerkannten Fleiss Breunlins vier Boten hätten Erkundigungen einzuziehen brauchen. Schwapach liess nur gelten, dass Josel seinen Schwiegersohn herabgeschickt habe, «dan die juden haben allemal

---

[1] Bez. Arch. Str. 863. Wetzl. 1249 Copie, praes. Speier 25. Jan. 49.

[2] Besonders Stadtarch: Colm. hat eine grosse Anzahl Eingaben beider Parteien an das Kammergericht; s. auch Bez. Arch Str. a. a. O.

so vil krumer handel, das sie wol hin- und widerlaufens
bedurfen» ; er bezweifelt allerdings, ob er überhaupt in
der Prozessangelegenheit nach Speier gekommen sei.
Ausserdem bemängelt Schwapach, dass bei den Ersatz-
ansprüchen für Wegzehrung nicht die Anzahl der Tage
angegeben sei, ohne deren Kenntnis man der Taxe des
Juden nicht glauben könne. «Es mocht einer in einem
schlaftrunk 10 gulden verthun und ausgeben wollen, was
gedt das ein andern an?» So wurde denn auch die Forderung Breunlins wesentlich gekürzt, da am 31. Oktober
1550 durch Gerichtsbeschluss die Expensen auf 5 Gulden
rheinisch, 24 Kr. festgestellt wurden, wovon für Breunlins Entlohnung 2 Gulden abgehen. Schwapach machte
am 4. November 1550 von diesem Beschlusse dem Rate
zu Colmar Mitteilung.[1] In diesem Teile des Prozesses,
der offenbar für Josel günstig ausging, hatte Josel am
19. Mai 1550 auf Verlangen in Speier einen Eid geleistet.
Am 1. Dezember 1550 übergiebt Breunle zum Beweise
früher ausgesprochener, vom gegnerischen Anwalt ange-
fochtener Behauptungen Kopien der in den Jahren 1530
und 1541 den Juden verliehenen Freiheiten. Bei dem am
15. Mai 1551 abgehaltenen, folgenden Gerichtstage ist ein
Vertreter der Stadt überhaupt nicht anwesend, und Breunlin bittet um Erlass einer neuen Ladung pro reassumenda
causa. Es wird darauf an demselben Tage auf Bitten des
zur Zeit wohl auch anwesenden Josel (wobei wir an das
oben angeführte Geleit Obernburgers für Josel vom 2.
März 1551 zu denken haben) «zu ferner ausfürung der
rechtvertigung und sachen», da Schwapach mittlerweile
gestorben sei, eine neue Citation auf den 24. Tag danach
an die Stadt erlassen; sie gelangt am 8. Juni in die
Hand des Bürgermeisters Georg Vogel.[2] Am 24. Mai hatte
Colmar schon mit der weiteren Führung des Prozesses
den Doktor Daniel Capito betraut;[3] dieser überreicht seine
Vollmacht in Speier am 26. Juni. Die letzten Nachrichten
über den Prozess zu Josels Lebzeiten bieten uns zwei
von Capito am 30. Oktober und am 18. November 1551
eingereichte Verteidigungsschriften. Ob dann der Prozess
unterbrochen wurde? oder ob uns nur weitere Akten-

[1] Stadtarch. Colm. Orig.
[2] Bez. Arch. Str. 863 Wetzl. 1249 Copie, praes. Speier 19. Juni 51.
[3] Stadtarch. Colm.

stücke fehlen? Wir müssen letzteres annehmen, da über
einen einstweiligen Abschluss des Prozesses sich aus dem
vorhandenen Material nichts entnehmen lässt. Es existieren
nur noch Aktenstücke über die Weiterführung der Angelegenheit von 1566 bis 1572, wobei die Juden von Gerson von Türkheim und Lazarus von Sonnenberg vertreten
sind. Auch hier verlautet nichts über einen endgültigen
Abschluss.

Wie Josel hier mit unerschütterlicher Energie die
Interessen seiner in ihrem Rechte gekränkten Glaubensgenossen vertrat, so ging er auch mit der grössten Unerschrockenheit vor, als der Rat zu Landau im Jahre
1541 an die Juden seiner Stadt einen Austreibungsbefehl
ergehen liess. Durch Josels Thätigkeit kam hier schliesslich ein Kompromiss zu stande, wonach sich beide Parteien dem Urteilsspruche eines aus dem Unterlandvogt
und vier Mitgliedern des Hagenauer Rates gebildeten
Schiedsgerichtes bei einer Kouventionalstrafe von 300
Gulden unbedingt unterwerfen wollten. Das Urteil fiel zu
Gunsten der Juden aus und verpflichtete den Rat, die
Juden wieder wie vorher unter seinen Schutz zu nehmen.
Diesem Rechtsspruche leistete aber der Landauer Rat
keine Folge, er erliess vielmehr von neuem unbillige
Satzungen gegen die Juden, und gestattete auswärtigen
Juden überhaupt nicht, die Stadt und ihre freien kaiserlichen Märkte zu Handelszwecken zu besuchen. Die
von dem Landvogt schriftlich und mündlich dagegen vorgebrachten Abmahnungen waren erfolglos, ebenso Josels
«von wegen gedachter Judenschaft» verschiedentlich ge-
thane Bitten. Da der Rat sogar einige Juden gefangennehmen liess, wendete sich Josel schliesslich an den
Kaiser. Auf demselben Reichstage zu Regensburg, wo Karl
den Juden am 24. Mai die Privilegien des Jahres 1530
bestätigte, an demselben Tage, an dem er noch ein besonderes Schutzmandat für alle Juden des Reiches erlassen
hatte, am 20. Juli liess der Kaiser ein Mandat im Interesse
der Juden zu Landau an den Landvogt Conrad von
Rochberg ausgehen. Nach Hinweis auf das gesetzwidrige
Vorgehen des Rates, ernennt der Kaiser auf Bitten Josels
wieder dieselbe Kommission, die schon früher durch ihren
Schiedsspruch die Irrungen beizulegen versucht hatte.
Sie soll jetzt im Namen des Kaisers den Bürgermeister

und den Rat zu Landau, die Juden daselbst und auch Josel
«von wegen unserer gemeinen judenschaft allenthalb im
heil. reich» auf einen bestimmten Tag vorladen und verhören; bei Vermeidung der kaiserlichen Ungnade wird
der Stadt untersagt, inzwischen eigenmächtig gegen die
Juden vorzugehen. Sollte der Landvogt sein Amt aufgeben
oder ein anderes Mitglied der Kommission etwa sterben,
so soll der künftige Landvogt mit vier jederzeit von Bürgermeister und Rat zu Hagenau zu ernennenden Rats-
mitgliedern kaiserliche Vollmacht zur Entscheidung in der
Sache haben. Dem Erkenntnis der Kommission sollen
beide Teile bei einer besonderen Strafe von zehn Mark
in Gold nachkommen.[1] Dieses Schreiben überbringt Josel
nach Hagenau, wo mittlerweile wirklich der Landvogt
nicht mehr im Amte, aber noch kein neuer an seine Stelle
gesetzt war. Da nun der Kaiser die Kommission dem
Vorsitz des Landvogts unterstellt wissen wollte, so
wendeten sich die Verweser der Landvogtei an den Pfalzgrafen Ludwig als den Oberlandvogt des Elsass am 10.
September 1541 mit der Bitte, für die kaiserliche Kommission bis zur Ankunft eines neuen Unterlandvogts einen
Vertreter zu ernennen.[2] Der Pfalzgraf erwiderte am 13.
September, dass es ihm nicht gezieme, eigenmächtig eine
solche Vertretung anzuordnen. Man möge den Juden
mitteilen, dass sie noch eine kurze Zeit warten sollten,
bis ein neuer Landvogt von ihm ernannt worden sei.[3]
Was Scheid[4] hierzu noch weiter berichtet, dass Josel
sich, da auch diese Kommission nichts durchsetzte, im
Jahre 1542 auf den Speierer Reichstag begeben und dort
ein günstiges Resultat erzielt habe, hierüber lässt sich
aus den mir bekannt gewordenen Quellen nichts entnehmen.
Wohl aber erzählt Josel gelegentlich zum Jahre 1545[5]
bei Erwähnung der zu Worms gegebenen Anregung zur
Austreibung der Juden, dass zwar dieser Vorschlag im
ganzen abgelehnt, in einzelnen Orten aber, in Mainz,
Esslingen und Landau die Juden vertrieben wurden, und
zwar, wie Josel selbst angiebt, nicht ohne eigene Schuld.

[1] Beil. XVII.
[2] Bez. Arch. Str. C. 78 Orig.
[3] Das. das. Conc.?
[4] Revue des ét. j. XIII, 248.
[5] Mem. n. 27.

Im Jahre 1516 vertreibt die Stadt Türkheim ihre
Juden. Darauf wendet sich die Judenschaft der Landvogtei
wegen dieses Bruches der gemeinen Freiheit, und da es
auch den anderen zu schwer wird, die Kosten für «die
nutzung, so in die landvogtei jerlich gefelt», allein zu tragen,
beschwerdeführend an den Kaiser, «als ein oberst haupt gemelter landvogtei». Die Juden bitten ihn, dem Kurfürsten
der Pfalz einen Befehl zugehen zu lassen, dass er sie bei
ihren Freiheiten schirme.[1] Karl entspricht ihrer Bitte am
31. Mai und verlaugt, dass der Pfalzgraf sie bei den
Privilegien des Jahres 1530 schützen möge ; er solle allerdings auch dafür sorgen, dass die Juden «mit iren hendeln
und gewerben» sich gebührlich halten.[2] Josel übersendet
dieses Schreiben mit der Abschrift seiner an den Kaiser
gerichteten Supplication an den Kurfürsten, mit der Bitte,
einen Befehl an die Orte der Landvogtei, wo die Juden
vergewaltigt wurden, ergehen zu lassen, «wie dasselbig
E.cfl. Gn. nach dem allerpesten form und gestalt selbs
zu thun wol wissen werden.»[3] Der Kurfürst Friedrich,
der selbst kurz nach seinem Regierungsantritte am 3.
Oktober 1544 den Juden des Elsass ein umfassendes
Privileg erteilt hatte,[4] und dem bisher «dergleichen
clage oder beschweruugen durch die juden oder sunst»
noch nicht zu Ohren gekommen waren, fordert unter
Uebersendung des kaiserlichen Schreibens den Landvogt
in Hagenau auf, jenes dem Rate zu Türkheim vorzu-
halten. Sollte der Rat Grund zur Beschwerde gegen die
Juden haben, so sei ihm hiervon Mitteilung zu machen.[5]

Eine umfangreiche Thätigkeit, bei der er zum ersten
Male sein lebhaftes Interesse für die Leiden seiner Glaubensbrüder bethätigte, eine reichgesegnete Thätigkeit, der
er wahrscheinlich das Amt des Parnos und Manhig zu
verdanken hatte, entfaltete Josel gegenüber dem Rate zu
Oberehnheim. Hier waren, wie an anderen Orten des
Elsass, die Juden im Jahre 1476 durch die Schweizer
ausgetrieben und trotz der Bitten und Drohungen des
Pfalzgrafen Philipp nicht wieder aufgenommen worden.

---

[1] Bez. Arch. Str. C. 78 sine dato.
[2] Beil. XX.
[3] Bez. Arch. Str. C. 78. Copie.
[4] Das. das.
[5] Das. das. Conc. D. Heidelberg, 14. August 1546.

Erst im Jahre 1500 liess es die Stadt auf Befehl des
Kaisers geschehen, dass zwei Juden von Bischofsheim
unter bestimmten Bedingungen sich dort niederliessen;
ihnen folgten bald mehrere.[1] Die Juden blieben eine Zeit
lang unbehelligt, bis im Jahre 1507 die Stadt eine Klage
beim Kaiser gegen sie vorbrachte und dieser am 21. März
ein Austreibungsdekret gegen sie erliess.[2] Da die Juden
aber sich hierüber bei dem Landvogt beschwerten und
eine gerichtliche Verhandlung, bei der sie selbst zugegen
sein wollten, beanspruchten, liess Maximilian auf den an
ihn ergangenen Bericht des Landvogts durch diesen an
die Stadt den Befehl ergehen, dass die Judenaustreibung
wieder rückgängig zu machen und zunächst der Jude
Phal von Dambach mit seinen Kindern in zwei Häusern
der Stadt aufzunehmen sei. Als nun dieser Phal mit einem
kaiserlichen Geleitsbrief nach Oberehnheim kam, wurde
er aus dem Rathaus getrieben, einer grossen Summe
Geldes beraubt und so misshandelt, dass er nur mit Mühe
sein Leben retten konnte. Ausser diesem Bruche des kaiserlichen Geleits liess sich die Stadt auch eine weitere
Gesetzesverletzung zu Schulden kommen, indem sie den
Juden auch den Durchzug durch die Stadt und den Besuch der freien kaiserlichen Märkte versperrte. An diesem
Vorgehen der Obrigkeit nahmen sich dann die Bürger
ein Beispiel; vorbeiziehende Juden wurden von Knechten
und Bürgerssöhnen geschlagen und gebrandschatzt, ohne
dass sie der Missethäter habhaft werden konnten. Diese
liefen nämlich nach vollbrachter That rasch in die Stadt,
wohin ihnen die Juden nicht folgen durften. Schriftlich
vorgebrachte Beschwerden halfen auch nichts, da der
Rat gewöhnlich die Antwort gab, er wüsste nicht, wer
die Thäter wären. Als dies endlich einmal nachgewiesen werden konnte, schickte der Stadtmeister Rull
(er muss hiernach gegen Gyss[3] schon vor 1520 im Amte
gewesen sein, da hier von der Zeit vor der Entsendung
Josels im Jahre 1515 die Rede ist) das geraubte Geld
wieder nach Rosheim zurück, dessen Juden wohl am

---

[1] S. Gyss, Hist. etc. I, 271 f.

[2] Arch. Ob., gedr. bei Lehm., R. J. v. R. I, 159 f. S. Beil. II,
Mem. n. 4.

[3] In der am Schlusse des ersten Bandes seiner Hist. etc. befindlichen Tabelle.

meisten über Gewaltthätigkeiten zu klagen hatten. Ein
Jude, der in Oberehnheim erzogen und jahrelang dort
Bürger gewesen war, wurde sogar, als er, um seinem
Erwerbe nachzugehen, die kaiserliche Strasse zog, von
einem Ackerknecht getötet. Es handelt sich hier wohl um
den von Jósel als «Jakob bar Juda, ein braver Mann»
bezeichneten Erschlagenen.[1] Diese von Oberehnheim aus-
gehenden Judenverfolgungen wirkten bald auf die Nachbarn ansteckend. Schliesslich kam «die gross not und
übertrang» der Juden dem Kaiser Max zu Ohren, der
darauf ein Schutzmandat für sie erliess und namentlich
anordnete, dass ihnen die Strassen und freien kaiserlichen
Märkte nicht versperrt bleiben sollten. Auf einem infolge
dieses Mandats vom Landvogt angesetzten Verhörstage
erschien die Stadt überhaupt nicht, sie setzte vielmehr
die Vergewaltigungen weiter fort. Als die Juden sahen,
dass sie so nicht zu ihrem Rechte kamen, liessen sie im
Jahre 1515[2] ihre Klagen durch Josel dem Kaiser vorbringen. Dieser ordnete nun, nachdem er der Stadt die
Klage mitgeteilt hatte, einen neuen Verhörstag an, auf
welchem die Juden ihre Anklage beweisen sollten, «und
das kais. recht sin furgang gewinn». Da die Stadt auch
diesmal ihr Ausbleiben durch einen Boten entschuldigen
liess, so wurde ein anderer kaiserlicher Verhörstag angesetzt,
auf dem sie nach kaiserlichem Befehl erscheinen sollten.
Der Bischof von Strassburg, Wilhelm von Honstein, der
nach Josels Mitteilungen[3] bisher selbst den Plan gehabt
hatte, die Juden aus dem Elsass zu verjagen, brachte
hier durch Verhandlungen die Stadt so weit, dass sie
sich bereit erklärte, auf einem gütlichen Verhörstage den
Beschwerden der Juden gerecht zu werden. Schliesslich
aber wurde das Versprechen nicht gehalten, und da das
Verlangen der Juden, nun nochmals vor dem Kaiser zu
erscheinen, seitens der Stadt auch unbeachtet blieb,
liessen jene ihre Beschwerden durch Josel wiederum dem
Kaiser vorbringen. «Und aus diesem Anlass wurde ich
genötigt, zwei- und dreimal hinzureiten.»[4] Das am 4.

---

[1] S. Mem. n. 4, Beil. II.
[2] Mem. n. 7.
[3] Das. das.
[4] Das. In diesem Abschnitt haben wir בקובלניש wohl nicht
«nach Koblenz», sondern «mit einer Klage» zu übersetzen.

Dezember 1516 zu Hagenau erlassene kaiserliche Mandat,
auf das die Juden noch später in ihrem Prozesse gegen
Colmar hinwiesen, haben wir als das Ergebnis von Josels
Bemühungen anzusehen. In diesem Mandat befahl Maximilian dem obersten Hauptmann und den Landvögten im
Ober- und Unterelsass auf die Klage der in ihren Verwesungen wohnenden Juden, dafür zu sorgen, dass sie
in Städten, Märkten und Dörfern wie bisher ruhig wohnen bleiben und nicht durch eine hinter ihrem Rücken
vorgebrachte Klage ohne Verhör wider ihre Freiheiten
ausgetrieben werden.[1] Aber auch dieses Mandat hatte
keine grosse Wirkung, andererseits hatten die Juden zunächst keine Gelegenheit, nochmals beim Kaiser klagbar
zu werden. «Durch gross ungefell sich die sachen verlengt, wir nit haben mogen mit gerichtzwang nach lut
dero friheiten und bevelh gehanthapt werden.»[2] Erst als
Karl V. auf dem Reichstage zu Worms am 16. Dezember
1520 der Stadt das Recht zur Judenaustreibung nochmals
bestätigt hatte,[3] brachten auch die Juden auf demselben
Reichstage, auf dem auch über Luther zu Gericht gesessen
wurde, dem Kaiser die Ueberzeugung von den Ungerechtigkeiten, die sie seit Jahren erlitten, bei. Der Kaiser
sicherte ihnen gerechte Prüfung ihrer Beschwerden zu
gemäss dem im Jahre 1520 zu Aachen sämtlichen deutschen Juden erteilten Privileg. Nun aber verband sich
die Stadt Oberehnheim zu gemeinsamem Vorgehen mit
den Städten Rosheim und Kaysersberg, und der Oberehnheimer Bürgermeister Benhart Schuster (1514—1523)
wusste von dem Kaiser auch für diese beiden Städte
einen Befehl zur Ausweisung ihrer Juden zu erlangen.
Die Rosheimer Juden richteten deshalb eine Beschwerdeschrift an den Rat zu Oberehnheim und stellten eine
Klage bei dem Erzherzog Ferdinand in Aussicht,[4] dem seit
dem 28. April 1521 die ansehnlichen habsburgischen
Besitzungen in Deutschland übertragen waren. Diese
Drohung führten die Juden auch aus, und der Austreibungsbefehl für Kaysersberg wurde sofort zurückgenommen;

---

[1] Beil. I, Bez. Arch. Str. E. 1406 pag. 46-47, sehr fehlerhaft abgedr. bei Scheid, Hist. etc. pag. 388.
[2] S. Beil. II.
[3] Gyss, Hist. etc. I, 887.
[4] Das. I, 888.

auch in Rosheim wollte der Erzherzog auf Bericht Josels eine solche Verletzung der Judenprivilegien nicht zulassen. Da aber der Austreibungsbefehl für diese Stadt, wie aus Josels Memoiren[1] hervorzugehen scheint, nicht förmlich aufgehoben wurde, die Juden vielmehr nur einen Aufschub nach dem anderen erwirkten, so hatten sie dort noch mancherlei Ungemach zu erdulden. Wegen der noch immer nicht geklärten Lage in Oberehnheim wendeten sich die Juden, nach einem erfolglosen Vermittlungsversuche des Landvogts,[2] im Jahre 1522 an das Reichsregiment. Josel, der in diesem Jahre mit einem Begleiter wegen einer gegen einen Juden verübten Grausamkeit nach Nürnberg zu gehen genötigt war,[3] benutzte die Gelegenheit, um dem dort wegen Aufbringung der Türkenhülfe versammelten Reichstage zu schildern, welche Gewaltthaten die Stadt Oberehnheim den Juden «in der Stadt und auf dem Felde draussen» zugefügt habe. Josel erlangte wirklich einen im Namen des Kaisers vom Reichsregimente erlassenen Befehl, auf Grund dessen die Beschwerden der Juden vor einer unter dem Vorsitz des Abts Rüdiger von Weissenburg zu bildenden Kommission geprüft werden sollten. Dieser Kommission überreichten, wohl noch in demselben Jahre, (es ist von dem «jungst zu Nurenberg» gefällten Urteilsspruche die Rede) die Juden der Landvogtei Hagenau eine ausführliche Klageschrift, in der, nach ins Einzelne gehender Darlegung der verschiedenen Ungerechtigkeiten, um baldige Abstellung derselben ersucht wird.[4] Der Abt ladet die Stadt im Jahre 1524 zu einer Konferenz nach Steinfels ein,[5] und es kommt schliesslich durch Vermittlung des Landvogts Jakob von Mörsperg am 22. April 1524 ein Vertrag zwischen Stadt und Juden zu stande. Danach sollen 1) die Juden nur an Markt- und Jahrmarkttagen nach Oberehnheim kommen dürfen, wofür jeder Jude jedes Mal sechs Pfennig Strassburger zu zahlen hat; über Nacht dürfen sie nicht in der Stadt bleiben. Der Durchzug ist ihnen immer gestattet, vorausgesetzt dass sie nicht han-

---

[1] n. 9.
[2] S. Beil. II.
[3] Mem. n. 10, der Thatbestand ist dunkel
[4] Beil. II.
[5] Arch. Ob, abgedr. bei Lehm., R. J. v. R. I, 268.

deln und dass sie zwei Pfennig als Vergütung entrichten.
2) Bei ihrem Aufenthalte in der Stadt sollen sie kein
Geld auf Wucher ausleihen ; wenn ein Bürger sich von
ihnen etwas leihen will, soll das nur auf bewegliche
Pfänder, nicht auf liegende Güter oder Verschreibungen
gestattet sein. Wenn der Bürger die ihm gesetzte Frist
nicht einhält, soll dem Juden das Pfand verfallen sein.
3) Kein Jude darf in eines Bürgers Haus gehen ohne
dessen ausdrückliche Aufforderung ; es ist dagegen dem
Bürger unbenommen, zwecks Abschlusses eines Geldge-
schäftes den Juden aufzusuchen. Dem Juden ist es verboten, von selbst oder durch Vermittlung anderer den
Bürger zum Entleihen von Geld zu veranlassen. 4) Zu-
widerhandelnde Juden gehen ihrer Ansprüche an den
Bürger verlustig und haben einen Gulden Strafe zu zahlen.
5) So oft die Juden in die Stadt kommen, sollen sie
Zeichen an ihren Kleidern tragen. 6) Alle früheren Klagen
und Ansprüche der Juden sind durch den Vertrag aufgehoben, dem beide Parteien getreulich nachzukommen
sich verpflichten. Der Landvogt hängt sein Siegel an die
Vertragsurkunde.[1] Dieser Vertrag ist durch Josels Mitwir-
kung zu stande gekommen, wie er selbst im Jahre 1542 an
den Oberehnheimer Rat schreibt :[2] «solchen vertrag, den
ein ersamer rat bei uch und auch ich von aller juden
wegen gelopt und versprochen». Den Juden war zwar
jetzt das Wohnrecht in Oberehnheim endgültig versagt,
aber sie standen doch nunmehr in einem bestimmt gere-
gelten Verhältnis zu der Stadt; auf Grund dessen, wie
wir oben sahen, späterhin Ansprüche und Klagen der
Stadt als zu weitgehend zurückgewiesen werden konnten.

Anders war es in Rosheim, wo die Juden allerdings
geduldet blieben, aber um so mehr Willkürlichkeiten
ausgesetzt waren. Schliesslich ist wohl auch hier ein
Vertrag geschlossen worden,[3] aber da die Juden in der
Stadt blieben und die Behörde unduldsam war, so waren
Reibungen unvermeidlich. Die erste Gefahr, die Josel in
Rosheim zu bestehen hatte, war nicht von der Stadt über

---

[1] Arch. Ob., Orig. mit angehängtem Wachssiegel, das 5 Copien;
Copie bei Birk., übers. von Scheid, Hist. etc. pag. 110. inhaltlich
wiedergegeben von Kracauer in Revue des ét. j. XVI, 20.
[2] Beil. XVIII.
[3] S. Beil. XXX.

ihn heraufbeschworen worden, sie kam von auswärts,
sie bedrohte Juden wie Christen, und zwar nicht nur in
Rosheim, in gleicher Weise. Im Jahre 1525 war der
grosse Bauernkrieg ausgebrochen, der sich allmählich
über ganz Südwestdeutschland ausbreitete. Im Mittelelsass
hatte sich aus mehreren kleinen Bauernlagern der soge-
nannte niedere Haufe gebildet, der in der Abtei Altorf,
im Bistum Strassburg, eine halbe Meile von Rosheim,
sein Hauptquartier hatte ;[1] sie waren nach Josels Angaben
15 000 Mann stark.[2] Da Josel von den Hauptleuten ins-
geheim benachrichtigt wurde (rechneten sie dabei auf eine
Unterstützung seitens der Juden?), dass sie am folgenden
Tage in Rosheim ihr Lager aufschlagen wollten, weckte
er bei Nacht die beiden Bürgermeister, Hans Mangen
und Jakob Wagner, und machte ihnen von dem Plane
der Bauern Mitteilung. Die Thore der Stadt wurden nunmehr geschlossen und so das Vorhaben der Bauern ver-
eitelt. Als diese aber Verstärkung erhalten hatten, und
Rosheim vor ihnen sich nicht länger hätte halten können,
begab sich Josel in das feindliche Lager nach Altorf und
nahm den Hauptleuten Erasmus Gerber von Molsheim,
Peter von Nartheim und Diebolt von Dalheim das Versprechen ab, Rosheim zu verschonen. Gegen ein Geschenk
von 80 Goldgulden stellten sie ihm einen gesiegelten Brief
darüber aus, dass sie mit ihren Haufen erst dann nach Rosheim kommen wollten, wenn alle anderen Reichsstädte in
ihrem Bunde seien.[3] In erster Reihe hatte Josel bei dieser
gefahrvollen Unternehmung den Schutz seiner Glaubensgenossen im Auge gehabt, um so mehr, da er wusste, dass
in einzelnen Gegenden die Juden unter dem Fanatismus
der Bauern sehr zu leiden hatten.[4] Und während, wie
nach meiner Ansicht aus seinen Memoiren[5] zu entnehmen
ist, für jede Stadt und Gegend, nämlich deren christliche
Bewohner, Freibriefe ausgestellt wurden,[6] wurde dagegen
betreffs der Juden von den Hauptleuten die mündliche
Zusicherung gegeben, keine Hand gegen sie zu erheben.

[1] S. Zimmermann, Gesch. des Bauernkrieges III, 556.
[2] Beil. XXX. Gyss, Hist. etc. I, 351 giebt 12 000 an.
[3] S. Beil. XXX.
[4] Mem. n. 11. S. Geiger's Ztschr. u. s. w. II, 331.
[5] n. 11.
[6] Gegen Graetz, Gesch. d. J. IX, 252 Anm. 2.

Es wurden nun zwar die schriftlichen Zusagen nicht gehalten, indem in einzelnen Orten doch Plünderungen
stattfanden; aber «durch die Stimme dieses Ausrufs war
jedenfalls Freiheit und Rettung für die Juden.»[1] Als
Josel damals für Rosheim diese günstigen Bedingungen
erlangt hatte, suchte ihn der Bürgermeister Wagner in
Altorf auf und versicherte ihm, dass er und seine Kinder
dessen geniessen sollten. Josel erwarb sich noch fernere
Verdienste, als im Jahre 1552 Heinrich II. von Frankreich
einen Einfall in Lothringen machte, und auch das Elsass
durch ihn gefährdet wurde. Der mit dem französischen
Könige verbündete Kurfürst Moritz von Sachsen unternahm
sogar einen Streifzug nach Innsbruck, dem damaligen
Sitze des kaiserlichen Hofes. Wie Josel nun berichtet,
liess er es sich mehr als sechzig Gulden kosten, um den
Kaiser, der damals nur mit Mühe sein Leben rettete,
über die ihm drohende Gefahr aufzuklären. Als in demselben Jahre Markgraf Albrecht von Brandenburg-Culm-
bach auf seinen Beutezügen gegen die geistlichen Für-
stentümer auch das Bistum Strassburg bedrohen und
die kleinen Städte brandschatzen zu wollen schien, erklärte
sich Josel bereit, 400 Gulden vorzuschiessen, wozu andere
Bürger von Rosheim auch ihr Gold und Silber geben
sollten. Mit dem so gesammelten Gelde wollten sie die
Forderungen Albrechts abweisen;[2] das Elsass ist aber
damals vor einer Plünderung noch bewahrt gewesen.

Durch solche und andere Leistungen glaubte Josel Anspruch auf Anerkennung seitens seiner Mitbürger zu
haben. Aber wir können in Rosheim ein ähnliches Verhalten der Bürger gegen die Juden beobachten wie in
Oberehnheim. Es werden nicht nur die dort wohnhaften,
sondern auch die an der Stadt vorbei und die dieselbe
durchziehenden Juden von der Bürgerschaft an Leib und
Gut geschädigt. Eine deshalb bei dem kaiserlichen Kammergericht schon eingereichte Klage wird nur auf Josels
Betreiben noch zurückgenommen. Auf seinen Rat willigten
die Juden ein, ihre Beschwerden dem Rat zu Hagenau,
«die dan gemelter von Rossheim hauptstadt», vorzubringen.
Josel überreichte diesem eine Supplikation, in der er um

---

[1] Mem. n. 11. Ich glaube, dass so der Zusammenhang darin
am besten gewahrt ist.
[2] S. Beil. XXX.

Abhaltung eines gütlichen Verhörstages bat. Da auch
die Stadt Rosheim auf ihm zu erscheinen sich bereit erklärte, wurde unter Zuziehung von Mitgliedern des Rates
zu Schlettstadt und Oberehnheim in Rosheim Gericht
gehalten, und ein beide Teile befriedigendes Urteil ge-
fällt. Trotzdem liessen die Rosheimer Bürger nicht ab,
die Judenhäuser zu demolieren und die fremden, ihrer
Stadt sich nähernden Juden zu vergewaltigen. Einer
dieser Juden bewirkte durch eine Klage in Rottweil, dass
ein angesehener Bürger, der später sogar Ratsmitglied
wurde, zur Zahlung einer Entschädigung von vierzig
Gulden verurteilt wurde; nur durch Josels und einiger
Rosheimer Herren Vermittlung wurde der Jude zurückgehalten, noch weitere Klagen gegen andere Bürger vorzubringen. Die immer weiter fortgesetzten Gewaltthätigkeiten veranlassten den Kaiser schliesslich, durch ein an
den Landvogt gerichtetes Mandat besonders der Stadt
Rosheim bei Vermeidung hoher Strafe weitere Misshandlungen der Juden zu verbieten. Trotz alledem waren
noch im Jahre 1553 die Häuser der Juden rohen Angriffen
seitens einiger Bürger ausgesetzt, Josels Frau und Kinder
waren durch den in seiner Abwesenheit ihnen verursachten Schrecken krank geworden; dennoch wurden die
Missethäter nicht höher gestraft als mit einem Pfund
Strassburger Währung und drei oder vier Tagen Turm-
haft. Und während so die Behörde wenigstens formell die
Benachteiligungen der Juden nicht billigte, liess sie bald
darauf sich selbst eine Gesetzesverletzung in dieser Beziehung zu Schulden kommen. Es wurde nämlich in
Josels Abwesenheit den Judenschulmeistern der Befehl
gegeben, binnen 8 Tagen bei Strafe von 5 Pfund die
Stadt zu verlassen. Als Josel nach seiner Rückkehr
sich hierüber wie über die gleichzeitig bei ihm vorgenommenen Pfändungen beschwerte, erhielt er nach langem
Warten nur unbefriedigenden Bescheid. Später, als Josel
wieder «fürfallender gescheft halben» verritten war,
wurde sein Sohn Jakob mit den anderen Schulmeistern
der Juden am 20. Februar 1554 von dem Rate nochmals
aufgefordert, bei Androhung gewaltsamer Entfernung, die
Stadt zu räumen; man wollte nicht einmal bis zu Josels
Rückkehr mit Ausführung des Befehls warten. Auf eine bei
dem Bürgermeister sodann vorgebrachte Klage über neuer-

dings vorgekommene Gewaltthaten erwiderte dieser:
«Wir konnen nit dositzen und euer bieten, mogen ir das
nit leiden, so ziehen hienweg.» Josel will nun noch nicht
mit einer Klage bei dem Kammergericht vorstellig werden,
sondern erst den Rat zu Hagenau, der ihm schon «bi 60
jarn har . . viel guts und milligkeit bewisen», nochmals
um seine Vermittlung angehen. Josel sendet zwischen dem
20. und 24. Februar 1554 eine ausführliche Bittschrift
mit Darlegung aller Ungerechtigkeiten, die er und seine
Glaubensgenossen in Rosheim erlitten hätten, an den
Hagenauer Rat und bittet ihn, vor dem 24. Februar[1] den
Rosheimer Rat von den Beschwerden der Juden in Kenntnis zu setzen und nach den Osterfeiertagen, also nach
dem 25. März, wo gleichzeitig auch das jüdische Oster-
fest sein Ende erreicht hat, einen Tag für eine beider-
seitige Aussprache zu bestimmen. Josel bittet um Antwort
vor dem 6. März, damit er sich danach einrichten könne.[2]
Der Hagenauer Rat übersendet eine Copie dieser Supplication am 28. Februar nach Rosheim und erklärt sich
bereit, die Vermittlerrolle in dieser Angelegenheit zu
übernehmen.[3] Der Rosheimer Rat übersendet nun diese
beiden Schriftstücke am 6. März an den Unterlandvogt
Heinrich von Fleckenstein nebst einer eingehenden Widerlegung der gegen ihn vorgebrachten Beschuldigungen.
Zunächst wird die Verwunderung darüber ausgesprochen,
dass die Juden sich mit ihrer Klage an den Hagenauer
Rat und nicht an den Landvogt, die hierfür allein mass-
gebende Behörde, gewendet haben. Sodann halten sie aber
die Klage Josels überhaupt für unbegründet; «es lot sich
wol clagen leit (= leicht), aber hernach beweren», besonders
wenn er sich auf Dinge beziehe, die zwanzig, dreissig
und mehr Jahre zurückliegen. Josels angebliche Verdienste
um die Stadt erkennen sie nicht an, «das hat er nit allein
gethon um unserntwegen, sunder mehr von sin und gemeiner judischeit wegen; hette er und seine judischait
freiheit gewiss, sie wurden unser litzel gedacht haben».

---

[1] Es könnte auch der 3. März gemeint sein, aber die in dem
Schreiben vorkommende Datierung: «jetzund sinstags nach dem
sontag reminiscere,» 20. Februar, scheint in derselben Woche gemacht
zu sein.

[2] Beil. XXX, im Auszuge übers. von Scheid in Revue XIII, 256 f.

[3] Bez. Arch. St. C 78. Orig. mit abger. Siegel.

Der Rat weiss übrigens nicht, dass er es den Juden gegenüber jemals an dem nötigen Schutze habe fehlen lassen. Die vorgekommenen Gewaltthaten habe man nicht verhüten können, und dann auch gebührend gestraft. Zugegeben wird, dass im Herbst des Jahres 1553 den Juden Josel und Aron und der Wittwe des Josef gemäss dem Vertrage verboten worden sei, ihre Schwiegersöhne und Söhne länger als einige Nächte bei sich zu beherbergen. Da das Verbot nicht beachtet worden sei, habe man die Uebertreter mit Recht um ein Pfund Pfennig gepfändet. Josel wolle zwar in dem vom Landvogt neulich aufgerichteten Vertrage die Bestimmung enthalten finden, dass an Stelle eines verstorbenen Juden nur kein fremder aufgenommen werden dürfe; während die Kinder des Verstorbenen nicht unter dieses Verbot fielen. In Wahrheit bestimme aber der Vertrag, es solle an Stelle des Verstorbenen überhaupt kein anderer Jude aufgenommen werden; es sei hierbei bezweckt, dass die Juden bei ihnen schliesslich ausstürben. Josel behaupte ferner: Wenn auch seine Interpretation des Vertrages nicht als richtig anerkannt werde, so müsse die Stadt es sich doch gefallen lassen, dass die Juden ihre Söhne und Schwiegersöhne zu Schulmeistern ernennen, da sie nach dem Vertrage ja drei Schulmeister halten dürften. Auch hiergegen wendet sich der Rat, indem er verlangt, dass nur Fremde an den Schulen angestellt werden, die sich aber nicht mit Geldgeschäften befassen dürften. Deshalb eben habe der Rat die Juden, deren Kinder widerrechtlich in Rosheim weilten, am 20. Februar nochmals vorgeladen und ihnen begreiflich gemacht, dass ihre Kinder bei Strafe der Pfändung die Stadt zu verlassen hätten. Als nun Josel hiervon erfahren, habe er dem Rate mit einer kammergerichtlichen Klage gedroht und erklärt: «ob ers beim selben Vertrag will pleiben lassen, ehe will er an uns 1000 gulden verkriegen.» Da der Rat sich nun in dieser Sache für «zu schlecht und ainfaltig» hält, so ruft er die Hülfe des Landvogts gegen Josel an.[1]

Ebenso wie hier wahrscheinlich sein Tod augenblicklich eine Aenderung in der Situation herbeigeführt hat,

---

[1] Das. Das. Orig. mit Siegel, enthält am Anfang noch eine andere Mitteilung an den Landvogt, nicht die Juden betreffend.

so ist bei der letzten Unternehmung seines Lebens, bei
dem Vorgehen gegen Dangolsheim, deutlich festzustellen,
welche bedeutende Rolle Josel dabei gespielt, welche bedeutende Lücke hier sein Hintritt gelassen hat. Im Februar 1519 waren die Juden Dangolsheims ausgetrieben
worden: «Und an demselben Tage hörten es die bösen
Nachbarn,.. um zu thun wie sie. Aber Gott gab es in
das Herz unseres Herrn, des Landvogts von Hagenau und
des Bischofs von Strassburg, zu hören auf meine Klagen,
wie ich vor ihnen niedergefallen bin.» Josel überredet
gemeinsam mit dem Landvogt wirklich die Gemeinden,
«von ihrem bösen Plane und ihren Thaten, die sie gethan,
indem sie die Privilegien und den Landfrieden verletzt
hatten», zurückzukommen; die Juden wurden wieder aufgenommen,[1] ohne dass sie aber lange in Frieden mit der
Bürgerschaft lebten. Im Jahre 1553 nahm diese Gelegenheit, eine Klage gegen die Juden an den Pfalzgrafen zu
richten. Während lange Zeit nur vier Paar Juden bei
ihnen hausgesessen gewesen seien, gingen jetzt schon
zehn Paare auf Erwerb aus; und da noch immer
mehr hinzukämen, so sei zu befürchten, dass bald
mehr Juden als Christen an ihrem Orte sein würden,
«wie dann dises volks gewonheit, das sie sich an orten
ieres underschleifs vilfeltiglichen thun meheren». Da die
Juden durch ihr wucherisches Treiben die Bürgerschaft
zu Grunde richteten und sich in den Besitz ihrer Güter setzten, so ergeht die Bitte an den Kurfürsten, jenen einen
Tag festzusetzen, an dem sie den Flecken zu räumen
hätten. Die Bürger wollen bis zu diesem Termin den
Juden alle ihre Schulden bezahlen und dem Fürsten
eine um den Betrag der bisherigen Judensteuer erhöhte
jährliche Abgabe entrichten. Sie erinnern zum Schlusse
daran, dass die Hälfte ihrer Güter den Juden verpfändet
sei.[2] Am 27. Januar 1553 übersendet der Landvogt diese
Supplication an den Pfalzgrafen unter Befürwortung der
darin ausgesprochenen Bitte.[3] Der Pfalzgraf bei Rhein,
sehr unzufrieden damit, das die Juden «der armen under-
thauen saure arbait und schweiss mit irem schondlichen
wucher und heftigen practiken an sich ziehen», lässt,

---

[1] Mem. n. 8, deren Schluss ganz unklar ist.
[2] Bez. Arch Str. C. 78 Copie, s. d., vid. 4. Febr. 53.
[3] Das. das. Orig. mit abger. Siegel, praes. 4. Febr.

um womöglich die Zustände noch zu bessern, am 4. April von Ileidelberg aus an Landvogt und Zinsmeister zu Hagenau den Befehl ergehen, ein Verzeichnis der Judenfamilien und ihrer einzelnen Angehörigen, auch des Betrages der von ihnen an den Kurfürsten jährlich zu zahlenden Steuer zusammenzustellen und in Erfahrung zu bringen, «zu was zeiten, mit wes erlaubnus und vergunstigung, auch auf was mass und freiheit ein jeder jud... aufgenumen, von wem sie schirmbrief, glait und anders desgleichen haben und empfahen». All dies soll dem Kurfürsten baldigst mitgeteilt werden.[1] Am 26. Mai teilen die pfalzgräflichen Räte zu Heidelberg ihrem Herrn mit, dass die gewünschten Verzeichnisse vom Landvogt eingereicht seien und dem Fürsten auf Verlangen zugeben würden. Der Landvogt habe auch mitgeteilt, «das der juden rabi Josel von Rossheim bereit auf dem wege sei, sich zu bemuhen, diese furgenomen handlung wo muglich abzuwenden».[2] Josel hatte wirklich am 21. Mai eine Beschwerdeschrift an den Kurfürsten abgesendet. Er führt darin aus, dass schon im Jahre 1551 der Kurfürst durch den Landvogt die Schulden der in den Reichsdörfern um Hagenau wohnhaften Juden habe feststellen lassen wollen, aber auf Bitten der Juden wieder davon zurückgekommen sei. Nun seien in diesem Jahre auf den 15. Mai die Dangolsheimer Juden und Josel von dem Landvogt vorgeladen und ihnen drei kurfürstliche Verordnungen mitgeteilt worden: 1) sollten die Bürger zu Dangolsheim befragt werden, was ein jeder von ihnen den Juden schuldig sei; diese sollten dann angeben, was darunter geliehenes Geld, was Wucherzinsen seien; 2) sollten sie künftighin von ausgeliehenem Gelde keine Zinsen mehr nehmen; 3) sollten sie bis auf weiteres ihr Hab und Gut nicht veräussern. Trotzdem nun die Juden dies Verlangen für eine Verletzung ihrer Privilegien hielten, hätten sie doch ihre ausstehenden Schulden, soweit sie sie im Gedächtnis hätten, angegeben. Die beiden anderen Forderungen müssten sie aber als undurchführbare Zumutungen zurückweisen. Josel verweist auf eine Bestimmung in einer Freiheit des Pfalzgrafen Friedrich vom 3. Oktober 1544:[3]

---

[1] Das. das. Conc.
[2] Das. das. Conc.
[3] Das. das. Copie; das gleichlautende Privileg seines Vorgängers

«Es sollen auch alle und igliche juden und judin, im
reich der landvogtei gesessen, von uns nnd unsern amtleut unbeclaget pleiben, es sei dann, das ein cleger darstee
und sich beclage um sach, die ime von ir einem bescheen
were, die im anging . . . Und wellicher sollich sach und
rede nit kuntlich machte, so er dann uf ine gesagt und
furtragen hette, so soll derselb die peen leiden, die dan
der leiden solte, uf den er dann die sach furgewandt
hett. Wurd auch ir einer fellig in unser hand um sachen,
die nit mortlich oder dieplich werent, so soll er nit hoher
gesetzt werden, dann um 25 gulden, ob ime anders kein
gnade beschehen mocht.» Josel verlangt nun auf Grund
dieses Privilegs eine erneute Untersuchung in Anwesenheit
der Juden und Festsetzung eines geringeren Strafmasses.[1]
Auf die Einreichung der Schuldverzeichnisse bestimmt der
Kurfürst, wohl durch vorstehenden Brief Josels beeinflusst,
am 17. Juni, Landvogt und Zinsmeister sollten gemeinsam
mit dem Hagenauer Schultheissen Kranz und dem
jüngeren Fleckenstein für baldige Bezahlung der Schulden
bei den Bürgern zu Dangolsheim sorgen, und für die
Entrichtung des Kapitals erträgliche Ziele festsetzen, ebenso
für die Zinsenzahlung, bei welcher übrigens eine möglichste Verminderung herbeigeführt werden solle. Weiterhin sollen die Juden von diesen Geldern nur 5 Prozent
Zinsen nehmen dürfen. In Zukunft soll jede weitere Verbindung zwischen Juden und Bürgern zum Abschluss
von Geldgeschäften nur im Falle unvermeidlicher Notdurft
mit besonderer Erlaubnis des Landvogts zu einem Zins-
fusse von höchstens 5 Prozent bei Vermeidung von Strafe
gestattet sein. Ferner sollen die Juden, welche von dem
Kurfürsten oder dem Landvogt Schirmbriefe haben, weiteres
Wohnrecht geniessen, ebenso diejenigen, die auf Grund
kaiserlicher Freiheiten dort wohnten, bis auf weiteren
kurfürstlichen Bescheid. Diejenigen aber, die sich ohne
Schirmbriefe festgesetzt hätten, deren Schirmbriefe ver-
altet wären oder die sich nicht entsprechend aufführten,
seien innerhalb eines Jahres bei schwerer Strafe auszuweisen.[2] Die vom Kurfürsten ernannte Kommission han-

Ludwig vom 18. Juni 1531 im Pfälzer Copialbuch (Karlsruhe) n.
490 pag. 483 f. Josel giebt diese Stelle nur ganz kurz an.
[1] Bez. Arch. Str. C. 78. Crig. mit abger. Siegel praes. 81. Mai.
[2] Das. das. Conc.

delte ihrem Auftrage gemäss, und Josel überbringt, um
die Ungerechtigkeit des gegen die Juden beliebten Vorgehens zu beleuchten, dem Kurfürsten am 16. Juli Abschriften der von Kaiser und Pfalzgraf verliehenen Judenprivilegien. Der Kurfürst verlangte nun am 18. Juli von
Ogersheim aus von seinen Räten in Heidelberg die Uebersendung einer Zusammenstellung der von ihm den Juden
gegebenen Freiheiten, dass «man etwa auf wege bedacht
sein mocht, damit christen und juden onverderbt bei
einander treglicher weis bleiben, und wir auch nit an-
zogen werden mugen, unseren Freiheiten, den juden
gegeben und confirmirt, zuwidergehandelt haben.»[1] Auf den
gleichzeitig an den Landvogt gerichteten Befehl des Kurfürsten[2] berichtete jener am 30. Juli, dass nach seiner
Feststellung der Kurfürst der armen Unterthanen in
Dangolsheim halben «ein löblich gut christenlich werk»
gethan habe. Der Zinsmeister, der beauftragt gewesen sei,
einen Bericht zusammenzustellen, sei plötzlich krank
geworden;[3] der ausführliche Bericht geht deshalb erst
am 24. August an den Kurfürsten ab. Die Kommission
war danach ganz im Sinne ihres Auftraggebers vorgegangen. Bei Prüfung des Wohnrechts wurde festgestellt,
dass die Juden sich meistenteils ohne obrigkeitliche
Erlaubnis aufhielten. Von sieben nur werde der
ganze, von zwei alten nur je ein halber Geleitgulden
gezahlt, während im ganzen elf Paar Juden mit 45 Angehörigen dort wohnten, die sich alle vom Geldgeschäfte
ernährten; nur zwei Juden und eine Jüdin hätten alle
Schirmbriefe ohne Zeitangabe. Wenn sonach auch
eigentlich keiner ein Aufenthaltsrecht hätte, so beriefen sie sich doch auf die allen Juden verliehenen
kaiserlichen und kurfürstlichen Freiheiten; diese seien
aber im vorliegenden Falle ganz bedeutungslos, da ihre
Inhaber sich ja ohne Wissen der Obrigkeit und der
Gemeinde in Dangolsheim «intrudirt» hätten. Trotzdem
also der Landvogt berechtigt und auch verpflichtet gewesen
wäre, die Juden innerhalb der festgesetzten Frist auszuweisen, so sei er doch hiervon noch zurückgekommen,

---

[1] Das. das. Orig. mit abger. Siegel. Das praes. vom 9. Juli ist
auffallend, vielleicht der 19.?
[2] Das. das. Conc. s. d.
[3] Das. das. Orig. mit abger. Siegel.

da die Juden sich, «mit beistand Jesell juden», hätten
vernehmen lassen, dass sie, «so innen etwas beschwer-
lichs begegnen» würde, sich mit einer Klage an den
Kaiser oder das Reichskammergericht wenden wollten;
deshalb habe der Landvogt noch weitern Bescheid des Kurfürsten abwarten wollen. [1] Er selbst bittet aber zum
Schluss, dass die armen Christen «solches teglich fressen-
den lasts» entledigt werden mögen, Auf einen vom
Kurfürsten am 12. September ergangenen Bescheid be-
fiehlt nun die kurfürstliche Kommission den Bürgern zu
Dangolsheim, den Juden baldigst ihre Schulden zu bezahlen, und diesen, bis zum St. Georgslage 1554 den
Flecken zu räumen. So wurden auch zwei Juden, Hitzig
und sein Sohn Moses, obwohl sie wegen ihres Wohl-
verhaltens einige Jahre vorher vom Kurfürsten Schutzbriefe erhalten hatten, jetzt wegen arger betrügerischer
Praktiken ausgewiesen. Hiervon wird dem Kurfürsten
am 18. Oktober Mitteilung gemacht, mit der Bitte, dafür
sorgen zu wollen, dass eine Klage der Juden bei dem
Kaiser oder seinem Kammergericht für Dangolsheim keine
schädlichen Folgen haben möge. [2] Die Juden lassen wirklich erst nochmals dem Kurfürsten durch Josel die Bitte
vortragen, ihnen an seinem Hofgericht Gerechtigkeit
widerfahren zu lassen, oder, entsprechend einer Bestimmung der Kammergerichtsordnung von 1495 neun
seiner Räte niederzusetzen, welche Klagen anderer Personen gegen Fürstenmässige auszutragen hatten; [3] jedenfalls sollte der Fürst die Vertreibung bis nach Ausgang
des Rechtsverfahrens verschieben. Auf diese am 19.
Dezember überreichte Supplikation wird am 22. Dezember der Bescheid gegeben, der Kurfürst lasse es bei dem
Austreibungsbefehl bewenden und wolle die neun Räte nicht
Recht sprechen lassen, stelle es den Juden aber anheim,
ohne dass dadurch die Ausführung obigen Beschlusses
aufgehalten werde, einen Prozess am kurfürstlichen Hofgericht anzustrengen. Josel bat darauf am 24. Dezember

---

[1] Das. das. Orig. mit abger. Siegel, praes. 27. August.
[2] Das. das. Orig. mit abger. Siegel, praes. 3. Nov. 53. Sollte
der Brief nach dem Präsentationsvermerk nicht eher am 28. Oct.
abgegangen sein, zumal auch dieses Datum noch auf der Rückseite
vermerkt ist?
[3] S. Walter, Deutsche Rechtsgeschichte, Bonn, 1853, pag. 688.

um Bedenkzeit, da er erst mit seinen Juden beraten wolle, gegen wen sie eine Anklage vorzubringen hätten; bis zum nächsten Gerichtstage, dem 11. Februar 1554, wolle er dem Kurfürsten Nachricht zukommen lassen.[1] Josels Auftraggeber fürchten aber, bei einer solchen Citation nicht zu ihrem Recht zu kommen und beauftragen daher Josel, wenn es nicht anders gehe, durch das Reichskammergericht auf den Kurfürsten einen Zwang ausüben zu lassen. Josel richtet auch Anfang Januar 1554 an dieses das Ersuchen, den Pfalzgrafen zur Niedersetzung der neun Räte zu veranlassen; das Gericht entspricht dieser Bitte am 14. Januar.[2] Josel bittet nun den Kurfürsten in besonderem Schreiben wegen seines Vorgehens um Entschuldigung. «Was vielgedachte arme gemeine juden, witwen und weisen, mir Josell jude als iren gewalthaber angerufen und gebeten, das ich aus meiner pflicht zu thun schuldig bin». Er bittet nochmals um Zurücknahme des Austreibungsbefehls oder andernfalls um Ansetzung eines Rechtstages vor den neun Räten.[3] In einem zweiten, gleichfalls am 26. Januar überreichten Schreiben bittet Josel, um womöglich alles noch gütlich beizulegen, einen gütlichen Verhörstag in Monatsfrist abzuhalten; er weist auf seine fast 50 Jahre hindurch bethätigte friedliche Gesinnung hin.[4] Da der Kurfürst hierauf einzugehen geneigt ist, so bezeichnet Josel als diejenigen, die die Juden «zu ruck verclagt und beschrauen» hätten, den Schultheiss von Dangolsheim mit seinen Zugeordneten. Er bittet um Erlass eines Schirmbriefes, damit sie bis zum Ausgange der Rechtfertigung nicht vertrieben würden.[5] Der kurfürstliche Kanzler entlässt Josel mit der beruhigenden Antwort, es solle in einem Monat ein Verhörstag zu Heidelberg angesetzt werden. Da am 25. Februar aber die Tagzettel noch nicht an die Juden gelangt sind, bittet Josel von Hagenau aus den Kurfürsten, die gütliche Verhandlung nicht länger als bis zum 11. März hinauszuschieben; sollte dieser Termin

---

[1] Bez. Arch. Str. C. 78, Orig. ohne Adr. u. Siegel.
[2] Das. das., Vermerk auf der Rücks. von Josels undatierter Supplication, Copie.
[3] Das. das. Copie, praes. 26. Jan.
[4] Das. das. Orig.?, ohne Adr. u. Siegel.
[5] Das. das. Copie?, Josel ist in Heidelb., praes. 2. Febr.

nicht genehm sein, so müsse an die Gemeinde Dangolsheim jedenfalls ein eiliger Befehl ergehen, mit der Vertreibung der Juden noch über den St. Georgstag hinaus
zu warten. Sollte der Kurfürst aber auch bis Pfingsten
noch keinen Tag bestimmt haben, so sähen sich die Juden genötigt, bei dem Kaiser ihr Recht zu suchen.[1] Am
17. Januar war der vom Kammergericht gefasste Beschluss wegen der neun Räte an den Kurfürsten mitgeteilt worden, der am 23. davon Kenntnis erhielt.[2] In
einem Schreiben an Kammerrichter und Beisitzer vom
25. Februar protestirt er gegen ein solches Erkenntnis.
Er habe die Juden mit Recht ausgewiesen wegen ihrer
wucherischen Geschäfte; auch hätte er nicht, wie die
Juden fälschlich vorgäben, ihnen Rechtshülfe verweigert.
Er ersucht das Kammergericht, etwaigen weiteren Klagen
Josels kein Gehör zu schenken.[3] Am 1. März teilt der
Kurfürst endlich dem Unterlandvogt mit, dass er dem
erneuten Wunsch Josels entsprechend einen gütlichen
Verhörstag auf den 12. März angesetzt habe. Der Landvogt solle zu diesem Tage einen seiner Beamten mit nach
Heidelberg senden, «damit die armen bürger von Dangolsheim nit allain one beistand erscheinen».[4] Die Juden
schicken auf diesen Tag mit schweren Kosten fünf Vertreter, es wird aber noch eine neue Verhandlung auf
den 15. April angesetzt. Da es den Juden beschwerlich
ist, hierzu zu erscheinen, «unvonnoten, die ursach nach
der leng zu erzelen», so bitten sie den Kurfürsten nochmals, «anzusehen unsere kleine unerzogene kind und
aremuth, nit wissen, wa aus, wa ein», und sie wieder
in Dangolsheim wohnen zu lassen. Sie verlangen, dass
die Missethäter unter ihnen gestraft werden, und wollen
dem Kurfürsten ausser einem einmaligen Geschenke von
400 Gulden eine jährliche Extraabgabe von 25 Gulden
entrichten.[5] Weshalb die Juden verhindert waren, am
15. April der Ladung des Kurfürsten zu folgen, ersehen
wir aus einem zweiten, ebenfalls am 6. April bei dem

---

[1] Das. das. Orig. mit abger. Siegel.
[2] Das. das.
[3] Das. das. Conc. D. Heidelb. sontags reminiscere, 25. Febr. 54.
Reminiscere, der zweite Fastensonntag, war am 18. Februar.
[4] Das. das. Conc.
[5] Das. das. Copie?

Kurfürsten eingetroffenen Schreiben der Juden. Es heisst
darin; « . . . es sich seither zugetragen, das Josell jud,
so unsern handel bei E. cfl. Gn. furbracht, dots verschieden, wir selbst oder auch durch andere in der eil unsere
notturft des angesetzten kurzen tags, nemlich jubilate
(15. April), nit wissen zu verrichten, . . . und indem
das wir itzt zu St. Jorgentag (23/24. April) sollen
raumen, langt derhalben an E. cfl. Gn. unser ganz
underthenigs bitten, um Gottes willen angesetzten tag
jubilate gnediglich erstrecken, auch E. cfl. Gn. landvogt
gnedigen bevelb thun, uns armen mit weib und kinden
ruwig soll pliben lassen bis uf E. cfl. Gn. weitere begnadigung und bescheid».[1] Danach ist Josel vor dem
6. April gestorben, und als frühesten Termin können wir
den 12. März bezeichnen, an dem wahrscheinlich Josel
noch als Deputierter der Juden sich in Heidelberg befunden hat. Wie nämlich aus einem Schreiben des Landvogts an den Kurfürsten, praes. 15. April, hervorgeht,
ist die Vertagung auf Jubilate (15. April) «durch un-
verschamt anlaufen und anruffen Jössel juden» verursacht
worden.[2] In einem späteren Schreiben erklären sich übrigens
die Juden bereit, am 15. April in Heidelberg zu erscheinen,
bitten nur um einstweilige Verlängerung ihres Aufent-
haltsrechtes in Dangolsheim um vier Monate.[3] Nachdem
nun am 16. April das gütliche Verhör stattgefunden,
teilen die kurfürstlichen Räte ihrem Herrn am 19. April
mit, dass man es bei der Ausweisung der Juden bleiben
lasse.[4] —

Im Jahre 1541 hatte Josel zu einer Judenverfolgung,
die in einer ausserhalb des Elsass gelegenen Stadt ausgebrochen war, Stellung zu nehmen. In diesem Jahre
ging in der Stadt Weissenburg in Franken ein Christen-
kind verloren, und als sein von Würmern zerfressener,
verwester Leichnam gefunden wurde, wurden die in dieser
Gegend wohnenden Juden der Gemeinde Treuchtlingen (?)
des Mordes beschuldigt. Josel wurde genötigt, mit dem
Herzog von Neuburg[5] und den Herren von Pappenheim

[1] Das. das. Copie?
[2] Das. das.
[3] Das. das. Copie s. d.
[4] Das. das. Orig mit abger. Siegel, praes. im Wildbad 21. April.
[5] So emendirt Graetz, Gesch. d. J. IX, 308 f. unser, טיוובורק.

in der Angelegenheit zu verhandeln, es gelang ihm mit grosser Mühe, die Freilassung der gefangengenommenen Juden und ihre Freisprechung zu erwirken.[1]

In diesem Zusammenhang müssen wir noch über die Abwehr zweier Angriffe berichten, über die wir, allein angewiesen auf Josels Memoiren, nur ungenügend unterrichtet sind. «Im Jahre 1528», berichtet Josel,[2] «erhoben sich die Herren von Hagenau (gemeint sind wohl adlige Grundbesitzer der Unterlandvogtei), um eine Anklage vor den König Ferdinand zu bringen, und sie verlangten, dass man uns, Bewohner des Reiches, austreiben solle aus ihren Wohnungen in allen Dörfern und auch teilweise aus den Städten. Und sie stritten mit dem Landvogt gegen seinen Willen, indem sie königliche Schreiben, die man Ordnungen nennt (Austreibungsverordnungen) vorzeigten. Bis alle Bewohner der Provinz mich drängten, vor ihnen herzugehen wie ehemals, und ich mich erflehen liess. Und da dem Pferde auf dem Wege ein Unglück zustiess, nahm ich es auf mich, nicht zu reiten, bis ich an den Hof des Königs kam, der sich dort befand. . . Und ich wurde genötigt, ihm nachzugehen bis zur heiligen Gemeinde Prag». Hier hielt sich Ferdinand im Jahre 1528 vom 7. April bis 23. September auf; Bruck, wie Lehmann[3] will, können wir hier nicht lesen. «Und dort kam ich in das Gemach des Königs, und ich erreichte es . . ., Gunst zu finden in seinen Augen, so dass er von den ersten Schriften zurückkam und mir Schreiben gab, um die Juden wie bisher festzuhalten nach der Lesart unserer Privilegien . . . Aber die Ankläger kamen überein, wieder Zank zu erregen und die Sache zu verschlechtern. Da sendete Gott Engel der Verwundung und der Tötung gegen sie, dass 3 Anreizer plötzlich an der Pest starben, der vierte wurde von seinen Feinden in seiner Herrschaft Hochfelden ergriffen, und sie führten ihn zum Tode, und es ruhte das Land bis heute . . .». Wir erfahren sonst nichts über die Privilegien, die die Juden hier erhalten haben, und wissen

wie es scheint, nach einer anderen, allerdings leider nicht angegebenen Quelle.

[1] Mem. n. 24, im einzelnen unklar.
[2] Mem. n. 12.
[3] R. J. v. R. II, 29.

auch hier ebensowenig über die Persönlichkeiten der Gegner der Juden, wie bei dem zum Jahre 1536 berichteten, mehr gegen Josel persönlich gerichteten Angriffe. «Im Jahre 296 (1535/36)», heisst es hier,[1] «kämpfte gegen mich die Herrschaft Hagenau und Ensisheim (die beiden Landvögte?) aus Anlass von Verleumdungen seitens nicht guter Menschen, bis ich genötigt war, zum Kampfe mit der Herrschaft Hagenau hinaufzuziehen nach der Stadt Heidelberg, auch nach der Stadt Ensisheim vielmals. Mit der Hilfe dessen, der mir hilft, konnten sie mir nicht beikommen».

VI.

Wenden wir uns im Anschluss hieran zur Betrachtung der apologetischen Thätigkeit Josels, betrachten wir nunmehr, wie erfolgreich und wie energisch er gegen Angriffe, die sich gegen das Judentum als Ganzes richteten, in Wort und Schrift in die Schranken trat. Im Jahre 1529 fand in Bösing in Ungarn eine Verfolgung, wahrscheinlich auf Grund der Blutbeschuldigung,[2] statt, infolge deren 36 Juden am 21. Mai verbrannt wurden.[3] Aus demselben Anlasse brach gleichzeitig eine zweite Verfolgung gegen die Juden in Mähren aus. «Und auf Befehl unserer Lehrer . . . wurde ich genötigt, alle alten Privilegien von Päpsten und Kaisern bis zur Stadt Günzburg (in Bayern) zu bringen. Dort verfasste ich im Anschluss daran Worte der Rechtfertigung in einem Buche und schickte es in die Hand des Königs und seiner Diener; und es wurde ihnen unsere Gerechtigkeit bekannt, und sie sprachen zu den Gefesselten: Gehet hinaus».[4] Es scheint hiernach in Günzburg eine Judenversammlung stattgefunden zu haben, der Josel erst die Judenprivilegien und dann seine Verteidigungsschrift vor-

---

[1] Mem. n. 21.
[2] So nach Zunz, Synag. Poesie des Mittelalters, Berlin 1855, pag. 55 f. und Wolf in Geiger's Ztschr. f. G. d. J. IV, 197; nach Josels Mitteilungen ist eher auf Hostienschändung zu schliessen.
[3] S. Kracauer z. Mem. n. 13.
[4] Mem. n. 18.

legte. Beides hat er dann im Auftrage jener Versammlung an König Ferdinand, der seit 1526 die Kronen Böhmens und Ungarns erlangt hatte, und der sich um diese Zeit an einem anderen Orte aufgehalten haben mag, gesendet und so die Freilassung der gefangenen Juden erwirkt. Von der bei dieser Gelegenheit verfassten Verteidigungsschrift, die sich also gegen die Blutbeschuldigung oder auch gegen die Anklage auf Hostienschändung richtete, ist uns heute ebenso wenig erhalten, wie von der im folgenden Jahre zur Abwehr eines anderen Angriffs zusammengestellten apologetischen Schrift. Als nämlich im Jahre 1530 die Türkennot immer bedrohlicher wurde, brachte man wohl auch die später noch oft auflauchende Beschuldigung auf, eine Beschuldigung, der, wie wir schon sahen, im Jahre 1532 auch Salomon Molcho zum Opfer fallen sollte, und deren Berechtigung allerdings bei der völligen Missachtung der Rechte der Juden nur zu gut erklärlich wäre: «Siehe, die Juden, sind Angeber bei den Türken». Als Kaiser Karl und König Ferdinand von diesem schweren Vorwurfe des Landesverrates hörten, dachten sie begreiflicherweise wohl daran, die Juden aus verschiedenen ihrer Länder auszuweisen. «Und im Einverständnis mit den Gemeinden verfasste und ordnete ich ein Buch zu unserer Rechtfertigung». Dieses Buch überreichte Josel den beiden Herrschern, die sich damals, vom 4. Mai bis zum 6. Juni, in Innsbruck aufhielten. «Josef fand Gunst in ihren Augen», und als Beweis dieser Gunst haben wir das schon erwähnte, von Josel selbst nur angedeutete («und sie bestätigten alle unsere Privilegien wie von ehemals»), am 18. Mai erlassene kaiserliche Privileg anzusehen. [1]

Wie wir schon ausführten, hat Josel sich wohl, mit diesem Erfolge zufrieden, nach dem 18. Mai wieder nach Rosheim begeben. Erst als die Stadt Colmar wegen der Juden bei dem Kaiser persönlich vorstellig zu werden drohte, da war auch er, vielleicht schon mit dem Gedanken an den Entwurf einer Judenordnung, wiederum entschlossen, die Rechte seiner Glaubensgenossen an derselben Stelle aufs entschiedenste zu vertreten. Und wiederum gelang es ihm, Gunst zu finden in den Augen

---

[1] Das. n. 14.

des Kaisers; nachdem es wiederum gegolten hatte, einen
gegen das Judentum gerichteten Angriff abzuwehren,
war auch der Preis des Sieges wieder eine besondere
kaiserliche Gunstbezeugung, das Privileg vom 12.
August 1530. Der diesmal errungene Sieg war um so
grösser, als er wesentlich schwerer zu erringen war.
Es galt hier nicht, wie bisher, gegen ein blosses Gerücht
aufzutreten, oder etwa einen unwissenden Judenfeind zu
überwältigen, oder vielleicht nur auf e i n e n Angriff gefasst zu sein, hier musste Josel eines greifbaren Gegners,
der zudem aus der Reihe seiner eigenen Glaubensgenossen
hervorgegangen war und deshalb bei seinen Gesinnungs-
genossen um so grösserer Beachtung sich erfreute, Josel
musste hier eines Gegners Herr werden, der verschiedene
Beschuldigungen gegen das Judentum erhob, besonders
gegen das Verhalten der Juden zu den Christgläubigen.
Antonius Magarita, der Sohn eines bedeutenden deutschen
Rabbiners, Jacob Margolis,[1] war im Jahre 1522 zum
Christentum übergetreten. Nach Josels Bericht[2] hatte
er noch vor seinem Uebertritte durch Verleumdungen zur
Vertreibung der Juden aus Regensburg beigetragen. Im
Jahre 1530 liess er eine Brochüre erscheinen, welche den
Zweck hatte, die Welt von der Schlechtigkeit und Un-
sinnigkeit des Glaubens der Juden zu überzeugen und sie
selbst als den Christen feindlich gesinnt zu bezeichnen. Die
erste Auflage des Werkes erschien am 16. März 1530
zu Augsburg,[3] die nächste ist nach einem auf der Kölner Stadtbibiothek befindlichen Exemplar schon am 7. April
desselben Jahres ebenfalls zu Augsburg veröffentlicht
worden, und die von Geiger[4] angeführte, im Jahre 1531
in Leipzig publicierte Ausgabe ist demnach als die dritte
zu betrachten.[5] Drei Punkte in seiner Schrift sind es

---

[1] S. Güdemann, Gesch. des Erziehungswesens, III, 41.
[2] Mscr. Oxford pag. 69a.
[3] S. Bresslau in Geiger's Ztschr. f. G. d. J. V, 810.
[4] Das II, 324.
[5] Ausserdem besitzt die Kölner Stadtbibliothek noch zwei Exx.,
das eine gedruckt zu Köln 1540, das andere zu Frankfurt M. 1561.
Die Edition des J, 1540 enthält abweichend von den anderen einen
Ratschlag für die Obrigkeit gegen den Wucher der Juden, es fehlt
dagegen in ihr der ausführliche Abschnitt über die Judengebete. Im
Katalog n. 8, 1896 des Buchhändlers A. J. Hofmann in Frankfurt/M.
ist pag. 37 n. 712 noch eine Ausgabe vom J. 1544, Frankfurt/M. an-

besonders, die für die Juden verhängnisvolle Vorwürfe
werden konnten. Margarita behauptete, dass die Juden
den Christen fluchten, dass sie Christum lästerten und
dass sie jene durch Ueberredung von ihrem Glauben abzubringen versuchten. Die Lästerung Christi sollte in
einem täglich nach Beendigung eines jeden Gottesdienstes
gesprochenen Gebete, beginnend: Alenu leschabeach (Uns
liegt es ob zu loben . . .), enthalten sein; grade dieser,
später noch oft erhobene, Vorwurf ist neuerdings von
D. Hoffmann [1] treffend widerlegt worden. Von Margaritas
Schrift, vielleicht auch nur von diesen drei Beschuldigungen, wird der Kaiser wohl bald nach seiner am 15.
Juni erfolgten Ankunft zu Augsburg, vielleicht durch
Margarita selbst, Kenntnis erhalten haben. Denn es steht
im Gegensatz zu Bresslau's [2] Ansicht fest, dass der Kaiser
Josel, wahrscheinlich als er um Erteilung eines Privilegs
gegen Colmar nachsuchte, voller Zorn aufgefordert habe, dem
Convertiten sogleich Antwort zu geben. [3] Der Kaiser liess
durch seinen späteren Vicekanzler Matthias Held und durch
Doctor Brant eine Disputation ausschreiben, [4] die dann am
25 Juli zu Augsburg abgehalten wurde. [5] Josel hatte,
wie aus seinen späteren Aeusserungen hervorzugehen
scheint, schon vor dem Kaiser und den versammelten Ständen Margarita widerlegt, und um diese Widerlegung noch im
einzelnen prüfen zu können, wurde vor einer besonderen,
uns unbekannten, Kommission auf obigen Tag eine Disputation angesetzt. [6] Aus dieser ging Josel so siegreich
hervor, die kaiserliche Kommission überzeugte sich so
klar von der Hinfälligkeit und zugleich von der Gefähr-
lichkeit dieser gegen die Juden gerichteten Anschuldigungen, dass Margarita gefangengesetzt wurde und nachher einen Eid leisten musste, die Stadt Augsburg nicht
mehr betreten zu wollen. Für diese Thatsache ruft Josel
später den Augsburger Rat zum Zeugen an. [7] Wenn

---

gegeben, zusammengebunden mit Luther's «Von den Juden und ihren
Lügen».

[1] Isr. Monatsschr., Beil. zur jüd. Presse, 3. Sept. 1896.
[2] Geiger's Ztschr. f. G. d. J. V, 311.
[3] Mscr. Oxford, bei Graetz, Gesch. d. J. IX, 528 f.
[4] Beil. XVI.
[5] Mscr. Oxford, bei Graetz, a. a. O.
[6] Beil. XVI.
[7] Das S. Geiger's Ztschr. u. s. w. V, 311 Anm. 4.

Graetz[1] angiebt, dass Margarita des Reiches verwiesen
wurde, so widerspricht dies den Thatsachen[2] und beruht
auf einer irrigen Lesung in Josels hebräischem Manuscript.
Margarita «ging nacher zu 'Luther in den Bund und
wurde wie Dornen in unserer Seite».[3] Wir brauchen
hieraus nicht auf einen nochmaligen Glaubenswechsel zu
schliessen es soll hier wohl nur gesagt sein, dass er
später seine judenfeindlichen Bestrebungen Luther zur
Verfügung stellte, der ja selbst später von getauften
Juden beeinflusst worden zu sein behauptete.

Noch eine merkwürdige Beschuldigung wurde im Jahre
1530 von katholischer Seite gegen die Juden erhoben, dass
sie nämlich die Lutheraner zum Abfall von dem alten, katholischen Glauben gebracht hätten. Hiergegen brachte Josel,
wohl auch auf dem Augsburger Reichstage, vor dem König
eine Vertheidigung vor; auch wurde der Bischof von
Strassburg über die Berechtigung dieses Vorwurfes vernommen, und auch er nahm die Juden in Schutz. Später
als die Lutheraner in Feindseligkeiten gegen die Juden
sich überboten, konnte Josel mit Recht darauf hinweisen,
dass grade durch diese ihre Feindseligkeiten obige Anschuldigung am deutlichsten und besten widerlegt sei.[4]
Und in der That, merkwürdig leidenschaftlich ist seitens der
für die Geistesfreiheit kämpfenden Reformatoren, an ihrer
Spitze Luther und Butzer, gegen die Juden gestritten
worden; fast ebenso merkwürdig ist unter diesen Umständen die milde Gesinnung Capitos gegen die Juden.
Und doch wird uns der Gegensatz in dem Verhalten der
beiden Strassburger Freunde Capito und Butzer nicht so
auffallend erscheinen, wenn wir sonstige Aeusserungen
ihres so ganz verschieden gearteten Charakters in Betracht
ziehen. So wissen wir, dass Capito seine Stellung zu
den Wiedertäufern mit folgenden Worten charakteri-
sierte: «Mögen die Täufer uns anfeinden, das erlaube
ich gern, wenn sie nur nicht den öffentlichen Frieden
stören. Durch die Kraft des Wortes und die treue Erfüllung unserer Pflichten werden wir das Uebrige schon zu
wege bringen».[5] Butzer tritt dagegen viel schroffer gegen

---

[1] Gesch. usw. IX, 530.   [2] S. Geiger's Ztschr. u. s. w. V, 312.
[3] Macr. Oxford 69 b.   [4] Beil XVI.
[5] Gerbert, Strassburger Sectenbewegung z. Z. der Reformation,
pag. 86.

sie auf und beklagt z. B. öfter den Mangel einer Kirchen-
zucht, die sich gegen die Erzhäretiker als sehr wirksam
erweisen würde.[1] Ebenso kann uns auch Luthers heftiger
Zorn gegen die Juden erklärlicher werden, sobald wir
aus seinen Schriften die Entstehungsursache dieser ge-
reizten Stimmung ihn selbst erläutern lassen. Im Jahre
1523 liess er eine kleine Schrift erscheinen: «Dass Jesus
Christus ein geborener Jude sei». Wie er ausdrücklich
bemerkt, möchte er durch dieselbe «vielleicht auch der
juden etliche . . . zum christenglauben reizen». Denn die
Katholiken seien mit den Juden so empörend verfahren,
«dass wer ein guter christ wäre gewesen, hätte wohl
möcht ein jude werden». «Wenn man sie getauft hat,
keine christliche lehre noch leben hat man ihnen beweiset,
sondern nur der päpsterei und müncherei unterworfen».
«Ich habs selbst gehört von frommen getauften juden,
dass wenn sie nicht bei unser zeit das evangelium gehört
hätten, sie wären ihr lebenlang juden unter den christen-
mantel blieben». «Ich hoffe, wenn man mit den juden
freundlich handelte, und aus der heil. schrift sie sauber-
lich unterweisete, es sollten ihr viel rechte christen werden
und wieder zu ihrer väter, der propheten und patriarchen,
glauben treten». «Darum wäre meine bitte und rat,
dass man säuberlich mit ihnen umginge, . . so möchten
ihr etliche herbeikommen. Aber nu wir sie nur mit gewalt treiben und gehen mit lügentheidingen um, geben
ihnen schuld, sie müssen christenblut haben, dass sie
nicht stinken, . . . item dass man ihnen verbeut, unter
uns zu arbeiten, hantieren und andere menschliche gemeinschaft zu haben, damit man sie zu wuchern treibet,
wie solt sie das bessern?» Wir sehen aus diesen Anführungen, dass Luther damals noch hoffte, durch freund-
liche Belehrung aus Juden Christen machen zu können.
Später nun, als er sich in dieser seiner Hoffnung getäuscht
sah, und als seiner liebevollen Ermahnung ebenso wenig
Massenbekehrungen bei den Juden folgten wie den
Zwangsmassregeln der Katholiken, da ergriff den grossen
Reformator ein ehrlicher, heiliger Zorn für seine Idee, für
die er sein ganzes Leben gestritten hatte. So ist der
Umschwung der Stimmung gegen die Juden zu erklären,

---

[1] Das. pag. 157.

und von diesem Gesichtspunkte aus wollen wir besonders Luthers Verhalten gegen Josel betrachten.

Im Jahre 1537 hatten sich einige Juden in Sachsen etwas zu Schulden kommen lassen; der Kurfürst Johann Friedrich der Grossmüthige (1532—1554) begnügte sich nicht damit, die Schuldigen nach ihrem Verdienste zu bestrafen, sondern liess, besonders durch den Rat Luthers veranlasst, ein Austreibungsmandat an alle Juden des Landes ergehen, und ordnete sogar an, dass jeder Jude, der beim Durchzug durch das Land erwischt würde, ernstlich gestraft werden solle. Josel wurde nun dazu angeregt, den Herzog sowohl wie Luther aufzusuchen und ihnen günstigere Ansichten über die Juden beizubringen. Um erfolgreicher wirken zu können, erbat er sich von der Stadt Strassburg und den dort befindlichen Führern der Reformation, Capito und Butzer, Empfehlungsschreiben. Capito gab ihm am 26. April 1537 ein solches an Luther auf ausdrückliches Geheiss Butzers, der an demselben Tage nach Basel reiste und ihm diese Sache vorher ernstlich ans Herz gelegt hatte. Capito bittet Luther, Josel selbst vorzulassen oder wenigstens seine Supplikation durchzulesen und bei dem Kurfürsten zu befürworten. Er hat Mitleid mit den Juden, da sie abgehauene Zweige des wahren Oelbaumes seien, auf welchen später die Christen gepropft worden wären.[1] Der Strassburger Rat stellt Josel am 5. Mai aus demselben Grunde, indem er gleichfalls der vorzüglichen persönlichen Eigenschaften Josels gedenkt, ein Befürwortungsschreiben an den Kurfürsten aus und bittet für Josel um Geleit und Gehör. Mit diesen Schreiben macht sich Josel nach dem Meissener Lande auf und sucht zunächst bei Luther um Audienz nach. Dieser aber liess Josel gar nicht vor sich kommen, er schrieb ihm einen Brief, aus dem hervorgeht, dass er wirklich ursprünglich die Absicht gehabt habe, sich für die Juden bei dem Kurfürsten zu verwenden, und dass er auch früher schon den Juden genützt habe. Sein Herz sei auch heute noch ihnen günstig gesinnt, aber nur aus dem Grunde, dass sie bald von ihrem Irrtume abliessen. Damit sie aber nicht durch seine ferneren Wohlthaten in ihrer Verstocktheit bestärkt würden, möge Josel seine Sache durch

---

[1] Vgl. Römerbrief 11, 17.

andere bei dem Kurfürsten vorbringen lassen.[1] Wir
wissen nicht genau, ob Josel den Kurfürsten damals auf-
gesucht habe; er selbst erzählt hierüber nur:[2] «Und
ich konnte die Schriften nicht wiederbringen, bis er
nach der Stadt Frankfurt kam.» Josel kann damit
meinen, dass er dem Kurfürsten die Empfehlungsschreiben
schon einmal, vielleicht erfolglos, übergeben habe, und
dass es ihm nicht eher gelungen sei, sie ihm noch
ein zweites Mal vorzulegen, als bis er nach Frankfurt
gekommen sei. Auch aus seiner Trostschrift[3] scheint dies
hervorzugehen: «Da ich in Sachsen zog zu dem . . herzog Hanns Friderichen, . . zeugt ich auch die grossen
fürschriften. .» Jedenfalls hatte Josel, wohl hauptsächlich
infolge der Abweisung, die ihm seitens Luthers widerfahren, damals keinen Erfolg zu verzeichnen. Erst als er
mit dem Kurfürsten in Frankfurt zusammentraf (wir haben
hier wohl an die mit dem sogen. Frankfurter Anstand
schliessende Versammlung zu denken, da Josel hierbei
mehrfach von dem «Frankfurter Tag» spricht),[4] da erst
wurde der Kurfürst anders gesinnt.

Josel hatte noch eine ganz besondere Veranlassung,
sich zu dieser Frankfurter Versammlung zu begeben,
Seit dem Jahre 1537 hatte nämlich Butzer, der damals Josels
sich so ausdrücklich angenommen hatte, in seiner Gesinnung gegen die Juden die entgegengesetzte Wandlung
wie der Kurfürst von Sachsen durchgemacht. Die Räte
des Landgrafen Philipp von Hessen hatten die Ueberzeugung gewonnen, dass die Juden in ihrem Lande
einen durchaus schädlichen Einfluss ausübten, und hatten
deshalb dem Landgrafen einen Vorschlag unterbreitet,
«wie die juden geduldet möchten werden.» Danach sollte

[1] Scheid in Revue XIII, 80 und Bresslau in Geiger's Ztschr. f.
G. d. J. V, 313 f. Mit der von letzterem a. a. O. Anm. 4 vorgeschla-
genen Datierung auf Barnabae erklärt sich laut einer mir zugegan-
genen Mitteilung auch Enders, der Herausgeber des jetzt bis zum
J. 1531 fortgeführten Briefwechsels Luthers, einverstanden, da auch
noch eine Wolfenbütteler Handschrift dasselbe Datum hat; nur sollte
man Montag nach Barnabae, welches im J. 1537 selbst auf Montag
fällt, nach damaligem Sprachgebrauch nicht auf den 18., sondern
auf den 11. Juni ansetzen.
[2] Mem. n. 22, hier genauer übersetzt als in Geiger's Ztschr. V,
314, Anm. 1.
[3] Beil. XVI.
[4] S. Geiger's Ztschr. V, 327, Beil. 3; Beil. XVI.

es 1) den Juden nur da gestattet sein, Handel zu treiben,
wo keine Zünfte wären; 2) sollten sie ehrlichen Handel
treiben; 3) Wucher ist ihnen untersagt; wenn sie aber
einige Gulden ausleihen, so darf das nur mit Wissen der
Amtsknechte oder des Rates geschehen, die den Zinsfuss
zu bestimmen haben. 4) Die Juden sollen aus ihrer Mitte
bestimmte Personen wählen, die Ungehörigkeiten nach
jüdischem Gesetz zu strafen hätten. 5) Sie haben an den
Landesherrn den üblichen Schutzpfennig zu zahlen. 6)
Sie sollen in die Predigt gehen, und 7) sie sollen über
ihren Glauben nicht disputieren. Wir können nicht mit
Lenz[1] annehmen, dass diese Artikel von den Juden selbst
entworfen seien; abgesehen nämlich von dem von Bresslau[2] angegebenen inneren Grunde, bemerkt die zeit-
genössische hessische Chronik von Lauze[3] gelegentlich
der fast wörtlichen Anführung dieser Artikel: «Als nu
soliches alles» (die Schädigung des Volkes durch die Juden)
«vorgenante Obern» (kann sich nur beziehen auf «churfursten, fursten und stette in der teutschen nation»;
sollten danach diese Artikel von einem Fürstentage beschlossen sein?) «bedocht, haben sie befunden, das inen
aufs hochste geburen wolte, ein fleissiges aufsehens zu
haben, das erstlich die wahrhaftige religion bei den iren
erhalten und immer je weiter ausgebreitet werde, dornach
auch ire arme underthanen fur dem geschwinden wucher
der juden unbeschediget bleiben mochten,» Es folgen die
schon angeführten Artikel. Der Landgraf legte sie «etlichen furnehmen predigern» in seinem Lande vor, und
diese, unter ihnen auch Butzer, erwiederten mit einem
Ratschlage, ob und wie die Juden unter den Christen zu
halten seien. Den Ratschlag liess dann der Landgraf
durch den Druck veröffentlichen.[4] Nach Mentz[5] sind vier
Ausgaben des Werkes vorhanden. In den ersten beiden
dort angegebenen Drucken sind nur die sieben Artikel
und der Ratschlag enthalten; hiervon ein ziemlich wört-

---

[1] Briefwechsel Philipps des Grossmütigen mit Bucer, I, 55.
[2] Geiger's Ztschr. V, 315, Anm. 2.
[3] Leben und Thaten Philippi Magnanimi, in Ztschr. des Vereins
f. hess. Gesch. u. Landeskunde, 2. Suppl. Bd. I, 394.
[4] Das.
[5] Bibliograph. Zusammenstellung der gedruckten Schriften
Butzers, Strassb., 1891, pag. 127, n. 39.

licher Auszug bei Lauze.[1] Die beiden anderen Ausgaben
enthalten ausserdem noch einen Brief Butzers in dieser
Angelegenheit, auf den wir noch zu sprechen kommen.
In ihrem Ratschlage führten die hessischen Prädikanten
ungefähr folgendes aus: Für jeden Staat sei es am för-
derlichsten, wenn alle Unterthanen einer Religion anhingen;
so sei es· auch von Gott befohlen. Darum seien mit einem
Schein von Recht die Propheten, Christus und die Apostel
von Heiden und Juden grausam verfolgt worden, darum
hätten auch etliche Könige, Fürsten und Städte keine
Juden bei sich dulden wollen. Einige christliche Kaiser
und Bischöfe hätten allerdings den Juden vor allen anderen Ungläubigen den Aufenthalt gewährt, wenn auch
unter besondern Bedingungen. Unter derselben Voraussetzung, dass sie nämlich der christlichen Religion nicht
schädlich· seien, könnte man wohl auch heute noch die
Juden dulden, andererseits könnte man auch die Obrigkeiten nicht verdammen, welche sie wegen schwerer
Lästerung der christlichen Religion und ihres Stifters
vertrieben hätten. Diejenigen, welche die Juden behalten
wollten, könnten dies eben nur unter folgenden Bedingungen thun: 1) sollten sie Christus und seine Religion
nicht lästern und ihre Bekenner nicht mit der talmu-
dischen Lehre beschweren; 2) sollten sie keine neuen
Synagogen bauen; 3) sollten sie nur mit den besonders
dazu verordneten christlichen Predigern über ihren Glauben
disputieren und 4) zu den ihnen besonders verordneten
Predigten gehen. Das ist der Bescheid der Prädikanten
auf den sechsten und den siebenten Artikel. In Bezug auf
ihren Handelsverkehr wird angeraten: die Juden dürfen
nicht auf Wucher leihen, auch nicht Geschäfte machen,
und nicht solche Handwerke betreiben, bei denen dem
Meister ein zu grosses Vertrauen geschenkt werden
müsse. Somit sind sie für die Ablehnung der ersten drei
Artikel; sie haben sogar nichts dagegen, dass den Juden
ihr Geld genommen und zum Besten der Armen ver-
wendet würde. Im Allgemeinen aber wird vorgeschlagen,
das Geld von den Juden auf Borg zu nehmen und es auf
5 Prozent den armen Leuten auszuleihen. Der vierte Artikel ist nach der Ansicht der Prädikanten zwecklos,

---

[1] Leben u. Thaten u. s. w., pag. 895 f.

«denn wer wollte des Hüters hüten?» Doch halten sie es
für gut, dass man den Juden zur Vermeidung anderer
Laster, vor denen manche unter ihnen sich wirklich
scheuten, durch Aufrichtung eines Bannes in aussichts-
voller und ·zweckmässiger Weise behilflich sei. Auf
den fünften Artikel wird bemerkt, man möge die Steuer
nach ihrem Vermögen bemessen. Zum Schluss wird nochmals betont, dass de facto für das Land eine günzliche
Austreibung der Juden das Beste wäre, dass aber schliesslich bei Erfüllung der vorgenannten Vorschläge ihre Duldung möglich wäre.[1] Der Landgraf war mit diesem
Gutachten der «Gelehrten» durchaus nicht zufrieden, da
er einsah, dass die Juden unter so drückenden Bedingungen
nicht würden bestehen können. In einem Schreiben vom
23. Dezember 1538 an Statthalter und Räte in Kassel
suchte er jene unduldsame Auffassung aus verschiedenen
Stellen des alten und des neuen Testaments zu widerlegen. Diesem Schreiben legt er andere Artikel zur Begut-
achtung bei, auf Grund deren man die Juden zunächst
noch zwei Jahre dulden solle, um zu sehen, wie sie
sich «schicken» möchten. Anstatt des von den Prädikanten gegebenen Ratschlages möge man sie lieber
offen ausweisen.[2] Butzer äussert sich den neuen Artikeln
gegenüber im Ganzen zustimmend, nur gegen den fünften
spricht er sich aus, «weil dann das kaufen und verkaufen
an im selb geferlich», und weil die Juden sich nicht
scheuen würden, die hierbei zur Uebervorteilung gebotene
Gelegenheit zu benutzen.[3] Noch schärfer spricht er sich
in dieser Hinsicht in einem vom 10. Mai 1539 aus Strassburg datierten, an einen ungenannten Freund gerichteten,
ausführlichen Briefe aus, abgedruckt in der Broschüre
«Von den Juden», als «eine weitere Erklärung und Be-
schirmung desselbigen Ratschlages». Danach hätten die
Juden früher das Schreiben des Landgrafen an seine
Räte durch den Druck veröffentlicht und sehr zu ihren
Gunsten geltend gemacht. Butzer legt nun ausführlich
dar, dass auch jenes Schreiben den in seinem Ratschlage gethanen Aeusserungen über das gegen die
Juden einzuschlagende Verfahren im Ganzen gar nicht

[1] S. Lenz, Briefwechsel u. s. w., I, 56 f.
[2] Das. pag. 57 f.
[3] Das. pag. 59 f.

widerspreche. Er führt hier auch die Aeusserung eines Juden an, der ihn habe bereden wollen, dass er die Juden ungerecht beschuldigt habe; «dann er mir ein buch zeiget, darin staht, das sie uns heiden, bei denen sie wohnen, sollen recht thun». Ist vielleicht Josel hiermit gemeint?[1] Thatsächlich nimmt er auf dem Frankfurter Tage im Jahre 1539, auf dem sich auch Butzer eingefunden, Gelegenheit, jenen wegen des durch sein inzwischen veröffentlichtes Schreiben verursachten Aergernisses zur Rede zu stellen und darauf hinzuweisen, wie einer, der einen armen Juden bei Friedberg auf der Landstrasse geschlagen und beraubt habe, seine Unthat entschuldigt habe mit folgenden Worten: «Sehe, jude, den truck an, so Butzerus erlaubt hat, man soll euch euer gueter nemen und die teilen under arme».[2] Da Josel nun auf dem Frankfurter Tage überhaupt die Nichtigkeit der gegen die Juden gerichteten Angriffe Butzer's und Luther's, wie es scheint, in Disputationen aus der Bibel nachwies,[3] und besonders da es hier gelang, eine alte Anschuldigung, die schon lange auf den Juden lastete, von anderer Seite als unbegründet zu widerlegen, kamen die Fürsten von Sachsen und von Brandenburg von ihren judenfeindlichen Anschauungen zurück.

Grade der letztere, Kurfürst Joachim II. (1535—1571), konnte auf dem Frankfurter Tage eben einsehen lernen, dass die gegen die Juden erhobenen Beschuldigungen und die infolgedessen gegen sie gerichteten Verfolgungen durchaus nicht immer begründet waren, wenn auch die Wahrheit nicht sofort ans Tageslicht kam. Im Sommer des Jahres 1510 waren nämlich Juden zu Berlin des Hostiendiebstahls angeklagt; die Beschuldigten, 38 an der Zahl, wurden auf Betreiben des Kurfürsten Joachim I. (1499—1535) durch die Folter zu einem Geständnisse gezwungen und dann verbrannt.[4] Hier in Frankfurt wurde nun fast dreissig Jahre später durch Philipp Melanchthon

---

[1] S. Bresslau in Geiger's Ztschr. V, 318.
[2] Beil. XVI.
[3] Mem. n. 22, übers. in Geiger's Ztschr. V, 317.
[4] S. Geiger's Ztschr. I, 196, Mem. n. 5 und n. 22. S. Zunz, Synagog. Poesie, pag. 53, wonach am 19. Juli 36 verbrannt und zwei, die sich taufen liessen, am Sabbat danach geköpft wurden. Beil. XVI hat, wohl in Folge Schreibfehlers, 48.

glaubhaft nachgewiesen, dass sie unschuldig den Feuer-
tod erlitten hatten, und dass der Geistliche, der damals die Beichte des wirklichen Thäters angehört hatte,
von seinem Vorgesetzten, dem Bischof von Brandenburg,
veranlasst worden sei, dem Herzog darüber nichts zu
verraten. Melanchthon stellte auch in Gegenwart Butzers
und zweier Strassburger Edelleute, Beatus von Dunzen-
heim und St. Böckel, fest, dass der betreffende Geistliche
noch lebe und zum Protestantismus sich bekehrt habe,
«und ist warhaftig bei Wurtemburg». [1] Diese Feststellung
machte auf beide Fürsten solchen Eindruck, dass sie von
ihren Austreibungsbefehlen zurückkamen. Der Kurfürst
Joachim gestattete den Juden auf Bitten Joseis, wieder
in seinem Lande zu handeln und zu wandeln, was ihnen
seit der Anklage des Jahres 1510 verboten gewesen war.
Er hielt auch sein Wort, nicht so der Kurfürst von
Sachsen, der aber dafür, wie Josel mit einer gewissen
Genugthuung erzählt,[2] später, im Jahre 1547, seinen
vollen Lohn erhielt.

Auch Butzer liess sich durch all dies in seinem Juden-
hasse nicht beeinflussen, er wurde vielmehr grade durch die
Unterredung mit Jösel angeregt, am 10. Mai 1539, in der oben
charakterisierten Broschüre, in der auch sein «Ratschlag»
noch einmal abgedruckt war, gegen die Behauptung Josels
aufzutreten, dass die Juden verpflichtet seien, den Christen,
unter denen sie wohnten, recht zu thun. [3] Josel nimmt ihm
besonders übel, dass er diese Schrift nicht, entsprechend
der darin gebrauchten Anrede, wirklich einem Freunde
übersendet habe, sondern in der Oeffentlichkeit habe
drucken lassen. Der Landgraf von Hessen liess sich ja
dadurch von seiner Milde gegen die Juden nicht ab-
bringen, wohl aber entnahm das Volk die unheilvollsten
Lehren daraus. Da Josel nun einsah, dass ein derartiges
Auftreten des bedeutenden Mannes sehr verhängnisvoll
werden konnte, so nahm er bald wieder energisch Stellung
gegen ihn. Den zweimaligen Druck der Broschüre Butzers
«Von den Juden» liess Josel sich gefallen; als aber die
Juden sich an ihn um Rat und Hilfe dagegen wendeten,

---

[1] Beil. XVI.
[2] Mem. n. 22.
[3] S. Geiger's Ztschr. II, 330; das. V, 318; Paulus in Strassb.
theol. Stud., 1895, Bd. II, Heft 2. pag. 28 f.

entschloss er sich, in einer eigenen Schrift Butzers Angriffe zu widerlegen. Diese Schrift sollte nur für seine
Glaubensgenossen bestimmt sein, sollte nur dazu dienen,
sie in ihrer Bedrängnis aufzurichten und zu trösten; in
hebräischer Sprache abgefasst, sollte sie den Juden Hessens
an jedem Sabbat vorgelesen werden. Um aber unverständige Juden und Christen davon zu überzeugen, dass
er dabei nicht die Absicht gehabt habe, die Ehre je-
mandes zu verletzen, liess er dieses «büchel» durch eine
fromme, zuverlässige Person ins Deutsche übertragen.
Das an ihn gerichtete Verlangen, diese Uebertragung
nunmehr der Oeffentlichkeit zu übergeben (so erkläre ich
den Satz: «dweil aber mir jetzen von etlichen etwas begegnet, als soll ich dasselb buechel hienlegen»), ist er
nicht im stande zu erfüllen, lässt aber, da einige behaupten, der Strassburger Rat sei ob dieses Angriffs
gegen die Führer der Reformation erzürnt, («so leg man's
ihme ungleich aus, sagen etliche juden und christen, er
Jösle hab ihnen ein unwillen gemacht, meine Hn. seien
über sie all erzürnt»), [1] dem Strassburger Stadtschreiber ein
Exemplar der Uebersetzung zugeben. Er bittet den Rat,
wenn er sich überzeugt habe, dass nichts Verletzendes
darin enthalten sei, ihm darüber eine Urkunde auszustellen. Auch diese Schrift ist, wie die bisher erwähnten Werke Josels, nicht vollständig erhalten. Ein noch
vorhandener Auszug derselben, entstellt wiedergegeben
von Scheid, [2] ist abgedruckt und beschrieben von Bresslau. [3] Wir können jetzt etwas mehr Licht über Josels
Werk verbreiten, da noch ein zweiter Auszug aus demselben vorhanden ist, [4] der eine willkommene Ergänzung
zu dem früheren bildet. Wie dieser, so bringt auch jener
wörtliche Anführungen aus Josels Schrift, beide sind
aber doch noch nicht im stande, ein vollständiges Bild
von dem Inhalte derselben zu geben. Vor den einzelnen
Abschnitten des Auszuges sind immer die betreffenden

---

[1] Stadtarch. Str. Ratsprott. a. 1541 fol. 86.
[2] Revue XIII, 80.
[3] Geiger's Ztschr. V, 329, das. pag. 820.
[4] Dieser Auszug, von welchem mir Herr Prof. Varrentrapp-
Strassburg freundlichst Mitteilung machte, befindet sich Stadtarch.
Str., Wenckersche Kollektaneen Bd. III n. 17 pag. 1-7. Hier ist auch
der frühere Extract copiert unter dem Titel: Anonymi iudicium und
Anmerkung über diese Schrift. Beil. XVI.

Seitenzahlen der Schrift Josels angegeben, und so haben
wir auch die den Abschnitten des anderen Auszuges vor-
gedruckten Zahlen zu erklären.[1] Am Anfang giebt Josel
den Anlass zur Abfassung seiner «Trostschrift» an. Die
Juden Hessens hätten ihm geschrieben, dass sie durch
Butzers «Ratschlag» bei der Obrigkeit «zu Ungnaden»
kämen; besonders bedrücke ihr Gewissen seine Forderung, dass die Juden zum Besuch der Predigt angehalten werden sollten, um sie zum Christenglauben zu
bekehren. Obwohl nun Josel selbst mit Geschäften, «die
gemein betreffen», beladen sei, so will er doch um der
Ehre Gottes willen ihnen seinen Rat in der Sache nicht
vorenthalten. Auf ihren ersten Beschwerdepunkt, dass
durch Butzers Schreiben das gemeine Volk wider sie an-
gereizt werde, erwidert Josel, dass er selbst schon davon
erfahren und dies auch Butzer in Frankfurt vorgehalten
habe. Da dies aber nichts genützt zu haben scheine,
so will er jenes Werk jetzt aus der heiligen Schrift
widerlegen. Auf Seite 3 bespricht er die durch Melauch-
thon gemachte Entdeckung von der schuldlosen Ver-
brennung der Berliner Juden im Jahre 1510. Auf Seite 7
spricht er seine Verwunderung darüber aus, dass Butzer
gegen die Juden so hart vorgehe, trotzdem der Landgraf
milder gesinnt sei. Gott habe kein Wohlgefallen an
solchem Treiben und werde schon offenbar machen,
dass auch Butzer nicht aus Liebe gegen Gott vorgegangen
sei, sondern «us vergiftem gemieth». Auf Seite 8 erzählt
er, wie er einem (vielleicht Butzer?) auf heftige Drohungen
gegen das Judenthum geantwortet habe: «Gott hat uns
seit Abrahams Zeiten erhalten, wird uns ohne Zweifel
mit Seiner Gnade weiter vor euch erhalten.» Auf die
Klage von der Zumutung der Obrigkeiten, die Juden
sollten sich bei den Predigten über den neuen Glauben
unterrichten, macht Josel die interessante Bemerkung,
dass er selbst zu Strassburg Wolf Capitos Predigten
wegen dessen Gelehrsamkeit angehört habe; wenn er
aber über den Glauben gepredigt habe, sei er fortge-
gangen. Darum sei es seine Ansicht, dass kein Jude
zum Anhören der Predigt gezwungen werden dürfe, da
dies gleichzeitig einen Gewissenszwang bedeuten würde.

---

[1] S. dagegen Geiger's Ztschr. V, 820.

Seite 9 bis 14 spricht er über das Bekenntnis der Juden.
Die Juden sollten nach Seite 9 mit keinem über den
Glauben disputieren und der Obrigkeit gegenüber auf die
Frage nach ihrem Glauben auf den einen Gott hinweisen,
den sie verehren, und auf die ihnen verheissene ewige
Dauer des Judentums (Maleachi 3, 6 und 22 f.). Auf
Seite 10[1] erinnert er seine Glaubensgenossen, dass sie
einst der Verheissung nach aus allen Völkern gesam-
melt werden sollen, und warnt sie davor, andere zu verur-
teilen. Auf Seite 12 wirft er Butzer Widersprüche vor.
Auf Seite 13 führt er in zehn Beweisen, unter Hinweis
auf Ezechiel Kap. 39[2], gegen Butzers Ansicht aus, dass
die Juden die wahren Nachkommem Jakobs seien; ihre
alte Abstammung kennzeichne auch ihre jährlich wieder-
kehrende Trauer um die Zerstörung des Tempels. Der
Abschnitt über den Wucher, um den es sich ja schliesslich bei allen gegen die Juden gerichteten Angriffen mehr
oder weniger handelt, ist auf Seite 15b f. enthalten. Josel
bezeichnet hier das Zinsgeschäft als den Juden von Gott
erlaubt und in ihrer augenblicklichen Lage als durch die
Not geboten; er tadelt übrigens den übermässigen Zinsfuss. Manche überschreiten dabei das Mass, aus Furcht,
«es werde ihnen gepresten». Die hier gemachte Bemerkung Josels, dass «si weiters handlen, dan unser gesatz
selber vermag», bezieht sich darauf, dass die von der
Bibel ursprünglich gegebene Erlaubnis, Zinsen zu nehmen, später[3] wieder aufgehoben wurde, damit bei solchem
Handelsverkehr der Jude nicht von den götzendienerischen
oder schlechten Handlungen des Nichtjuden lerne. Nur
wenn der jüdische Gläubiger ein Gelehrter ist, der sich
die Selbständigkeit in seinen Handlungen zu bewahren
im stande ist und daher nicht von jenem lernen wird,
oder wenn der Jude für seinen Lebensunterhalt auf das
Geldgeschäft angewiesen ist, darf er von ihm Zinsen
nehmen. Josel spricht sich hier nun dagegen aus, dass
höhere Zinsen genommen werden, als zum Lebensunterhalt erforderlich ist. Er ermahnt im Anschluss hieran

---

[1] So in unserer Hdschr.; Geiger's Ztschr. V, 329 hat 11.

[2] Ich weiss nicht, welche Stelle gemeint ist; die von Bresslau in
Geiger's Ztschr. V, 329 Anm. 3 angegebene scheint mir nicht zu
passen.

[3] S. Talmud Babli, Tractat Baba Mezia fol. 70 b.

auf Seite 16 zur Genügsamkeit und führt Seite 17 die
Bibelstelle an: «tractat locum Esa 26» (Jesaias, 26, 20),
wo eine Aufforderung für Israel enthalten ist, bei
feindlichen Angriffen nicht ohne weiteres zu kämpfen,
sondern zunächst im eigenen Lebenswandel die Ursache zu
diesen Angriffen zu suchen und an der eigenen Besserung
zu arbeiten: «Gehe, mein Volk, komme in deine Ge-
mächer und schliesse deine Thür hinter dir, verstecke
dich einen kleinen Augenblick, bis vorübergeht der Zorn.»
Auf Seite 19 wirft er den Juden, diesem Gedankengange
folgend, ihr weltliches Leben, ihren Hochmut und ihre
gegenseitige Gehässigkeit vor. Auf Seite 19b führt er aus,
dass Gott den grossen Häuptern Verstand in der heiligen
Schrift gebe, so dass sie die Juden gegen Angriffe schütz-
ten; er weist auf das Schreiben Capitos vom Jahre 1537
hin. Auf Seite 20 rühmt er die Verdienste der Reichsstädte und besonders Strassburgs, die ihnen im Bauernkriege unentgeltlich Schutz gewährt hätten; letztere Stadt
habe ihn auch an den Kurfürsten von Sachsen empfohlen.
Auf Seite 21b spricht er sich gegen den Vorwurf aus,
dass die Juden zur Entstehung des protestantischen Be-
kenntnisses beigetragen hätten. Nachdem er auf Seite 22
die Juden aufgefordert hat, nur für den Frieden zu beten und
gegen Niemanden zu disputieren, spricht er darüber, dass
die Juden für die christlichen Obrigkeiten zu beten haben,
und leugnet, dass sie die Christen verfluchten; auf Seite
23 erwähnt er die Margarita gewordene Widerlegung,
und Seite 23b eine gegen die Juden in Landau grundlos
erhobene und als grundlos noch rechtzeitig erkannte Beschuldigung. Auf Seite 28 nimmt er die Gebete der Juden
in Schutz, da sie meist aus den Psalmen seien; ein Gebet
ist Daniel 9, 4 f. [1] Auf Seite 31 wird Micha citiert.[2] Auf
Seite 34 ist sein hauptsächlichster Rat an die Juden enthalten: «Seind from und leidend auch, so werdend ihr
vor Martin Butzers ratschlag wol peleiben.» Seite 35
spricht er über die siebzig Aeltesten, auf die er in einem
späteren Schreiben an den Strassburger Rat auch noch

---

[1] Die dort angegebenen drei Buchstaben bedeuten nach unserer
Hdschr: seq. S. Geiger's Ztschr. V, 330 Anm. 5. Die 22 verstehe ich
nicht.
[2] In Bresslau's Hdschr., s. Geiger's Ztschr. V, 330, steht hier
falsch: Ps. 31 et prorsus, statt bei uns: fo. 31 et sequens.

zurückkommt, die höchste Gerichtsbehörde im jüdischen
Staate. Auf Seite 36 verteidigt er ihr Lichterbrennen (?), auf
den folgenden Seiten bespricht er das Fasten.[1] Der
Strassburger Rat, der am 9. März Josels Gesuch erhält,
beschliesst, die Schrift zu prüfen und ihm eventuell eine
Urkunde darüber auszustellen.

Bald aber hatte Josel wieder gegen von Luther aus-
gehende Angriffe in Sachsen Front zu machen. Im
Jahre 1543 liess dieser eine sehr gehässige Schrift erscheinen : «Von den Juden und ihren Lügen.»[2] Da er aus
einer Schrift ersehen hat, dass die Juden die auf Christus
bezüglichen Sprüche der Bibel anders deuten, so will er,
zur Stärkung seines Glaubens von dieser thörichten Auslegung handeln. Er beabsichtigt dabei nicht etwa, mit
den Juden einen Streit anzufangen oder ihre Bekehrung
zu versuchen. Luther giebt selbst folgende Teile an:
I. Von den Vorzügen, deren sich die Juden vor den
Christen rühmen. 1) Ihre Abstammung von Abraham sei
vor Gott gar nicht als Vorzug zu betrachten. Denn wenn
der Vorzug der Geburt gelten sollte, so seien die Heiden
mindestens so viel wert, da sie von dem ältesten Sohne
des frommen Noa, von Japhet, abstammten. 2) Auch die
Beschneidung sei an sich nicht als Vorzug zu betrachten,
sonst müssten ja alle Beschnittenen gut sein und selig
werden. 3) Des von Gott ihnen gegebenen Gesetzes können sie sich auch nicht rühmen; denn warum werde das
Gebet der «frommen» Juden nicht erhört? 4) Das Land
Kanaan, mit dessen Besitz sie sich brüsteten, hätten sie
nur erhalten, damit sie Gottes Gebote beachten. II. Dass
der Messias bereits gekommen, trotzdem es die Juden
nicht glauben wollten, beweist Luther aus fünf ausführlich
erklärten Bibelstellen. Er erwähnt hier u. a., dass drei gelehrte Juden zu ihm gekommen seien, in der Hoffnung:
«sie würden einen neuen Juden an mir finden, weil wir
hie zu Wittenberg Ebräisch anfingen zu lesen, gaben
auch für, weil wir Christen ihre Bücher begönten zu
lesen, solts bald besser werden. Da ich nun mit
ihnen disputirt, thäten sie ihrer Art nach, gaben mir
ihre Glossen; da ich sie aber zum Texte zwang, entfielen

---

[1] In unserer Hdschr.: vom ersten.
[2] S. Geiger's Ztschr. II, 326.

sie mir aus dem Text, und sprachen, sie müsten ihren
Rabinen glauben, wie wir dem Bapst und Docloren.
Nun hatte ich Barmherzigkeit mit ihnen, gab ihnen eine
Fürbitte an die Gleitsleute, dass sie um Christus willen
sie solten frei ziehen lassen. Ich erfuhr aber hernach,
wie sie mir den Christum hatten einen Thola genennet,
das ist einen erhenkten Schecher. Darum will ich
mit keinem Juden mehr etwas zu thun haben». Gelegentlich der Erklärung einer Stelle in Haggai (2, 6 f.)
macht er grosse Ausfälle gegen die Juden; der
getaufte Jude Burgensis habe ihm gesagt, dass die Juden
in ihren Synagogen den Christen sehr fluchten. III. Von
ihren Lügen wider Christus: 1) sagen sie, Christus sei
ein Zauberer, 2) speien sie bei Nennung seines Namens
dreimal auf die Erde und sagen: deleatur nomen eius;
zu den Christen sagen sie bei der Begrüssung: «Sched
(ein böser Geist) wil kom». 3)—5) Sie sprechen Beleidigungen gegen Christus und Maria aus. Luther schlägt
deshalb vor: 1) ihre Synagogen zu verbrennen, 2) ihre
Häuser zu zerstören, 3) ihnen ihre Bücher zu nehmen,
4) die Ausübung der Lehre zu verbieten, 5) das Geleit
zu versagen, 6) ihr Wuchergeschäft zu verhindern und
7) ihnen Arbeit aufzuerlegen. Er richtet auch entsprechende Aufforderungen an Pfarrer und Obrigkeiten. IV.
Unterschied zwischen der Christen und der Juden Messias.

Dieses Buch will Josel nun widerlegen, ebenso wie
er Margaritas Anschuldigungen einst widerlegt hatte. Da
er aber zunächst Grund zur Befürchtung hat, dass das
Werk auch im Elsass Verbreitung findet, so bittet er den
Strassburger Rat, er möge in seiner Verwaltung solches
nicht zulassen. Josel überreicht sein Schreiben am
28. Mai persönlich in Strassburg und berichtet, dass
ein Pfarrer zu Hochfelden gepredigt habe, man solle die
Juden totschlagen. Der Rat will wirklich das Buch
Luthers besichtigen und, falls es etwas Gehässiges enthalte, den Druck verbieten; ausserdem sollen die Predi-
ger angehalten werden, keine feindseligen Predigten zu
halten.[1] Noch in demselben Jahre am 11. Juli richtete
Josel eine umfangreiche Supplikation an den Rat, als
Luther seinen «Schem hameforasch» veröffentlicht hatte.

[1] Das. V, 821 f.

In diesem Werke hatte Luther eine ältere, lateinisch
geschriebene Widerlegung zweier Angriffe der Juden gegen
Christus übersetzt, nämlich ausser einer als lügenhaft bezeichneten Behauptung über die Abstammung Christi besonders der Ansicht, dass er Zauberei getrieben habe mit
dem Schem hameforasch, dem Tetragrammaton. Josel beklagt es nun besonders, dass Luther ihn im Jahre 1537 nicht
habe empfangen wollen. «Den man lest ein jden, er sei, wie
er will, zu verhere und antwurt kumen». Gott selbst habe,
wie aus dem 38. Kapitel («Episode») der Genesis zu ersehen, Abraham es vorher wissen lassen, ehe er Sdom
und Amora verderbt habe; Abraham sollte ihr Für-
sprecher sein. Wie könne Luther die ganze Judenheit
von dieser Welt vertilgen und ihr für jene Welt alle
Hoffnung rauben? Selbst die Propheten hätten immer,
wenn sie über Israel eine göttliche Strafe weissagten,
dabei den Trost gegeben, dass Gott sein Volk nicht ganz
verlassen werde. Ausserdem behaupte Luther in seinem
«Schem hameforasch», dass die Juden früher gegen Christus
und seinen Glauben geschrieben hätten. Hiergegen beruft sich Josel auf einen Ausspruch Capito's (gest. 1541),
dass er in den massgebenden Büchern der Juden, in
dem Talmud mit seinen Glossen und in ihren Gebet-
büchern nichts derartiges gefunden habe; und was ein
Einzelner etwa vor alten Zeiten geschrieben habe, dafür
sei die Gesamtheit doch nicht verantwortlich zu machen.
Josel sagt: die Juden hätten die zehn Gebote, das übrige
Gesetz und die Bücher der Propheten, denen sie zu folgen
hätten. Die siebzig Aeltesten hätten sich mit der Auslegung des nicht immer leicht verständlichen Bibeltextes
befasst; von ihren Nachfolgern, unter denen besonders
Daniel und Esra zu erwähnen seien, sei der Talmud ge-
stiftet worden. In diesem sei näher ausgeführt, wie man
die Gebote zu halten habe, seine Auslegung sei zu dem
wahren Moschiach dienstlich, nicht aber sei darin ein
Angriff gegen Christus enthalten. Andere Schmähungen,
die Luther in seinem letzten Werke ausgesprochen habe,
habe Josel schon Margarita gegenüber widerlegt, er ist
bereit, es Luther gegenüber nochmals zu thun. Da nun
infolge der Schrift Luthers die Juden in Meissen und
Braunschweig vielfach an Leib und Gut geschädigt würden, so ersucht Josel die Stadt, bei den Fürsten von

Sachsen und Hessen und bei anderen protestantischen Bundesgenossen für die Bedrängten Fürbitte einzulegen. Die Barmherzigkeit habe Gott nirgends verboten, er habe vielmehr nach Jesaia 47, 6 [1] dem Könige von Babel gezürnt, der zwar als Werkzeug Gottes Israel gezüchtigt habe, aber dabei kein Mitleid habe walten lassen ; ebenso dem Könige von Assyrien (Jesaia, Kap. 10). Auch wurden die Männer bestraft, die den König von Babylon anreizten, die drei jüdischen Jünglinge in den glühenden Kalkofen zu werfen (Daniel, 3), ebenso die, die ihn dazu bewogen, Daniel den Löwen zum Frasse preiszugeben. Gott habe den Menschen aus Barmherzigkeit die Gottesfurcht verliehen (Jesaia 33, 6), dagegen suche er die Tyrannen mit seinem Zorne heim (Jeremia 50,25). Der Rat giebt Josel, der selbst in Strassburg ist, auf dieses aus innigem Mitgefühl für die Leiden seiner Brüder hervorgegangene Schreiben einen teilweise abschlägigen Bescheid. Luther solle zwar in Strassburg nichts drucken lassen, aber wegen der Verfolgungen in anderen Ländern möge sich Josel an die anderen Obrigkeiten der Juden, so an den Pfalzgrafen, wenden. [2]

Bald drängt es Josel wirklich, selbst thatkräftig helfend auf diesem, seinem Amtsbereiche völlig fernliegenden, Gebiete einzugreifen. Am 5. September wird nämlich dem Strassburger Rat ein neues Schreiben Josels vorgelegt, in dem er mitteilt, dass inzwischen der Landgraf von Hessen mehrere demütigende Artikel gegen die Juden veröffentlicht habe. Da Josel nun glaubt, dass er durch Luthers Schrift auf Betreiben etlicher getaufter Juden dazu veranlasst worden sei, und da er weiss, dass der Landgraf einen hohen Verstand in der heiligen Schrift habe, und da Josel selbst einem Fremdling, der nicht seines Glaubens wäre, und der unwahr beschuldigt würde, soweit er es vermöchte, beistehen würde, so will er jetzt nach Hessen reisen, um die Rechtfertigung der Juden aus der heiligen Schrift zu übernehmen. Josel bittet den Rat um Ausstellung eines Empfehlungsschreibens an den Fürsten. Der Rat aber schlägt auch diese kleine Bitte gütlich ab, stellt ihm vielmehr anheim, sich dieserhalb an den Landvogt

---

[1] Hdschr : XXXVII.

[2] Stadtarch. Str. G. U. P. 174. n. 23. Copie, teilweise abgedruckt in Geiger's Ztschr. V, 332 f; s. das. pag. 322.

in Hagenau zu wenden; sei ihm eine Empfehlung vom Landvogt nicht gut genug, so möge er sich an dessen Herrn, den Kürfürsten von der Pfalz, wenden. Wir wissen nicht, was Josel nun unternommen hat.[1] Loeb[2] macht hier denselben Fehler wie Scheid,[3] da beide annehmen, dass der Rat Josels Bitte erfüllt habe.[4]

Noch weiter entfernt vom Elsass war Josel in apologetischem Sinne thätig bei der schlesischen Verfolgung des Jahres 1535. Josel berichtet hierüber[5]: «Im Jahre 293 (= 1533?) war das Strafgericht erstreckt über unsere Brüder, die Bewohner Schlesiens, indem alle Bewohner der Gegend ergriffen wurden. Und ich wurde genötigt, hinaufzuziehen und zu kommen mit dem Rabbi Liebermann, sein Andenken sei zum Segen, bis zur Stadt Schwabach und Anspach, um zu bewirken, die Gefesselten zu befreien. Und wenn auch der Vorsteher und zwei oder drei andere Männer verbrannt waren wegen einer falschen Beschuldigung, die Umkehrung des (Bibelverses, Psalm 80,14): «Es nagt es ab das Schwein aus dem Walde», jedenfalls wurde schliesslich ihre Lüge bekannt, und durch Gottes Hülfe sprach er: den Gefesselten Befreiung . . . Ich gab mehr als sechshundert aus, um zu beweisen und zu begründen vor den Ohren des Herzogs, des Markgrafen Jörgel, dass wir und ganz Israel unschuldig seien an dieser Sünde und Beschuldigung . . .» Auf diesen Bericht ist auch Neustadt[6] zu sprechen gekommen gelegentlich der Veröffentlichung einiger in derselben Angelegenheit zwischen Gemeinden Schlesiens gewechselter Briefe. Da es nach der wirklich gründlichen Untersuchung Neustadts[7] unzweifelhaft erscheint, dass die Datierung dieser Briefe auf das Jahr 1535 anzusetzen ist, so müssen wir trotz der so oft er-

---

[1] Das. pag. 323.
[2] Revue des ét. j. V, 102.
[3] Das. XIII, 84.
[4] Merkwürdig ist, dass Scheid a. a. O. vermutet, dass Josels Reise erfolglos gewesen sei, während er in s. Hist. des j. d'A. pag. 92 sagt: cette démarche eut aussi un assez heureux résultat, mais seulement momentané!
[5] Mem. n. 18.
[6] Die letzte Vertreibung der Juden in Schlesien, Breslau, 1898, pag. 15 f.
[7] Das. pag. 17 f.

probten Zuverlässigkeit Josels, trotzdem es sich hier um ein Ereignis handelt, bei dem er selbst thätig eingegriffen hat, mit Rücksicht auf die Identität der beiden Berichte annehmen, dass Josel sich in der Datierung geirrt hat; einen Lesefehler können wir bei einem nur flüchtigen Blicke auf die Memoiren nicht vermuten. Entscheidend spricht für das Jahr 1535 noch der Umstand, dass auch der Zeitgenosse Johann Eck (1486—1543), der berühmte Gegner Luther's, in einem seiner Werke[1] für die «Saugeschichte» in Schlesien das Datum 1535 ansetzt. Bei dem Mangel anderweitiger Nachrichten wäre es jedenfalls gewagt, wegen der abweichenden Datierung Josels Erzählung auf ein anderes Ereignis als auf das bei Neustadt berichtete zu beziehen. Josel ist also im Jahre 1535 wegen einer, in ihren Einzelheiten allerdings uns unbekannten, in Schlesien ausgebrochenen Judenverfolgung nach Ansbach und Schwabach geschickt worden, und hat dort bei dem Markgrafen Georg Friedrich apologetisch gewirkt, da er diesen davon überzeugte, dass die ganze Judenheit von einer solchen Anschuldigung wie der soeben erhobenen überhaupt freizusprechen sei.

Ueber die sonstige litterarische Wirksamkeit Josels lässt sich im Anschluss hieran in geeigneter Weise berichten. Im Jahre 1531, als er am Hofe des Kaisers in Brabant weilte, benutzte er seine einsamen Musestunden, um ein Werk zu schreiben, das er «Derech hakodesch», «Weg zur Heiligung», nannte. Da freute er sich wohl gelegentlich, dass er auch von diesen Tagen des Alleinseins Nutzen gehabt habe, und da dachte er wohl in seinem Herzen: «Heil all den früheren Männern, die ihren Sinn und ihren Gedanken darauf gerichtet haben, sich von den Nichtigkeiten der Welt zu entfernen, und sich mit den Angelegenheiten des Himmels zu beschäftigen».[2] Vollständig ist uns diese Schrift jedenfalls

---

[1] Ains judenbüechlins verlegung, darin ain christ ganzer christenhait zu schmach will, es geschehe den juden unrecht in bezichtigung der christenkindermordt, durch Dr. Joh. Ecken zu Ingoldstat. Hierin findts auch vil histori, was übels und büeberei die juden in allem teutschen land und andern künigreichen gestift haben, Ingoldstat, Alexander Weissenhorn, 1541, pag. F 3 a. S. Geiger's Ztschr. II, 328 f.

[2] Mem. n. 16.

nicht mehr erhalten; Carmoly[1] hat die unhaltbare Vermutung, dass das später zu besprechende Bruchstück einer Handschrift Josels[2] in seinem ersten Teile den Rest des «Derech hakodesch» enthalte. Ich glaube vielmehr aus dem Titel «Weg zur Heiligung» schliessen zu müssen, dass Josel in diesem Werke hat Regeln aufstellen, Anweisungen geben wollen für ein heiliges, Gott wohlgefälliges Leben, und besonders für den Fall, wo der Jude «den göttlichen Namen zu heiligen», wo er den Märtyrertod für seine Religion zu erleiden hat. Sodann glaube ich, dass dieses in Brabant entstandene Moralbuch als Ganzes zwar für uns verloren gegangen ist, dass uns aber doch noch zwei Stücke aus demselben erhalten geblieben sind. Der «Jossif Omez» («vermehrt die Kraft»), ein in hebräischer Sprache geschriebenes, alle für das tägliche Leben bedeutungsvollen Gesetze der jüdischen Religion kurz und knapp zusammenfassendes, von Josef Hahn aus Frankfurt a. Main im Laufe des 16. Jahrhunderts verfasstes Buch, [3] führt zwei Paragraphen auf, die, wie ich glaube, die Reste des im übrigen verloren gegangenen Werkes Josels bilden. Einmal heisst es dort (in wörtlicher Uebersetzung)[4]: «Es schrieb der grosse Vermittler (Stadlan), Rabbi Joselmann Rosheim, sein Andenken zum Segen: Wer das Glück haben will, das Joch der göttlichen Herrschaft vollkommen auf sich zu nehmen, — so musst du dein Herz eine kleine Stunde von allen deinen Geschäften freimachen, bis du die gehörige Andacht hast, wenigstens bei dem Bibelverse: Höre Israel (Schema Israel); und dies sollst du eine Zeit nach der andern thun, bis bei deinem Lesen deine Andacht vollständig in deiner Hand ist; dann sollst du auf diese Weise hinzufügen bis zu dem ersten Abschnitt des Sch'ma Gebetes, nachher sollst du auf diesem Wege fortfahren und das ganze Sch'ma Gebet in Andacht vollenden, und nachher alles, was du liest und lernst; nachher sollst du dein Herz beständig für Gott bestimmen, zu jeder Zeit, wenn du in der Nacht erwachst, so wirst du Gunst und gutes Verständnis in den

---

[1] La France Isr. pag. 135.
[2] Mscr. Oxford.
[3] Frankfurt/Main, 1723.
[4] § 18, fol. 4a.

Augen Gottes und der Menschen finden». Josel giebt also
hier ein Mittel an, wie der Jude zur Heiligkeit, zur sitt-
lichen Veredlung gelangen könne. Auch das zweite Stück [1]
lasse ich als ebenso charakteristisch hier folgen: «Dieses
habe ich entnommen aus einer Handschrift des Fürsten,
des Rabbi Joselman Rosheim, des grossen Vermittlers:
Wenn Jemand in Versuchung kommt wegen irgend einer
Sünde, so kann er darauf vertrauen, dass Gott sein Herz
stärken werde, um Qualen, die schwerer sind als der
Tod, zur Ehre seines Schöpfers zu ertragen... Wie es
bekannt ist, dass sie seit vielen Tagen sich dem Feuer-
tode und der Tötung preisgeben für die Heiligung Gottes,
und sie schreien nicht ach und nicht weh, und wie viele
werden gehängt? wie ich der Schreiber gesehen habe.
Auch war ich dabei, wie sie zur Hinrichtnng hinaus-
gingen, sie nahmen das Joch der göttlichen Herrschaft
mit grosser Liebe auf sich, auch wenn sie viele Qualen
erduldeten und noch zehn Tage und Nächte lebten;
und sie schüttelten das Joch nicht ab, bis ihre Seele
in Reinheit entfloh. Und was ich gesehen, habe ich in
Treue aufgeschrieben.» Darauf erzählt Josel von der
oben angeführten Würzburger Verfolgung aus dem Jahre
1544; diese Erzählung muss Josel bei seiner Handschrift
später nachgetragen haben. Er fährt dann fort: «Und
das ist es, was unsere Weisen.. gesagt haben: Wer in
seinem Herzen beschlossen hat, den Namen Gottes zu
heiligen, der spürt nicht die Empfindung der Qualen ...»
Am Schlusse führt Josel noch ein von Rabbi Ascher aus
Frankfurt verfasstes Bussgebet an, welches von den ihres
Glaubens wegen verfolgten Juden zu sprechen ist.[2] Wie
wir sehen, passt auch dieses zweite Stück seinem Zu-
sammenhange nach völlig zu dem von uns aus seinem
Titel erschlossenen Inhalt des «Derech hakodesch».
   Von einem zweiten Werke, das Josel am 28. Juli 1546
vollendete und das er «Sefer hamikneh» nannte, ist uns
mehr erhalten geblieben. Das noch Vorhandene bildet
eine in Oxford befindliche Handschrift, die von Neubauer
ausführlich charakterisiert ist.[3] Es ist ein Fragment; mit

---

[1] § 482 fol. 58 a.
[2] S. darüber Horovitz. Frankfurter Rabb., I, 12.
[3] Neubauer, Catal. of hebr. manuscr. on the Bodl. libr., Oxford,
1886, col. 773, n. 2240.

Seite 62 beginnend, reicht es bis Seite 138. Ich glaube
nun allerdings, dass die Fortsetzung, von Seite 139 bis
267b, auch zum Teil eigenhändige Notizen Josels enthält,
die noch der Verwertung harren; die oben angeführte wichtige Mitteilung Josels über den Tod seines
Vaters hat D. Kaufmann aus diesem Teile entnommen.
Das «Sefer hamikneh» reicht aber jedenfalls nur bis Seite
138, da es hier heisst: «Gepriesen sei der Barmherzige,
der uns unterstützt hat, der mich hat gelangen lassen
und mich erhalten hat bis zu dem heutigen Tage, am
Tage vor dem Neumonde des Elul 306 nach der kleinen
Zahl, am Hofe des Kaisers . . . . in der Stadt Regensburg, um zu vollenden die Geschäfte der Bedürfnisse der Menge; auch errettete Er mich von den
Wölfen und Löwen, und gab mir Kraft und Hülfe, zu
vollenden Worte der Zurechtweisungen, . . auch das Andenken an die schweren Verfolgungen, wobei meine Seele
im Geheimen weint über die grossen und furchtbaren
Thaten, wie sie in neun Säulen verbunden sind, im Zu-
sammenhange mit Geheimnissen und Worten der Erforschung über die Grundlage der Thora, geordnet in
sechs Sprüchen, wertvoller als Gold und Perlen für den,
dessen Seele dürstet und verlangt nach der Ruhe und
dem letzten Glück. Er mag nachsehen mit Verstand und
Einsicht, vielleicht erwirbt er von hier und da einige
gute Worte aus diesem Buche, das ich genannt habe:
«Buch des Erwerbes», damit er sich abmühe und darüber
nachdenke bei seinem Aufstehen, seinem Gehen und
seinem Sitzen, ein jeder nach seinem Vorzuge und nach
der Abschätzung seiner Einsicht. Er möge verständig
sein und die Worte auf die Tafel der Kammern seines
Herzens legen, damit er das Glück habe, zu geniessen
und für sich und seine Nachkommen in Besitz zu nehmen
den Quell der Geheimnisse der Thora mit starkem Glauben
in seiner Bescheidenheit; Segen und Gelingen an seinem
Ende, Wonne und Freude auf seinem Haupte! Wie ein
Bräutigam, der aus seinem Brautgemache herausgeht,
und Frieden sei in seinem Aufenthalte; so sei es wohl-
gefällig, Amen!» Es geht aus diesen, wie üblich, sehr
überschwänglichen Schlussworten deutlich der Inhalt des
ganzen, in zwei Teile zu zerlegenden, Werkes hervor.
Der erste Teil behandelt in neun «Säulen» oder Abschnitten,

auf denen das Ganze ruht, Worte der Zurechtweisung.
Josel bringt hier Beispiele, an denen er beweist, wie
grosses Unheil die aus dem Judentum selbst hervorge-
gangenen Denunzianten angerichtet haben. Er warnt
seine Glaubensgenossen vor der Gemeinschaft mit solchen
Verrätern an der eigenen Sache. Am Schlusse dieses
Teils, auf Seite 78 a, spricht er sich besonders scharf
hierüber aus: «Wer wird nicht darauf achten, sich
fürchten und ängstlich darauf bedacht sein, zu fliehen
und sich sogar von der Ferne fernzuhalten, nicht heran-
zukommen oder mit dem kleinen Finger zu berühren, zu
winken oder zu zwinkern bei den Geschäften der An-
geberei und einer ähnlichen Sache, die nur hässlich ist,
damit er nicht seinen Geist und seine Seele, auch seine
Nachkommen zu Grunde richte, und dass er nicht ein-
geschlossen werde und hineinkomme in die Flüche und
Verwünschungen, die von den Grossen ausgegangen sind».
Er führt darauf einen, in sehr energischen Ausdrücken
abgefassten, Bannbrief an. Dieser historisch wichtigere
Teil ist nun leider nur fragmentarisch erhalten, von
seinen neun Abschnitten ist nur der 8. und 9. ganz, und
der 7. halb vorhanden. Den Uebergang zu dem zweiten,
weniger bedeutungsvollen Teile, der uns aber ganz erhalten ist, stellt Josel folgendermassen her: «Nachdem
wir verschiedene Aussprüche und Ereignisse fertig be-
trachtet haben aus der Thora, den Propheten und den
Hagiographen, und aus den Worten der Weisen und
späteren Grossen (entnommen haben), wie weit ihr Fluch
reicht, und umgekehrt ihre Segnungen, so sind sie wert,
das Herz der Verschlossenen und der Verstörten im Lande
anzuregen, dass man darauf achtet und sich hütet vor
denen, die einen Riss machen . . . Darum will ich zur
Hülfe fliehen und mein Vertrauen setzen auf den mäch-
tigen und furchtbaren Gott, der gegürtet ist wie ein
Held, um die Lieblinge zu retten aus der Hand der
Kämpfenden und von der Flut des Meeresgetöses . . .»
In dem zweiten Teile bespricht Josel nach der Sitte der
damaligen Zeit mystisch-kabbalistische, für uns ungeniess-
bare, Geheimlehren, die aus Bibel und Talmud entnommen werden, in sechs «Aussprüchen». Der Vermutung
Carmoly's, dass diese beiden Teile zwei verschieden zu
benennende Werke bedeuten, widersprechen die schon

oben angeführten Worte vom Schluss der Handschrift.
Gedruckt ist das Werk nicht, obige Angaben sind
einer mir von Herrn Zacchiem-Oxford mit grossem Auf-
wande von Mühe hergestellten Copie des Oxforder Ori-
ginals entnommen.

Ein drittes, das wichtigste Werk Josels ist dagegen
gedruckt von Kracauer.[1] Dass die Bezeichnung «Journal»,
wie sie letzterer dafür gewählt hat, nicht angebracht ist,
hat schon Bresslau,[2] nach ihm Neustadt[3] festgestellt.
Dafür, dass wir hier in einem Zuge geschriebene Memoiren
zu sehen haben, spricht auch der Umstand, dass Josel öfter
die Begleiter bei seinen Unternehmungen als tot bezeichnet.

---

[1] Revue des ét. j. XVI, 84 f.
[2] Geiger's Ztschr. f. G. d. J. V, 309.
[3] Vertreib. d. J. i. Schl., pag. 16.

BEILAGEN.

Vorbemerkungen.

Für die Copierung dieser Urkunden waren folgende Rück-
sichten massgebend:

Im Gegensatz zu den Vorlagen sind durchgehends lateinische Schrift und, mit Ausnahme der Namen, die kleinen An-
fangsbuchstaben angewendet worden. Consonantenhäufungen
sind da, wo eine Annäherung an die moderne Orthographie
erzielt werden konnte, beseitigt. Das y der Vorlagen ist durchgehends in i, vor Vocalen in j, verwandelt, v und w in u
und ebenso umgekehrt entsprechend modernisiert. Die Abbre-
viaturen sind aufgelöst, selbstverständliche Abkürzungen nur
bei häufig sich wiederholenden Worten vorgenommen. Bei allen
Namen ist, mit Ausnahme letzterer Bestimmung, die Schreibung
der Vorlage beibehalten. Die Interpunktion ist modernisiert.
Die Zahlen sind durchweg mit arabischen Ziffern geschrieben.

1.

Privileg Kaiser Maximilians für die Juden des Elsass.
4. Dezember 1516. — Bez.-Arch. Strassburg 863, Wetzl. 1249,
Copie; das C. 78 (39), Orig.

Wir Maximilian von Gottes genaden erwelter romischer
kaiser, zu allen zeiten mehrer des richs, in Germanien, zu Hungern, Dalmatien, Croatien etc. kunig, erzherzog in Osterreich,
herzog zu Burgundi, zu Brabant und pfalzgrafe etc. embieten

10

den edlen, ersamen, gelerten, unsern lieben getreuen N., unsern
obristen hauptmann, landvogten, statthaltern und rethen unsers
regiments in ober- und under- Ellsass unser gnad und alles
gut. Uns haben gemeine judischait, in euren verwesungen
wonent, anbringen lassen, wie sie an etlichen enden in viel-
faltig weys und sonderlich durch anbringung, so an uns inen
hinderruck wide" sie beschehe, dardurch sie dann aus iren
whonungen vertriben worden sein, wider ir freihaiten und alt
herkomen beschwert und gedrungen worden. Wiewol si auf
meniglichs clag und inspruch solchs austreibens, auch der
malefitz und anderer handel halben urbutig und willig sein,
meniglichem geburlichs rechtens gehorsamlich statt zu thun,
solche beschwerd inen dann zu verderblichem schaden und ellend
reiche, und uns darauf umb hilf des rechtens demutiglich angerufen und gebeten. Dieweil wir dann genaigt und schuldig
sein, meniglich bei recht und billigkait zu halten und zu
schirmen, empfelhen wir euch demnach mit ernst, das ir nun
hinfuran die obberuert judischait samentlich und sonderlich
allentbalben in den stetten, märkten und dorfern, darin sie itzo
in eurn verwaltungen heuslichen sitzen, berueblichen beleiben
lasset und weiter nit gestattet, das si von ainichem ende auf
clag und anbringen, so inen hinderruck und unverhort beschehen
mochte, ausgetriben noch sonst wider ir frihaiten und alt
herkomen beschwert noch getrungen werden, und euch daran
nichts irren noch verhindern lasset. Doch wer zu inen spruch
zu haben vermaint, dem sollen si an den enden, da sich das
gebuert, rechtens sein, und was damit erkant wirt, demselben
durch all partheien gelebt und volzogen werden. Das ist unsere
ernstliche mainung. Geben in unser und des reichs statt
Hagenaw am 4. tag des monats decembris anno etc. im 16.,
unserer reyche, des romischen im 31. und des hungerischen im
27. jaren. Concordat cum originali. Renner lector. Das die
juden nit zuruck verclagt sollen werden, Josell jud contra
Colmar. Praesentatum Speir 1 Decembris a. 50.

II.

*Clag gemeiner judischait wonend in der lantvogti Hagenau
gegen burgermeister und rat der stadt Ehenheym.* Arch. Oberehnheim, Copie, sine dato.

Erwurdig furst, hoch- und wolgelert rat und comissarien
in namen und anstat röm. kais. Mt. unsers allergnedigsten

herren Karl. Erwurdiger furst! Als die röm. kais. Mt. jetzund
an jungst zu Nurenberg ein kais. bevelch und comission an E.
Gn. ernstlich bevolbn betreffen burgermeister und rath der stat
Obern Ehenheim eins, und uns gemeine judischait der lantvogti Hagen. wonende anders theils, dass wir unser clägd und
beschwärd hie vor E. Gn. mit aller irrung und spenn notturf-
tiglich zu horen end und beschluss komen sol, domit die billicheit des rechten sin furgang und rechtsatz haben mag, wie
dan dieselbig comission mit iren artikeln uswiset und vermag, diser unser handlung luter und verstendig erclert und
zu tag und spruch komen sol. Hieruf zeigen wir armen judischait cläglicher wise an, wiewol wir vor vil jaren allen keiseren,
konigen, fursten und heren us gnediger und erbermlicher
menscheit begabt und begnadet worden sind, darzu in allen
concilien us den gesatzen befunden und beschlossen, dass man
uns judischait begnediglich on beschwerd in dem heiligen rich
und allenthalben bi der cristenheit wonen, handlen und wandlen lassen sol, wie dan die privilegien und bullen clarlich anzeigen wollen, hierumb wir auch us sollicher begnadung von
keinem fursten, herren oder stand des richs beschwert noch
betrengt worden sint, sunders bitz an die zit, dass burgermeister
und rath der obgedachten stat Obern Ehenhey us eignem irem
willen, durch etlicher procuratores mit heimlichen unbewerten
clegdn gegen uns armen der röm. kais. Mt. selig gedächtung
furbringen lassen, dass sie uf ier anbringen ein brief erlangt,
daruf sie sich beriemen, uns und unser mitverwandten glichs
und unerbermlich von unsern husern und wonung vertriben,
in das velt und ellend usgejagt, dadurch si dan uns und unsere
mitverwanten zu grossem schadn und ellend gebracht, darzu uber
und wider röm. kais. Mt. bevelch, schutz, schirm und geleit
gehandelt mit frevenlicher tbat an Phall den juden, desglichen
wider all unser begnadigung, auch wider das gemein recht die
strass und frihe kais. merkte bi inen verschlossen und verspert, dadurch wir dan in sweren schäden und ellend zu lib
und gut verletzt worden sint.

Wie wir dan als jetzunt dieselbige handlung, schadn und
beschwerung erclèren und beweren mit artikeln, brief und
kuntschaften albie zu gegen E. Gn., in tröstlicher hoffnung, so
dieselbig ir anfenglich ustribung bis zu end irer gweltigen
handlung erclert und ghört wurt, so sollen wir widerumb
in alle unser gerechtigkait und wonung mit bekerung costen
und schaden ingesetzt und gehanthapt werden; davon den wir
dieselben artikel, begnadung und herkomen mit aller handlung
von anfang zu end jetzund artikelsweise anzeigen, clagen und
beweren wollen, und darnach ir antwurt und vermeinte fribeit
der ustribung und versperrung der stat auch hören und verlesen sol werdn, somit die röm. kais. Mt. fursten und herren

die billicheit und gerechtigkeit hermessen und herortern mogen.

Und dero artikel anfenglich zu befestigen und beweren, beschwerend unsere clag wider die vorgedachten zu Obern Ehenheim, deren ustribung, so von inen beschehen, wie angezeigt, wider alle lobliche friheit von einem kaiser zu dem andern vil jaren, als dan die ordnung und herkomen, so ein kaiser die cron empfacht, so ist die judischait, der alten C. (?) genant, ire camerknecht, an das romisch rich versprochen wordn ze schirmen und hanthaben, wie ghört im anfang derselbigen bullen.

Zum andern anzuzeigen witers der begnadung diser lantvogti Hag., dem ist also: Als die röm. kais. Mt. dem durchluchtigsten Churfursten pfalzgraven bi Ryn disa pfantschaft der lantvogti abgetrungen mit dem schwert und an das hus Osterich erblich gefallen, daruf Ir Mt. durch ire oberste rbete und lantvogt verpflicht, das rich lassen zu pliben in irem stat und bruche, namlich juden genant, wie dan das statbuch zu Hag. mit dem buchstaben der pflicht uswiset; hoffen derselbigen pflicht insunders zu niessen, dass sich die ustribung deren von Obern Ehenheim nit also wit erstreckt, gedachter pfantschaft, dem hus Osterich verpflicht, intrags irer herlicheit ze mindern, und wie von alters harkomen und befunden worden. Darumb gedachte von Obern Ehenheim ir furmeinte ustribung unkreftig sin sol.

Zum dritten, us sollichen angezeugten begnadungen wir judischait lange ewige jar zu Obern Ehenheim fridlich gewont, sunder vor etlichen zitten durch kriegsnöte entwichen mussen, aber von röm. kais. Mt., auch vorgedachten churfursten pfalzgrafen wider ingesetzt worden, damit die kais. Mt., auch pfalzgraf ir camer unt pfantschaft behanthabt und nit gemindert soll werdn, als die bullenpflicht uswiset. Hierumb burgermeister und rath zu Obern Ehenheim dieselbigen juden ingenomen, mit witers trostung zugestelt solicher meinung, die juden in der stat gewerfbuch ingeschrieben, ein summe gelt, bett genant, wie andere ire burgerschaft, von inen ingenomen jerlich, dargegen die billicheit inhalt, dass man dieselbige in sundern schirm zu haben und dermassen rucklichen ze beclagen, uszukaufen und vertriben von dem sinen unerfordert zu recht oder antwort niemer gebillicht und erkant werden sol.

Zum vierden, uf deren von Ehenheim berumpte ustribung, hat doch die röm. kais. Mt. dieselbige nit anders ubergeben dan uf ir anbringung, und so sich dieselbige anbringung on zwifel nit befunden mag, als die judischait sich zu recht unt antwort erbotten, so wil die kais. Mt. nit, das die friheiten kreftig sin soltent. Dan Ir Mt. keiniches unbillichs begert zu gweltigen, sunders ein recht und ursprung des rechten unbillichs, wie es durch bevelchbrief und mandaten in der handlung wol ghort, der kais. Mt. meinung, so man dan ir bullen verlieset, daruf man dan erkennen mag und kan.

Zum funften, und obschon einiches herfunden mocht werden, dass dieselbig juden ungeburlich gehalten, dardurch sie billich vertriben worden, warumb hat man sie nit zugegen beclagt? Darzu mehr, wo wurd das gebillicht, dass man ir nachkomen auch also von dem ertrich durchechten solt? Ob nun etlich artikel vermeinten, daran die gedachten von Ebenheim ein beswerung gehäpt, billich ein lantvogt hersucht und angezeigt, damit wir allezit gehorsam, mit guter ordenung begerten zu wonen, dardurch unbillich also geferlicher wise uns und unsern nachkomen von dem röm. rich zu vertriben nit gestat sol werden.

Zum sechsten. Onangesehen sollich obgedacht artikel, so ist doch das ein gemit und ein warheit zu beweren, dass die röm. kais. Mt. die ustribung nit anders ubergehen, dann wie in dem vierden artikel gemeldet. Denn glichs als die kais. Mt. ein bericht vom lantvogt und rheten empfangen, dass sich die juden der clag herbotten, entwurt, auch sollich ustribung ir Mt. nit gepuren wolt nach inhalt gedachter artikel und pflicht, wie vorgemelt im andern artikel; harumb die kais. Mt. us gerechtigkeit wider ein treffenlichn befelch schriftlich und auch muntlich durch ir Mt. lantvogt und räthen, auch burgermeister und rat der stat Obernebenheim sunderlich befolhn, dass sie Phal juden von Danbach und sin kinder in zwei huser inzesetzen on wegerung, damit pflicht der pfanschaft gehalten und gehanthapt werden sol, wie oben davon gemelt und ghort, dass die kais. Mt. die geferlich austribung abgestalt, wie E. Gn. derselbige brief und abschrift wol vernemen werdn. In trostlicher hoffnung, desselbigen allen zu geniessen und wider ingesetzt werdn.

In der andern beswerung clagen wir des gleitsbruchs, an gedachten Phal juden gebrochen und ferfenglich gehalten, als er mit dem kais. bevelchbrief gen Obernebenheim komen und mit im eine des rats von ir Mt. wegen, ine ze begleiten und inzusetzn. Aber die von Ebenheim den juden wider und uber soliche kais. bevelch und gleit ires rathus abgeworfen, in das wasser schier erdrenkt, geschlagen, ein sum gelts und golts bi im verlorn, mit dem lebn bloss entrunnen. Vun ein solliche gross swere that, schadn und frefenlicheit von kainer kume erhort ist worden, als dan das romisch rich geleit und landfrid uswiset. So ein schoup stro von der kais. Mt. befriet were, welche ubertret, sin sicherung zu verbrechn, so er wurdig straf lib, hab und gut. Wie gross dan dise that und frevelkeit erstreckt, an lib, hab und gut ze strafen mit widerkerung verlust und allen schadn! Das wollent wir rom. kais. Mt. und allen unsern gnedigen herren zu erkennen gebn. Dan so

sollichs zu- oder nachgegebn solt werdn, was wer dan des
röm. richs friung und geleit, von allen stenden des richs uf-
gesetzt, des röm. kais. Mt. befelch, bi grosser straf und peen
vestiglich zu halten, damit die welt heliben kan und kain
unbillichs widerfaren sol?

In der dritten beschwerung clagen wir der kais. strass
und markt, bi inen zu Obernehenheim von anfang der ustribung
bis disen tag gweltiglich verspert, schemblich ze bören, wo
soliche grosse ubertrang und laster in den gotlichn oder
menschlichen gesatz herdacht oder befunden mag werden; die
strass, offene kais. merkt und ertrich von allen kaisern gefriet
sin, und sunder das ertrich von Got, unser aller schopfer,
dem menschen zu trost und niessung ubergebn. Und aber von
denen von Ebenheim on not us ungeschicklicher wise also uns
armen unlidlich zu dulden ist, wie wir es E. Gn. ze erkennen
und zu version geben, wie dass durch sollich vesperrung grosse
ungefal und merklichen schaden gereicht. Anfenglichen desselbigen schadn, dwil es von inen ghort und gesehen worden,
dass sie also mit uns gelept, als weren wir der welt erlonpt,
so sint ire burger, zum theil knecht und burgerssune, wo sie
ein juden ersehen haben, so er schon ire stat in kais. strassen
gangen, so sint sie zegelaufen, geschlagen und in ze beschetzen,
darnach wider zu der stat hereingelaufen; darumb die armen
juden nit haben bedorfen nachlaufen, sie anzuzeigen; und wen
wir es schrifflich den hern haben geclagt, haben sie gesprochen:
«Wir wissent nit, wer sie siegent». Damit haben wir grossen,
sweren schadn zu lib und gut täglich mussen habn. Alles dan
mit ein mal erkant und es bewisen, dass sie die juden ge-
slagen und gewuntb, auch ir gelt genomen, so hat der stetmeister Rull das gelt gen Rossheim wider geschickt; davon
sie wol unsere grosse smach und schad gewisset, dass durch
ir vertribung und versperrung alles berwachst, wie dan E. Gn.
wilers vernemen werdent. Es ist auch ein armer jud, der dan
bi inen erzogen und ir burger gewesen, nun uber dass er von
inen verzeucht umb unschult angetriben, wie vorgedacht, so
ist in ergangnen jaren er als ein armer siner libsnarung in
kais. strassen gangen, so ist ein dinstknecht aus dem pflug
gelaufen und in zu tod geschlagen, dass er nit wurfel(?) het, und
die flucht zu irer stat ingelaufen, damit aller mutwill und bös-
haftigen bi der stat wider uns armen sich enthalten und verlassen, dass wir inen nit bedorfen nachkomen anzezeigen.
Hierumb ein stat, die bi eine strassen gelegen sin, also zu
versperren kein gesatz nach des röm. reichs friung, inhalt dass
sollichs zugelassen solt werden, davon denn ein täglich grosse
schadn und malefiz hendel erwachsen mocht und ist. In trostlicher hoffnung, vor allen sachen die strass und markt durch
ir stat ufgeschlossen sollen werdn.

In der vierdn beschwerd clagen wir, wie us solich unmenschlicher, ungestümer, gweltiger handlung bi denen von Ehenheim die umbsesser und anstosser der herschaft gesehen und vermeint, dwil es inen recht wer, man möcht mit uns also leben, und sich grosse beswerung, malefizhendel durch ire hilf und rat zum theil ingebrochen wider billicheit und alle gedachte friung, bis die gross not und ubertrang die röm. kais. Mt. furkam. Daruf ir Mt. ein treffenlichen bevelh und mandat aus liess gen, dass man uns armen schirmen solt, namlich alle strass und die kais. merkt onverspert zu lassen, nach inhalt desselbigen bevelhs, hie zugegen wisen und anzeugen wolle, damit man unser gross not und clegd war und gerecht befinden sol. Uf solchs denen von Oberehenheim dagsatzung von unserm hern lantvogt und räthen hergangen. Aber sie uszug und umbschweif gesucht, mit irer hertikeit wider sollich bevelh und mandaten fur und fur beharten und schadn zugefügt, als wir inen wol zugegen muntlich withers beclagen wöllen. Trostlicher hoffnung, desselbig mandats aber ze geniessen.

In der funften beswerung clagen wir mit beqerung allen costen und schaden, si uns samt und sunder zugefugt und gebracht in anhenkenden kais. rechten. Und ist dem also: als wir armen also swerlich vergweltigt worden, wie angezeigt und vermerkt, dass sich die von Obernehenheim an kein kais. bevelh, geleit, noch brief, darzu lantvogt und räthen uns nit haben vermogen zu bilf des rechtn komen, us ursachen haben wir mit grossem costen unser verseher und gwalthaber, Josyl juden, jetzunt zu Rossen gesessn, zu der röm. kais. Mt. Maximilian, loblicher gedächtnus, usgesant und claglicher wis furpracht, wie anfang, uns die recht zu schirmen gegen denen von Ehenheim. Dass dan ir Mt. mit rat erkant, inen under anderm sollich unser clag und forderung ze verkunden. Das dan bescheben, tagsatzung ergangen, damit wir gegen jmand beweren wollen, und das kais. recht sin furgang gewinn. Aber die von Ehenheim nit erschinen, sunder ein bot, doch wider von kais. Mt. tag hernant, bi kais. gewalt sie zu komen. Aber in disser andern tagsatzung der hochwurdig furstbischof zu Strasspurg in dem gehandelt, und sich die von Ehenheim gegen sinen Gn. hören haben lassen ein gutlichen tag zu gutlicheit begerent. Das wir arme dan bewilligt, doch unabbruchlich kais. Mt. emerung (?), wo es nit gericht wurd, sie billich mit uns fur kais. Mt. erschinen solten. Aber da der hochwurdig furst kain volg von inen befand, und wir wider begerten, dass sie mit uns fur die röm. kais. Mt. erschinen solten, aber sie mit geverlicheit und ufhaltens von denselbn kais. rechten entwichn, daruf wir armen zum dritten mal zu der röm. kais. Mt. gesant, alles solchs angezeigt. Darumb ir Mt. mit urteil

ein bescheit und bevelh gegebn zwischn uns, den lantvogt
und räthen under anderem bevolln, darinnen zu handlen, damit wir in stelten, merkln und dörfern ingesetzt mogent
werdn und bi bedachten friheiten gehanthaht; wie dan dieselbige geschrift und tagsatzung eine nach der andre jetzunt
clarlich bewisen wollent, hoffen ze geniessn. Nun wiewol durch
gross ungefell sich die sachen verlengt, wir nit haben mogen
mit gerichtzwang nach lut dero friheiten und bevelh gebant-
hapt werden, bis an den nehsten richstag zu Wurmbs beclagt
und recht begert, dwil die röm. kais. Mt., unser allergnedigster
her Carolus und das röm. rich ein kais. gweltig recht ufgericht,
sie uns gewisen und gesprochn, daselbst furzenemen, da sol
man ei jedem sin recht ergen lassen, und obschon uns armen
wider kais. begnadung, alte oder nuwe, gehandelt were, daselbst
zu erclagen. Darzu ein sunder kais. bevelh und mandat an alle
stende des richs, auch sunderlich in dise lantvogti, uns armen
nit also zu betringen, sunders bliben lassen wie von altem har.
hoffen ze geniessen.

In der sechsten beschwerung clagen wir, dass die von
Ehenheim sich nit haben benugen lassen mit sollichm grossen,
sweren gwalt, iren stetmeister, Benharten Schumacher genant,
usgesant, under ander iren gescheften derselbig unangesehen
vorgedacht anhangende rechte und friheiten aber dermassen
mit heimlichen clegden witers die kais. Mt. verblent, uber ir
selbs friung ein brief und ustribung erlangt gegen unseren mit-
brudern zu Rossen. Dadurch wir und ein stat Rossen in costen
gefurt, das dan wir ein grosse beswerd gehäpt. Doch der
durchluchtig furst, herzog Verdinand, als oberster pfanther us
angezeigten ursachen nit zu wollen lassen, als das recht billich
uf im hat, wie oben im anfang unser clag des andern artikels-
gemelt und begriffen. Davon ghort, dass der gross vilfaltig
gwalt also wider alle friheit nnd bevelchbrief im anhangenden
rechten, witers zu Rossen ein schaden und costen gebracht,
billich soliches von inen sampt und sunders ingebracht und
widerkert soll werdn, auch wider ingesetzt mit bekerung costen
und schaden. Das wir dan jetzunt in dem verschinen jar, damit
sie kein uszug haben mögen, haben wir solchs alles beclagt vor
unserm gnedigen herren lantvogt und räthen, inen zu verkunden,
antwurt zu gebn, wie und wo sichs gepurt. Das dan von
unserm hern lantvogt inen zugesant, und ir antwurt nach ein
abscheit gefallen, der dan E. Gn. wol vernomen hat. Nun ist
uns kein zwifel, wo sie vermochten, uszug und umbschweif zu
suchen, dass sie sollichs nicht dorften zu verantwurten ze erschinen, so wirt es gebrucht, damit sie vermeinen, unser gerechtigkeit und wonung mit grossem gwalt vorzubehalten. Aber
getröst und erkant zu Nuremberg wordn mit urteil kais. Mt.
obersten gerichtszwang fursten und herren, dass dise unsere

clag wider burgermeister und rat der stat Obernehenheim irrung
und spenn entlich beschlossen und gehanthabt mit recht soll
werdn on mehr umbzug. Hieruf wir armen uf erden niemans
dan die oberhant und gnad der friheiten, wie dan wir von allen
röm. keisern, fursten und herren in trostlicher hoffnung, billich
zu geniessen. Und uf obangezeigte clag wider die von Obern-
enenbeim, begriffen in sechs artikeln der beswerung, darusser
zu erkennen billich und recht, dass sollich beschwerung sampt
und sunders mit bekerung costen und schadn von denen von
Obernehenheim abgestelt und widerkert solt werden, und ir
unbillich handlung sampt und sunder von anfang zu end
frevelkait und that wider friheit und kais. schirm und geleit,
in welchen weg es von inen oder durch sie beschehn, derselbigen straf und peen fall; wie hoch und wie gross, geburt
uns armen nit ze ernennen, sunders der röm. kais. Mt.; und
alle unsere gnedige herren wollent wir us gotlichen rechten zu
sprechen gebn und uns arme gnediglich hierin ze bedenken
und ze hanthaben vor sollichen ungebürlichen furnemen, wie
obangezeigt, damit wir nit also jämerlich und ellend von dem
ertrich durchecht und geschediget däglich wurden; und witers
unsere clag von uns zum theil gegen inen auch vorbehalten
sin sol. Einen furstliche Gn. underthänige arme judischait wonen
in disser lantvogti Hagnauw.

III.

Artikel und Ordnung, so durch Josel juden von Ross-
heim, gemeiner jüdischer regierer, aufgericht und beschlossen
worden, gehalten im reichstag zu Augspurgk im jar 1530. —
Staatsarchiv Stuttgart Original; Stadtarchiv Strassburg und
Archiv Oberehnheim Copien.

Durchleuchtigisten, hochgepornen, wolgepornen, erwürdi-
gen, gestrengen, edlen, vesten, ersamen, alle als mein gnedige
hern! E. Durchleuchtigkaiten und furstlichen Gn. und allen
andern meinen gnedigen und gunstigen hern sei mein underthenig, gehorsam, willig dienst zu voran alzeit bereit. Gnedigen
heren und stend des hailigen reichs! Mir als gesandter von gemeiner judischeit gnediglich under anderm angezeigt, wie sich
etliche von der judischeit im heil. reich, auch furstenthumben
und landen der ungeburd haltent in villerlei weg, des inen
und iren underthonen unbullicher weis zu schaden und nachteil reichet. Und so ein gemeine judischeit nit in sollicher

wider solliche juden ein gehorsam und ernstlich einsehen wölten haben, damit sollichs furzekomen abstellen, musten ire Gn. samt oder sonder strenglich und treffentlich selbs einsehen und weg zu machen, damit solliches gemelter juden beschwerung nit so grosslich wider ire Gn. underthanen beschech ; mit mer clag mundlich und geschriftlich. Ich als gehorsamter darauf der gemeinen judischeit allenthalben verschreiben und zu wissen gethan sollichs beschwer und clag, wie gehört, mit ernstlicher meiner beger, das si samt und sonder selbs oder durch ir volmechtige anwalt zu mir gen Augspurg im reichstag erschinen sollent. Da si nun gehorsamlich von vil orten und enden ire gesanten gewalthaber zu mir von gesant, damit ich mit inen von wegen gemelter judischeit ain zimbliche, erbere ordnung und satzung der gedachten judischeit in stetten, merkten und dörfern aufgesatzt und entschlossen, wie hienach volgt.

Item zum ersten, wo ein jud oder judin ainem cristen aincherlei zu borg zu kaufen gipt, so sol er kein bedeckten wucher in die borg schlagen, damit er den kaufer ubersetzen und betriegen mocht, sondern nach zimlich billicheit, ob er schon sollichen borg jar und tag derwarten mus, sol in alweg kein zins oder wucher darvon verfallen sein. Und welcher jud sollichs ubertret und das vor seinen parnossen der juden iers ords, da si nun gesetzt seind, angezeigt und furgebracht wurt, sollen dieselbigen parnosen ernstlich denselbigen straufen, nemlich 3 goldguldin, 2 guldin der oberkeit, da der jud gesessen ist, und den dritten guldin gemeiner judischeit parnosen, und in alweg denselbigen betrug des kaufs, wie der erfunden werden möcht, widerkörn und bezallen.

Item zum andern, so ein jud einem cristen litzel oder vil gelt auf zins ausleuchen wurt, sol er das doch umb zemlichen wucher noch vermugen und laut unser kais. und loblichen hergebrachten freiheiten und gnaden, nit gleich alle vierteil- oder halb jar zu rechnen dem wucher umbzuschlagen und zum hauptgut rechnen, sonder wie von alter gut gewonheit gehalten worden, damit der arm nit zu ubersetzen und einer bei dem andern sein leibsnarung durch ein andern handlen und neren mugen on alle besonder belestigung und aufsatzung. Wa aber einer oder mer solliches ubertret und erfunden wurd, sollen die vorgemelten parnosen ires orts dasselbig abwenden, der nach gestalt der sachen strauf verfallen sein, wie angefenglich angezeigt.

Item zum dreitten, wo ein jud oder judin ire schuldner von iren schuldner zu gemelten zillen oden jaren nit bezalten mechten werden, sollent si dieselbigen schuldner nit mit auslendischen gerichten furnemen, sonder er sol vor und ee bei des gemelten schuldners amtman oder schultheissen gutiglich erfordern und sein gerechtigkeit furbringen, damit si ver-

schaffen in monatzfrist, das obgemelter jud bezalt mög werden
oder im ein willen sunst beschechen möcht. Wo aber so-
lichem juden, wie angezeigt, nit gedeuen möcht, damit der
jud geursacht wurd, auslendischen recht zu suchen, so sol er
doch kein ungeburlichen costen und schaden wider die gemel-
tin schuldner zutreiben, sonder was der notturft und billich-
heit erfordert; und wa sollichs nit bescheche, vorgemelt parnosen
ein jud oder judin erfunden wurden, sollent si sollichs abstellen
und straffen wie vorangezeigt.

Item zum vierten, wa ein jud oder judin auf pfand leuchen
wurd, sol er auf kein argwenig pfand leuchen oder kaufen.
So es aber durch das geverd oder ungever zu zieten widerfur,
sol er doch ferter in kein weg mit denselbigen reuplichen oder
dieplichen personen kaufen, liechen noch handlen. Und wa
er sollichs ubertret und mit argwenischen laufparn personen
handlete, abkauf oder auf pfand liche und es gestolen oder
geraupt wer, sol derselb jud oder judin das vergebenlich und
on alle galtnus widergeben. Und dergleuchen wa einer pferd
kauft, kue oder schaf und das sich befend in jar und tag, dass
das gestolen wer oder geraubt wer, da sol der jud dem be-
schedingten in alle weg sollichs auch vergebens zustellen; und
ob ers schon verduschet und verkauft hett, sol er dem beschedigten das gelt darfur geben und ein nemliche pen, 6 goldguldin,
4 der oberkeit, da er seshaft ist, und 2 den parnosen, die dan
das nach furtrag clag und antwort nach gestalt der sachen zu
erkennen macht haben un all gever und list.

Item zum funften, es sol auch kein jud oder judin kein
burger seins ledigen suns, dochter, knaben, magt, knechten
eincherlei abkaufen oder inen gelt zu lichen, sonder mit wissen
ires hern vater oder mutter. Und wa sollichs ge-chech, soll
dem juden fur solich gelt nichz derstatt werden, und in bei der
ersten pen, wie oben angezeigt, der parnoss strafen soll.

Item zum sechsten, wa es sich zuthete, das ein abge-
storbne person einem juden oder judin zu thon schuldig wer
auf verschreibung, brief oder on brief, wie das wer, und die
erben im sollichs grüntlich seines vornemens gstendig wern
oder nit wissen truegen, so sol der gedachte jud oder judin
mit keinerlei rechtens zwang, geistlich oder weltlich, gedachten
erben furzunemen oder zu bekeumern, sonder vor und ee sin
gerechtigkeit und anspracl vorgemelten parnosen anzeigen. Die
sollent darnach gestalt der sachen warhaftig besichtigen und
verhorn, und was si in dan weissen, vor geistlichen oder weltlichen
rechten mit seiner gerechtigkeit furzefaren oder gar von seiner
vermeinten anspracl abzusteen, sol der jud oder judin gehorsamlich nachkomen. Und wa einer oder mer erfunden wurden, die nach absterben, wie gehort, erben oder witfrauen
unwissent der parnosen ires orts solliche ire schuld mit be-

zwang einbrechten, sol der jud oder judin zu einer strauf 12 goldguldin geben, 8 seiner herschaft und 4 gemelten parnosen zu bezalen verfallen sein. So und ob die gemelten erben oder witfrauen an solicher bezalung seines gerichzwangs eingefurt hat, beschwerung mangel hetten, mugen si dieselbige urtel oder rechtung wider dargeben vorgemelten parnosen. Und nach clag und verher beider theil, gedachte parnosen erkantheit ergangne urteil rechtung zu nichtig sol gemelter jud sollichs den erben wider heraus zu handen stellen, dieweils er im anfang, wie gehort, sein parnosen nit angezeigt.

Item zum sibenden, wo ein jud oder judin von cristen gelt, war oder pfenwert aufnem, wie das wer, betrunglicher weis sich glich hinnach aus dem land vereusert, damit einer, mehr betrogen mochten werden, und sollichs warhaftig von den beschedingen beclagt und angezeigt wurd, sollen gedachten parnosen ires orts, da solchs geschlechen, dieselbigen juden oder judin in unserm hochsten bann und maledeiungen ausriefen und einschreiben als verachter, abgescheiden von aller unser kais. freiheiten und gnaden. Es sol auch kein jud oder judin mit demselbigen verheireten, auch nit mit im essen, noch trinken zu herbergen. Und welcher des mutwillig mit wissen ubertret, mit solichen abgewichen weltbetrieger gemeinschaft haben wirt, der sol gemelten schuldner oder bescheidiger ausrichten und bezalen, so lang seine guter reichen mugen, und ein gemelte pen, wie erst angezeigt, verfallen sein.

Item zum achten, wa auch ein crist, frau oder man, jung oder alt, vorgemelten unsern obersten parnosen und richter in des orten, da si wonen, uber ein juden oder judin clagent und furbrechten, was das wer, so sol der parnos alwegen vorderlich dem pfleger auf ire clag zu recht verhelfen und das gottlich recht ergen laussen gegen dem beclagten juden, wie recht, als dan auch cristen das recht gegen einen juden ergen lassen, wie billich und alle erberkeit, auch das naturlich gesatz ausweist und kein underscheid zwischen den menschen auf erden.

Item zum neunten, es sollen auch die jud oder judin, die einicherlei hörten oder vernemen von iren nachbauren und umbsessen der judischeit, pflichtig und schuldig sein, iren obersten parnosen und richtern sollichs anzuzeigen, ob ein bedrug oder unbillich gespurt oder vermerkt wurd, sollichs furzekomen. Und welche ubertreten und verhalten. von einichen freund oder magt nit anzeigen wurden, sollen bei auch in anfenklicher strauf gestraft werden.

Item zum zechenden und beschlus obgemelter artikel sollen die gemelten parnossen und richter der judischeit jedes orts, da si wonen, allermeniglichen und grosen fleus anwenden, wa si ein ungeburlichen, ungezumten handel umb oder bei inen in stetten, merkt oder dorfen von einem juden oder

judin herten oder gewarnemen, obschon die clager nit zugegen sein wurden, sollen si dester weniger in alweg sollichs
oder desgleichen gruntlich erfaren und nach gestalt der sachen,
was sich zutragen möcht weiter dan die obgemelten ernante
artikel, straufen und abwenden, mit ernstlichen vleis die bosse
arquenige, wa die erfunden wurden, zu vertreiben und verjagen, kein zu beherbergen, als dann unser judischer gebruch
und gemeiner canon ordnung und gesetze von alter her und
unser heilige schrift ausweist und vermag, gerechtigkeit und
erberkeit zu brauchen und nit betruglicher weis, wie dan von
etlichen gespurt, beclagt wurde, weill ein common der judischeit
kein schuld oder nachteil haben.

In trostlicher hoffnung, fursten, hern, auch die stend des
heiligen reichs aus angeborner miltigkeit unser gehorsame allezeit verbietung gewesen, gnediglich ansehen, zu herzen fassen
und uns auch dargegen aus gerechtigkeit, erbarmenlich natur
andere beschwerung so grosslich mit vilerlei zal, neuen gleit
an vil orten drungen und beschweren, mer dan alle kais. freiheiten ausweissen, darzu on alle wucherliche handel die armen
gemeinen judischeit durch etliche land zu passiern versperen,
damit ein armer sein leibsnarung mit seinen krom oder aufrichtige hantierung durch die land in die messen Frannck-
furcht hin und wider oder andere notturft noch brauchen oder
werben kan. Ist hierauf an alle obgemelte fursten und herren,
auch stenden des heiligen reichs als unser allergnedigisten
hern einer gemein arme underthenige judischeit demutig bitt
und begeren, dieweil die röm. kais. Mt. alle unsere freiheit
confirmiert und erneuert, und das man uns gnediglich an allen
orten, wie wir jetzo sitzen und wonen, handhaben und nit
vertreiben sol; auch das man uns in allen landen pasiern und
ziechen zu lassen unbeschwert. Und wir uns dasselbigen darumb nit ganz begen zu uberheben, sonder menschlich und
freuntlich weis understeen, bei der cristenheit also wie vor
alter her gehalten werden zu wonen, handlen und wandlin.
Wollen auch dermassen E. fürstl. Gn. und andern, in was
würden, stands die sein, gegen uns armen, wie angezeigt,
gnediglichen tresten und riebiglichen handlen und wandlen lassen unverletzt, wie billich und recht an im selbs. Ist uns
auch der ungezwufelten hoffnung, des E. fürstl. Gn. und anderm aus hochem verstands die erberkeit und gerechtigkeit
jeder in seinem stand betrachten und erfunden werden und
uns nit weiter beschweren, als dan beiweilen beschechen ist.
Dan wir auch menschen, von Gott dem almechtigen auf der
erden ze wonen geschaffen, bei euch und mit euch ze wonen
und handlen. Darumb wollen wir arme Gott dem allmechtigen
umb E. fürstl. Gn., auch andern stend des heiligen reichs
gesund und gluckselig regierung ze bitten niemer vergessen,

und insonderheit, wie obangezeigt, artikel vleissig nach dato
diser geschrift nachzekomen, unerbrechlich, stet und vest zu
halten. So hab ich Josel jud von Rosheim, gemeiner judischeit
regierer in deutzen land, aus obangezeigten ursachen mit etlichen mer gesanten der judischeit albie zu Augspurg solliche
artikel mit ausgedruckten worten, wie angezeigt, beschlosen,
allenthalben zu verkunden nachzukomen und gehorsamlich zu
understen, wie gehort. Zu waren urkunden hab ich, vorge-
melter Josel jud, mein gewonlich ingesigel gedruckt zu end der
gschrift, obsgeschribner artikel und schlus zu gezeugnus.
D. Augspurg, am tag 17. novembris anno 30. .

Dise artikel leuchlautente von wort abgeschriben und vilgemelter Josel jud das meinem gnädigen herrn bischof zu Augspurg angezeigt selbs in eigner person, und E. fürstl. Gn. ein
gnedigs gefallen darain gehap und damit als Balthaser Maller,
E. fürstl. Gn. dener lasa bevelhn, dis gleichlautende copei E.
Gn. landschreiber zu Burgaw behendigen, auch mein gnädiger
herr landvogt zu Ayslingen insonderheit gemelt Josel gebeten
und auch mir bevolhen, im dise artikel zu handen bringen,
damit mein gnädiger herr und auch er alle parteien, cristen
und auch gemelte judischeit in der margrafschaft Burgav wissen,
gnediglich und erberlich ze halten und hanthaben. Darauf mir
den ecgemelt jud, Josel genant, aus obangezeigten ursachen und
handlung solche gleichlautende copei under seinen sigel dermassen
also, wie gehort, ubergeben und uberantwurten in beisein
meiner, Hans Meysch. Das ich bei sollichen bin gewesen und
der oftgedacht Balthasser Maller, E. fürstl. Gn. dener, und
Josel jud beger und bit, dise urkund ze schreiben, hab ich
sollichs umb ir bet willen geschriben, und ist das geschechen
am 6. tag decembris albie zu Burgaw im 30. jar. Johannes Meysch.

Auf. donderstag nach Niclai anno 30 hat Josel jud mir
Cunraten Aittinger, statschriber zu Vlm ain abschrift diser ar-
ticul behendt und zugestelt, die furter meinen gunstigen, gepie-
tenden heren, einem erbern rath zu Vlm zu uberantwurten.
Das hab ich heut, freitag darnach, gethan und ir f. w. (?)
dieselben zu behaltung angenommen. Das bezeug ich obgemelter Cunrat Aytlinger, statschriber, mit meiner hie unden
geschriben aigen handschrift. Conrat Aytinger, statschreiber
zu Vlme. .

.. Uf heut dato hat Josel jud meinen gnäd. herren, dem lantvogt im underen Elsas, dise ordnung anzeigt, welche ordnung
seinen Gn. wolgefallen lassen, gedenkens und furnemens dieselben die jüdischeit seiner gewaltigung anzuhalten, dass deren
gelept werd. Das hat sein Gn. mir, Reichart Grucker, bevolhen,
im Joslin dessen urkunt zu geben; des ich obangezeigter R. hie
mit meiner aigen handschrift und hantzeichen gethan. D. Hagnaw, den 16. decembris anno 30. R. G., lantvogtischer secretarii.

Uf zinstag nach Erhardi episcopi anno 31 hat Jösel jud minen gnäd. Hn., einen ersamen rat der statt Rosheim dise ordnung, so durch ine und andern der gemeiner judischeit halben tutscher nation uf nehst gehalten reichstag zu Augspurg ufgericht, furbracht, welche ir Wn. von ine angenomen, verlesen und irs inhalts wol gefallen lassen; haben auch der gleichlautend abschrift und copias hinder ir Wn. genomen. Bezeug ich, Salomon Brillinger, diser zeit statschreiber mit diser meiner eigenen handgeschrift. Salomon Brillinger, scriba juratium in Rossheim. -   · ·

Auf Montag nach trium regum anno XLI (!) hat Josel jude von Rossheim meinen hern, eim ersamen rath der statt Obernehenheim hievor geschribne ordnung, so durch ine und andere gemeiner judisheit teutscher nation den armen leuten zu gut auf dem reichstag zu Augspurg ufgericht, furprocht; welche ir Wn. ime angenommen, und inen das wol gefallen lassen, haben auch gleichlautend copias hinder sich genommen; bezeug ich Reichart Grucker, genant Stephan, mit diser meiner eignen handgeschrift. Reichart Grucker, genant Stephan, stattschreiber zu Obernehenheim.

IV.

Copia missive D. Mathias Heldt an Josel, 25. November 1530. Bezirks-Archiv Strassburg. F. 2615, Wetzl. 454, n. 11.

Mein gruss und alles guts zuvor. Bescheidner lieber Josel! Ich acht, du habest noch in gueter gedechtnus, wie man etlich vil mal dir alhie angezeigt, das der gemein arm man durch die judischeit allenthalb mit unleidlichem, ubermessigem wucher und umbtrieben mit dem Rotweilischen gericht dermassen beschwert und getruckt werde, das, wo sollichs nit gemessiget oder gar abgestellt, musste die röm. kais. Mt., unser allergnedigster herr, ein einsehen, wie sich geburt, solcher gestalt thun, darob gemeiner judischeit nit viel nutz noch gedeihens volgen sollt. Dieweil dann hochstgemelte kais. Mt. gemeine judischeit uf dein vielfeltig, vleissig anhalten und solicitieren bei iren freiheiten gnediklich gehandhabet uud erhalten, und du under anderm meinem gnäd. Hn. von Costnitz, auch den kais. hofräthen zugesagt hast zu verfuegen, dass obgemelt beschwernus abgewendt werde, darum so gedenk und bis darob und daran, das sollichem verheissenen volg benuge beschech und gemeiner judischeit vor entlichem schaden und nachteil seiest. Damit auch

kais. Mt. und gemeine stende des heil. reichs nit verursacht
werden. solchs mit grossern unstelten und ungnade zu thon.
Das hab ich dir und gemeiner judischeit zu gutem nit wollen
verhalten. D. Augspurg, am 25. tag des monats novembris
nach Christi unsers lieben Hn. geburt 1530. Mathias Held, beider rechte doctor, kais. Mt. hofrath. Dem bescheidnen Josel jud
von Rossheim, gemeiner judischeit parnosen zu handen.

V.

*Copia missive regenten und rhete des furstenthums Wir-
tenberg an Josel.* 3. Dezember 1530. Bezirksarchiv Strassburg.
F. 2615, Wetzl. 454. n. 12.

Königl. Mt. zu Hungern und Beyheim etc., unsers gnedig-
sten Hn., stattbalter und regenten in Wirtenperg etc. Josel
jud, wir haben dein schreiben und supplicieren, so du jetzo
an uns von gemeiner judischeit wegen gethan, alles inhalts
vernommen und wissen uns uf dein gescheen begern in einich
handlung gegen dir einzulassen, sonder so haben wir jetzo bei
jungsten von röm. kais. Mt., unserm allergnedigsten Hn., dar-
wider ein freiheit erlangt, deren wir uns geprauchen, auch
uns selbst und die underthonen diss furstenthums darbei handhaben, schutzen und schirmen werden etc. Als du aber zu
letst deines schreibens under anderm anzeigst und begerest,
nachdem du ein alt geleit von uns habest, das wir dann deinem
gesellen Salmon auch ein gelait geben wollen etc., daruf geben
wir dir zu erkennen, das wir ime einich gelait wissen mitzuteilen, noch vil weniger mögstu dich deins alten geleits getrosten.
Dann die erlangt freiheit, die dann nunmer gemeinlich allenthalben publiciert und eröffnet, ist ganz dawider, solst dich
auch deren hiewider nit gebruchen. Sonder hastu deiner person
halber geleits oder andern sachen halben etwas an uns zu
bringen, das magstu thon, alsdann wurt dir jederzeit mit ge-
burlicher antwort von uns begegnet, darnach du dich zu halten
weist. D. Nürtingen, am 3. decembris anno etc. 30. An Jossel
juden von Rossheim, gemeiner judischeit regierer, zu handen.

VI.

*Josel an Statthalter und Räte des Fürstentums Württem-
berg*, 6. Dezember 1530. Original mit abgerissenem Siegel.
Staats-Archiv Stuttgart.

Wolgebornen, strengen, hochgelerten stathalter, Edlin, vesten,
ersame, mein gnedige hern sei mein gehorsame dinst voran berait. Gnedigen hern! Als ich itzo nest verschinen E. Gn. stathalt
und räten samt und sonders underthäniglich und gehorsam er-
benntlich zugeschriben, as sich dan die notturft an im selbs
derforderet und irs inhaltz nach vernemen und gelesen, aber
mir nit laut und oder volkomenlich antwurt, als sich zu sollichen geburt, zugeschriben, sonder mit ainer gespaltne antwurt,
als so ich mich meines kais. und kön. gelait und tröstung fur
mein person und meine diner durch alle land beglait zu basiern,
unverletz beglaiten. Bin ungezweifelt, E. Gn. mir dasselbig
nit abzustricken, dan ich es nit um E. Gn. oder underthane
verschult. Doch hab ich under anderin vernomen, so ich fur
meine person beglaitet bin oder andere gescheft, sol ich das
anzaigen, werd mir geburlich antwurt engegen gen. So zaig ich
gehorsamlich an meiner gescheft, kais. kön. Mt. hof nachzu-
volgen, gescheften nach in der canzellei an einen, zum andern
ain beschlusliche ordnung und articel, so auf gemaine judischhait
durch mich zu Augspurg ausgangen und alle fursten und heren
stende des heil. reichs zubringen und schicken mus, onaufge-
halten meiner person halben; wie ich dan zum thail E. Gn.
vor auch angezaigt. In ander weg hab ich kein ander gescheft,
dan durchs land die notturft erfordert den nösten kais. Mt. hof
zu. Des si mich nu vorgemeltes kais. und kön. Mt. gelait
trösten und halten wurd auf der strausse, nit a weg ausserthalb ainicherlai handlung, dan wie gehort. Und vorgemelts
Salmons jud, der auch mit mir begert, so er nit von der kaie.
oder kön. Mt. versprechen und gelait bei handen hat, anzuzaigen,
sonder aus fremden landen, hab ich in in kain gevärlichkait
wellen stellen und in hinder mir gelaufen, auf weiter beschaid
zu warten. Und in suma sumario wil ich hiebei weiters E.
Gn. gehorsamclich angezaigt han, wie hie vor nest meinem
schreiben, das ich meine zusagung und worten wol und stet zu
halten, gemainer judischhait und sonderlich je denen, bei und
nöst um E. Gn. wonen, ain erbar ordnung aufgericht, wie ir
dieselbige under meinem sigel gnediglich hiebei zu vernemen
haben. In trostlicher hoffnung, E. Gn. ain gevallen werden
haben; wa aber noch etwas mangel und beschedliches vorhanden
wer, wil ich abermals E. Gn. um aller erbarkait, auch gerech-

ligkait geboten han, wöllent mir gnediglich aus der kais. strasse
a weg E. Gn. gen Nertingenn lassen komen, damit ich von
wegen meiner judischbait weiters .mundlich kann handlin, als
sich dan die notturft erfordert. So mir aber das auch abgeschlagen
wurd, das ich mich nit versich, wil ich doch gegen E. Gn., und
wo si das zutragen möcht, die erbarkait mit diser geschrift be-
zaigt haben, das ich vilvelliger weis von wegen gemainer judisch.
erbitung gnugsam beweisen und noch mehr desselbigen genaigt bin. In hoffnung, E. Gn. also hoche verstendige mich
personlich zu verhern, wie angezaigt. Des wil ich um E. Gn.
underthönig beschuldigen. D. Gintzburg, am 6. tag decembris
anno 30. E. günstiger, underthöniger, gehorsamer Jösel jud von
Rosaim, gemainer judich regierger. — Der pot ist mundlich ab-
gevertigt : Der jud soll ain ander strass suchen dann durch das
fürstenthum, diewil er dem bof nachzieben wöll, man wiss auch
sich der oder ander artikel halp nichzit mit im zu handlen,
darum mag er hinziehen, man lass es bi voriger antwurt
pliben. A. den 10. december a. 30.

VII.

Supplication von Jössel jud von Rossheim, an den Strass-
burger Rat, 21. Juni 1531. Copie. Stadtarchiv Strassburg,
G. U. P. 174, n. 26.

Strengen, erenvesten, vesten, fürsichtigen, ersamen, weisen
herren! E. Gn. sei mein underthenig gehorsam diensi zu voran
bereit etc. Demnoch ich vernomen, das in meinem abwesen
E. Gn. etwas unwillen gehapt wider meine mitbrüder etliche
der judischeit durch etliche handlung sich sollt verhandelt haben, daruf nun bitz alhär den gemeine judischeit samt oder
sunder den alten gebrauch, so bitz alhär gnediglich bei einem
geleit haben lassen wandelen und handelin zimlicher notturft
nach, abverkündt etc. Des nun uns armen seer verwundert,
so schon von einichen oder mehreren etwas sich zugetragen
hette, daran E. Gn. kein gevallen vernemen, das darum die
anderen des alten brauch, E. Gn. günstliche milligkeit, solten
beraubt sein. Hieruf hab ich als von wegen gemelter judischeit
etliche hersucht und befragt, wo und wer die sein, die ein
unwillen und unlust meinen Hn. als E. Gn. angericht haben,
so hab ich doch von meinen mitbrüdern nit weiters können
vernemen, dan Mennel von Danckelssheim halben, der in einem
geschrei und murmulung komen eines weibs halben, dorzu et-

licher diebstal er kouft solt haben, wie dan dasselbig E. Gn.
gut wissens haben. Darum nun ich mit allem fliss in befrogt
und beeidiget, wie und was er sich desthalben gehandelt, bitz
er mir die warheit angezeigt. Und zu bevestigen seine wort
der warheit, hab ich mich mit im hierin zu E. Gn. gethon und
seine verantwortung und entschuldigung vor E. Gn. verordneten Hn., auch vor die vorgemelte personen, frauen und des
gefenglichen mansbild gehört und vernomen, wie dan dasselbig nach der leng E. Gn. verordnete 2 Hn. on zweifel wol
gehört und anzeigen werden. Dwil nun E. Gn. wol erachten
mögen, das wir armen juden bei vilen herter besagt und beklagt werden, dan es an im selbs ist, darum hab E. Gn.
allezeit uf gerechtigkeit und gutem gemüt uns arme mit keinerlei thaten oder beschwerung wider uns arme samt oder sunder
fürgenomen, sonder allewegen uns lassen zu verantwurtung
und verhör komen, des wir arme uns hoch bedanken. In tröstlicher hoffnung E. Gn. werd uns arme noch heut bei tag dermassen gnediglich wider bei dem alten brauch lassen, bei euer
statt us und in, wo sich die notturft erfordert, passieren,
handlen und wandlen; auch E. Gn. diener und knecht ein
zimliche niessung järlich davon entpfangen, des wir mit geduld
gegeben, dan in aller welt die menschen durch einander uber
mehr und die dissit ire gewerb, koufen und verkoufen mit
zimlicher leibsnarung ire gewerb müssen triben. Des wir armen
E. Gn. auch bitten, dermassen nit abstricken, des soll sich ein
gemeine judischeit samt oder sunder aller gepür gegen E. Gn.
verwandte auch zimlich halten. Und wo es sich befende, das
einer oder mehr sich der ungepür halten würde, nem er sine
straf, wie und wo sich das gepürt. Wir haben auch ein
schwere ordnung selbs gemeinlich ufgericht wider die, so erfunden mochten werden, die einiches ungerechtigkeit theten,
nemlich 9 oder 10 artikel, sie zu strafen. Des ich von wegen
gemeiner judischeit willig bin zu ubergeben, domit E. Gn. weiss,
demselbigen nach auch zu richten; in hoffnung, E. Gn. werd
ein gevallens daran haben. Bitt hieruf, wie angezeigt, E. Gn.
wöllen mir von wegen gemeiner judischeit ein gnedigen abschid geben, domit ich weiss der gemelt judischeit samt und
sonder zu trösten, fürter künftiglich zu halten. Das sol ich
und ein gemeine judischeit undertheniglich allezeit gehorsam-
klich beschulden.

Weiters bitt ich, E. Gn. wöllet mirs nit zu undank
annemen, mit vil schriften ufzuhalten, dan die notturft
dringt, sollichs anzuzeigen. Nemlich auch meines vettern
halben, als seine silberin becher bei E. Gn. verhaft sein, ursach anzuzeigen, wer und wo der ist, ders im zu kaufen hat
geben; behalt er bi seinem jüdischen eid, das er das nit weiss,
wo und wer der ist, sonder er sehe in dan zugegen. Darum

er auch bei demselbigen eid behaltet, wen und wo er inen
befende, wil er ine mit recht behemmen und E. Gn. anzeigen.
Dan er sie ufrichtlich von im kouft, one alle ufsatz und list,
als sich dan die sach an im selbst wol schint, des er kein
scheie oder args gewust, sonder offentlich E. Gn. goldschmid
albie bei euer löblichen statt Strassburg bei seinem geleit ufrichtlich einem offenen goltschmid gebracht, wie E. Gn. dan
das wol weiss. Und solche güter von niemants beclagt, das sie
gestolen oder geroubt weren. Ob aber sich nun befind, das
die becher das silber an im selbs nit dermassen Strassburger
werung solt sein, und derihen, der im sollichs zu koufen geben hat, durch sich oder andere etwas betrug oder geschwin-
digkeit gebraucht, was mag dessen mein vetter? Bitt hieruf von
wegen meines vettern, E. Gn. wöll im seine becher wider zustellen und inen bei sollichem eid und zusagung, wo er den
befindt, wie gehört, pliben lassen. Dan wir der ungezweifelten
hoffnung, das E. Gn. nit geneigt ist, einiches geverlichkeit
wider uns arme zu bruchen, sonder der erbarkeit gegen einem
juden als eim christen. Als ich dan von meiner gedechtnüs
bitz albär von E. Gn. und einer löbl. stat Strassburg in vil
sachen, so uns armen betroffen hat, nie anderst vernomen.
Des wil ich auch dermassen gegen E. Gn. und verwandten
gehorsamlich beschulden. Darzu wo sich einches beschwerung
von meinen mitbrüdern wider E. Gn. künftiglich zutrüg und
ich dessen vernemen würde, wil ich doch als gehorsamer allezeit ganzen möglichen fliss anwenden, sollichs zuvorkomen,
domit alle parteien zufrieden pliben mögen, wie E. Gn. dann
auch nie anders von mir gehört. Hiemit sei der frid von Gott
dem allmechtigen bi E. Gn. und uns allen. E. G. undertheniger Jösell, jud zu Rossheim, gemeiner judischer provoss.

VIII.

Juden, so der Stadt Geleit sich bedienen werden, sollen
und wollen sich zuvörderst verobligieren, hiesige Bürger und
Hintersassen in Stadt und Land mit fremdem, ausländischem
Gericht nicht vorzunehmen, 25. Juni 1534. Original mit Siegel.
Stadtarchiv Strassburg, G. U. P. 174 n. 21.

Zu wissen allen juden und judin deutscher nation. Demnach alles die strengen, edlen erenvesten burgermeister und
rath der löbl. stat Strassburg aus demietiger, erbarer meinung
mir hie Jesel jud, hienach genant, zum dickermal zugeschriben

etlicher juden halben, die sich dan wider ire zugeberige un-
billiger weis mit uslendischen rechten und anderer beschwerung
handelt solten haben, darum ich nun als ein gehorsamer auf
solich schreiben auch aus kraft unserer judischen ordnung mit
hilf Got des almechtigen alwegen soliche unbillige furnemen,
als etliche gehandelt solten haben, wie gehort, abgewendt, zu
friden gebracht. Nun aber mir abermols von hochgemelten Hn.
der stat Strasburg zugeschriben worden, des datum lautet den
23. junii anno 34, eins juden halben, Jacob von Schopfen
genant, wie er ein ungebirlichen handel getriben sol haben
mit uberschwenklichem wucher wider iren zugeberigen. Darum
ir beger, solichs mit im abzuwenden, inhalt des vorgemelten
briefs. So nun solichs also were, wie ich vernumen hab,
weist unser judisch ordenug aus, das kein jud oder judin, kein
mestchen auf erden uber ditzen oder ander unbillige weis,
sunder unserer leibesnarung, wie das von alter her guter gewonheit hergebracht, auch jeder, sofer im nach yermeg unserer
hergebrachte freiheiten rechtes gedeien mag, vor sinen ordenlichen richtern on weiter tribulieren bliben sol lossen.

Hieruf aus kraft solicher gemelter ordnung sag und ver-
künd ich allen juden und judin, auch vorgemeltem Jacop juden
besonder, das sie aus solicher unserer jüdischen ordenung nit
gön, und mit usgetruckten worten: Welcher jud oder judin
mit angeberen der vorgemelten Hrn. von Strasburg zu
schaffen hat oder zu schaffen gewindt, jeden bei seinem
ordenlich richter, wie angezeigt, bleiben lasse on weiteres on-
billichs furnemen. So aber einer, jud oder judin, solichs und
desgleichen mit geschwindikeit ubertret, furtzufaren begert
wider vorgemelte gnäd. Hn. von Strasburg wissen und willen,
und alsdan solichs mir oder gemeine judischeit glaubhaftig angezeigt wurt, so sol derselbig jud oder judin von stunden an in
gemeiner judischeit ban und maledeiung sin, und keiner von
uns judin essen oder drinken, hausen oder beherbergen sollen,
sundern ganz und gar von uns judischeit abgescheiden sein soll,
so lang und vil er vilgemelte Hn. von Strasburg derenthalben
zufridenstelt, jden bei seinem ordenlichen richter, do er sitzt
oder wont, oder auf der pfalz bei recht bleiben und benugen
lassen. Damit eine löbl. stat Strasburg uns arme judischeit nit
in verdacht sol haben, als so wir, so vil in unserer macht und
straf were, nit nachkomen wolten, so hab ich als gemeiner
judischer regierer in teutschen landen mit rath anderer mer
juden aus kraft vilgemelter unserer judischen ordnung solichs
offentlich under meinem secret lossen ausgön und mine gnäd.
Hn. der löbl. stat Strasburg undertheniklich ubergeben, domit
sie dan allen denen juden, die geleit hierinner bei inen begeren, wie von altem herkumen, solichen brief forzuhalten,
schweren sol, gehorsamlich nachzukumen, domit dan, mine

gnäd. Hn., nit not wurd sin, wo sich ein solche oder desglichten ungeburlich von etlichen juden oder judin gespurt wurd, andere gehorsame juden, in disem fal dise ire löbl. stat zu verbieten. In trestlicher bofnung, sich kein jud oder judin in dise gevar hiewider zu setzen handeln begert, sundern stet zu halten, als billig schuldig ist. Zu warer urkunth hab ich, Jösel jud, gemeiner judischen regierer, wonhaftig zu Rossen, mein eigen ingesigel gedruckt zu end diss brifs. D. Strasburg, den 25. juni des jars, als man 34 zalt.

IX.

Copia gleits Johann herr von Worlemberg, obrister burggraf zu Prag, für Josel. 20. Oktober 1534. Bezirksarchiv Strassburg, F. 2015, Wetzl. 454, n. 10.

Allen und jeden, was standes, wirden oder wesens die sein, den diser brief zukomt und damit ersucht werden, empeit ich, Jhon, her von Wartenbergkh, auf Zwieretiz etc., obrister burggraf zu Prag, mein dienst, gunstigen, guten willen und alles guts. Und thue hiemit kund allermeniglich, das der fursichtig judmeister Jossell von Rossheim, obrister rabbi der gemeinen judischeit durch Beheim und der teutsch land, gegenwurtiger brieves zeiger, oftmals aus notturft seines auferlegten amts und viler zufelliger gescheft halben durch eure herschaften und gepiet reisen und ziehen muss. Ist derhalben an euch alle und einen jeglichen insonderheit mein fleissiges und guetlichs begeren und ansinnen, wo sichs zutruege, das bemelter meister Jossel durch euere land, berschaft oder stette ziben oder reisen wurde und auch sich darin aufhalten mueste, welte im keine irrunge, hindernus noch widerwillen thun, auch andern zu thun nicht gestaten, sondern wie er euch in seinem oder ander seiner amtsverwandten juden anligen und notturft ersuchen wurde, ine guetlichen verhören und, sovil zimlich und gepurlich, ime furderlich gunst und guten willen erzeigen und inen meiner furderung und bit geniessen lassen. Das will ich um euch alle und einen jeden insonderheit gerne verdienen, vergleichen und beschulden. Zu urkund hab ich mein angeborn siegel an diss brief trucken lassen. Geben aufm schloss zu Prage, dinstags nach Luce Evangeliste im 1534. jar.

X.

«Copia citationis, mir zu ruck ufgeschribne executio.» 6.
Juli 1535. Bezirks-Archiv Strassburg, F. 2615, Wetzl. 454, n. 1.

Wir Karl von Gots gnaden erwelter röm. kaiser, zu allen
zeiten merer des reichs, in Germanien, zu Hispanien, baider
Sicilien, Hierusalem, Hungern, Dalmatien, Croatien ete. kunig,
erzherzog zu Osterreich, herzog zu Burgundi, grave zu Hapspurg, Flanndern und Tirol etc., thun dir, Josel juden von Rosshaim, zu wissen, das der ersam, gelert, unser und des reichs
lieber getreuer Wolffganng Weydner, der rechten doctor, unser
kais. cammerprocurator fiscal, demselbigen unserm cammergericht mit clag furpracht, wiewol in baiden geistlichen und
weltlichen, unsern und des reichs rechten wol fursehen und
bei namhaften, schweren strafen und peenen verboten, das
kainer, was wesens oder stands der seie, sich einichs falschen
bosen betrugs und unzimlichen, nit erlaubten, ungeburlichen
titels, weder haimlich noch offentlich, gebrauchen, behelfen,
rumen oder anmassen, so sollest du doch des unaengesehen,
sonderlich jetzund in disen schweren, schwinden leufen (darin
sich ainer schlechter geburt und handwerks königl. titels angemast) dich vor den wolgebornen, edlen, ersamen, gelerten,
andechtigen und unsern und des reichs liebn getreuen, unsern
kais. cammerrichter, amtsverweser und beisitzern gedachts
unsers cammergerichts fur einen regierer gemeiner judischait
im reich ungeburlicher weis, auch on einichen schein genennt,
geschribn, gerumt und angegeben, unser Mt. als einigen,
rechten regierer gemelter judischait nit zu geringem verkleinern,
spot und hon, auch ander bosen zu ufrurischem exempel und
beispil; und dadurch die peenen und strafen gemelter rechten
verwurkt, darein gefallen sein; er auch darum amts halb spruch
und forderung zu dir habn und rechtens notturftig sein, und
darauf um nachvolgende ladung gegen dir zu erkennen die-
mutiglich anrufen und bitten lassen. Dieweil wir dann meniglichem rechtens zu verhelfen schuldig und geneigt sein, ime
auch solche ladung erkennt worden ist, so heischen und laden
wir dich von röm. kais. macht hiemit, das du auf den 21.
tag, den nechsten nach uberantwurtung oder verkundung diss
briefs, der wir dir 7 fur den 1., 7 fur den andern und 7 fur
den 3., letsten und amtlichen rechtag setzen und benennen
peremptorie, oder ob derselb tag nit ein gerichtstag sein wurde,
den nechsten gerichtstag darnach, selbst oder durch deinen
volmechtigen anwalt an gedachtem unserem cammergericht erscheinest, zu sehen und zu horen, dich um obangezogner deiner

verhandlung willen in die peen gemelter rechten oder sonst andere geburliche peenen nach erkenntnus und ermessen gedachts unsers camergerichts mit urteil und recht. sprechen und erkleren, oder aber rechtmessige ursachen und einreden, ob du einiche dagegen hettest furzubringen, der sachen und allen iren terminen etc. bis nach endlichem beschluss und urtel auszuwarten. Wan du erscheinest, alsdan oder nit würdet nit dest minder mit erkentnus und erklerung beruertr peenen, auch sonst der gepuer nach hierin im rechten, wie sich das gepuert, gehandelt. Darnach wisse dich zu richten. Geben in unser und des reichs stat Speir, den 6. julii stat jar nach der gepurt Chr. unsers Hn. 1535, unserer reich, des röm. im 17., und der anderen aller im 20. jar. Ad mandatum Domini Imperatoris proprium Caspar Hamerstetter, judicii camere imperialis protonotarius.

XI.

Mandatum constitutionis Jesel juden von Rosheim. 7. Juli 1535. Original. Bez.-Archiv Strassburg, F. 2615, Wetzl. 454, n. 2.

Ich, Jesel jud von Rossheim etc. bekenn hiemit diesem offnem brief gen allermenniglich: Als mir vergangen tage ein kais. ladung uf anrufen des wirdigen, hochgelerten Hn. Wolfgangen Weidners, doctorn und kais. fiscals, vermeintlich ausgangen, durch den kais. pedellen verkundt und exequiert worden ist, uf ein benanten tag laut angezogher ladung am kais. camergericht zu erscheinen, und aber ich aus ehaften ursachen in eigner person dieser zeit nit weiss zu erscheinen noch meiner sachen auszuwarten, das ich demnach meinen ganz volkomen gewalt und macht gegeben und bevolhen hab, gib und bevilch auch den hiemit in craft diss briefs, so ich bester form, weis und gestalt thun soll, kan und mag, dem wirdigen und hochgelerten Hn. Cristoffen Hosen, der rechten Dr., beruts camergerichts advocaten und procuratorn, in meinem namen und an meiner statt an gemeltem camergericht zu erscheinen, mich, wie sich in recht gebuert, gegen dem fiscal zu verdreten, mein gegenwher und exceptiones furzuwenden, die sachen zu recht setzen, beschliessen, bei und endurteil begeren und andere notturft zu handlen etc., item juramentum calumnia und sonst einen jeden zimlichen, gewonlichen und mit recht uferlegten eid in mein seel zu schweren, von widerteilen zu bescheen

begeren, auch einen oder mher afteranwelde zu undersetzen
oder substituiern, dieselben on verletzung diss bevelchbriefs zu
widerrufen und den wider an sich zu nemen, so oft es inen
not bedunkt; item costen, scheden, verseumnis oder interesse
einzulegen, beim eid zu behalten, zu taxieren, auch dieselben
einzunemen und darum zu quittiren begeren, executorial, er-
langtes urteil und anderen process, so ine oder sie fur gut ansehen wurdet, zu bitten und sonst gemeinlich alles und jedes
zu thun; zu handlen und zu lassen, das sich rechtlicher ordnung und des camergerichts gebrauch nach zu thun geburt,
und ich selbs, wo ich personlich gegenwertig were, thun sollt,
konnt oder mocht. Ob auch der obgenant Dr. Hoss, mein
gesatzter anwalt, oder sein afteranwelt und substituirte procuratores samt oder besonder merers und volligers gewalts, dann
hierin begrieffen, notturftig weren oder wurden, wie gnugsam
das erkant werden mag, den will ich inen one mangel und
gebrechen allenthalben volkomenlich, als stund das mit geson-
derten clauseln und puncten hierin begrieffen, gegeben haben,
itzo als dan und dan als itzo. Was auch sie also handlen,
thun und lassen, das ist und heisst alles mein bevelch, ganzer
und guter will. Bered und versprich auch solchs alles ratum
und gratum, und sie meine procuratores aller ding schadlos
zu halten, bei verpfendung und bedingung aller meiner hab,
liegender und farender, gegenwertiger und kunftiger, treulich
und ungeverlich. Des zu urkund hab ich den ernhaften und
furnemen Hn. Hennrichen Mörbel, alten burgermeister der
statt Speier mit vleiss erbeten, das er sein eigen insiegel, mich
obgeschriebner ding damit zu besagen, herangedruckt hat,
doch ime und seinen erben one schaden. Geben den 7. julii
anno im 35.

XII.

Exceptiones et in eventum conclusiones Jösel juden zu Ros-
heim ctra. den kais. fiscal. Praes. Speir 5. Julii anno 36.
Orig. Bez.-Arch. Strassburg, F. 2615, Wetzl. 454, n. 4.

Durchleuchtiger, hochgeborner furst, kais. Mt. camer-
richter, gnäd. Herr. Zu handlen wider ein vermeinten munt-
lichen furtrag, den 10. tag januari jungst und dann wider ein
vermeint ladung und darauf ubergeben petition respectnis zu
excipieren, durch den kais. fiscal gegen und wider Jösel juden
von Rosheim beclagten gehalten und usbracht, sagt anwalt gemelts juden erstlich wider des fiscals angezogne vermeinte

handlung und ubel usbracht ladung gemein inrede. Will dem
fiscal in oder extra juditialiter nichts geslanden haben, das
Josel dem juden zu nachteil und schaden reichen soll. Und
in spetie zu handlen und zu excipieren ist anwalt nit in ab-
red, das Josel zu ende seiner supplication, den 5. tag juli anno
etc. 35 E. fürstl. Gn. um gnedige mittheilung einer urkund
uf ein kais. uberantwort schreiben in rath eingeantwort, sich
regierer, gemeiner judischeit underschrieben hab. Das aber
solchs röm. kais. Mt. als einigem rechten regierer gemelter
judischeit nit zu geringem verkleinern, spott und hon, auch andern
bosen zu ufrur exempel und beispiel, wie vilgemelter fiscal ufs aller-
hochst ufmutzen thut, reichen thue und dermassen durch den
juden bescheen und underschrieben sei, das, gesteet- anwalt
keinswegs; der fiscal wurd es auch uf den juden, wie sich in
recht geburt, nimmermer wissen noch mogen war machen.
Dann solch underschreiben durch den juden in keinen argen
oder bosen listen, auch nit honischer und verechtlicher weis zu
kais. Mt. verkleinerung, sonder einfeltiglich, sine dolo, fraude
und one alle arglistigkeit und verachtung bescheen und underschrieben worden, wie dan dasselbige aus nachvolgendem
excipieren und darthun sich clerlich und mit warheit befinden soll.

Und Josels juden unschuld anzuzeigen, auch darzuthun,
das dem kais. fiscal sein vermeint clagen des orts wol uber-
plieben, den juden in costen und schaden zu furen sich billich
entbalten, auch sein principal derhalben von vermeinter usgangen ladung und daruf eingefurter clag mit abtrag costens
und schadens absolviert und ledig erkant werden soll, sagt anwalt, die unwidersprechlich warheit sein, dass Josel jud, der
beclagt, nun bei 30 jaren lang bei weilant keiser Maximilian,
hochloblichster gedechtnus, auch bei itzt regierender kais. und
kön. Mt., seinen allergnedigsten Hn., von wegen gemeiner
judischeit darzu geordnet, gehandelt uf allen reichstegen ire
freiheiten und confirmationes derselben ausbracht. Derhalben
dann er Josel jud bei irer Mt. rheten, marschalken, regiment
zu Enssheim, aus Boheim und Teutschlanndt ein oberster der
juden, oberster rabbi und eins teils regierer der judischeit
durch sie und menniglich genannt worden. Gemelte rhet,
marschalk, regiment zu Ensheim, aus Beheim und andere des
heil. reichs stende haben auch in iren schreiben und iren gleiten, dem juden gethun und gegeben, mit dergleichen worten
genant und in der subscription irer missiven und gleit einstheils
ein obersten der juden, oberster rabbi, auch einsteils regierer
der judischeit vilgemelt zugeschrieben. Dessen zu wärmachung
ubergibt anwalt ein gleit Jorgen Wolffen zu Boppenheim, des
heil. röm. reichs erbmarschalken etc., mit A., darin der jud
oberster in teutschen landen durch gemelten erbmarschalk ge-.

nant wurt; zum andern ein missif von röm. kön. Mt. landvogt, regenten und rhete in obern Elsass, an vilgemelten juden gethun, darin er von regenten ein oberster uber all juden teutscher nation genant, mit B.; zum 3. ein schreiben Conradten Alchofers, schaffners der statt Strassburg, mit C., steet die uberschrift: Josel juden, gemeiner judischeit regierer; zum 4. legt anwald ein schreiben von Sebastian Stibern, burggraf zum Rotenberg, auch ein, mit D., in welchem der jud gemeiner judenschaft regierer genant wurdet; zum 5. ein schreiben von burgermeister und rhat zu Schlettstadt, auch an Jösel usgangen, mit E., ungezweifelt wo der jud oberster nit were, sie hetten ime gemeiner judischeit regierer nit geschrieben; und zum 6. und letsten ubergibt anwald ein gleit Johannsen Hn. von Wartenberg, obersten burggraven zu Prag, mit F. signiert, in welchem gleit Josel oberster rabbi gemeiner judischeit durch Bebeim und das teutsch land genant; alles in originalibus und mit gleichlautenden copien. So wirt Josel der jud von menniglichen an berurten orten in nider- und ober-Elsass und durch die judeschaft Beheimer und Teutschen lands nit anders genant dann oberster der juden, oberster rabi und regierer der gemeinen judischeit, auch ime under diesen kein ander titel sonst in subscriptione gegeben.

Und wonet noch ein jud im Elsass, auch Josel jud genannt, darum zu einem underscheid, den beclagten juden zu erkennen, wurd er, wie angezogen, allenthalben genannt, und dass er von gemeiner judenschaft uf allen reichstagen und sonst zu handlen obersten gewalt hat.

Aus disen erzelten ursachen, gnäd. furst und herr, hat sich der jud solchs titels regierer onverschalkter und keiner arglistigen meinung im underschreiben seiner ubergebnen supplication, 5. Juli, in rath genannt, und sich ein obersten forcht der hoffart halber nit schreiben und nennen wollen, und zu schmach kais. Mt. oder anders, wie der fiscal vermeintlicher weis angeben, nichts gedacht, sonder wie in seiner supplication gehort, sich zu erkennen zu geben, das er von wegen gemeiner judischeit das kais. schreiben zu verantworten und urkund zu begeren bevelch hett. Daraus dann volgt, das des fiscals impertinenter allegierte recht in diesem fall nit kunden, mogen oder sollen statt haben, in ansehung das der jud in seiner subscription einiches falschen, bosen betrugs und unzimlichen, nit erlaubten, ungeburlichen titels nit gebraucht, beholfen, berumt oder angemasst und sich aus einfalt, sonder arge list, nit anders genennt und underschriben. Dann er von menniglich genant und ime fur ein titel von kön. Mt. rheten, marschalk, regiment zu Ensheim, aus Beheim und Teutschland, auch sonst zugeschrieben und gegeben wurd. Titel codicis de mutatione nominis etc. kan

sich zu diser sachen nit reimen, nichil fraudulenti per indemne
factum exstitit.

Vilgemelter·jud hat sich auch gemeiner judischeit und
hebraischen sprach noch nit anders wissen zu nennen; und
E. fürst. Gn. dessen bericht zu thun, sagt anwalt, das parnos
ein hebr.-caldeisch wort ist und im talmut durchaus und an
allen orten von den juden zu gutem teutschen fur nachvolgende wort gebraucht wirt: als ein speiser, furseber, regierer,
anwalt, procurator und bevelchhaber, welchs wortlin parnos
erzelte stück alle in sich begreift. Aber in der rechten hebr.,
biblischen und prophetensprach, so das recht alt testament sein,
heisst derjenig, welcher erzelter emter eins hat, manhig, das
ist zu gutem teutschen ein furer oder regierer. Hat also Josel
jud sich seiner caldeischen und hebr. sprach gebraucht in subscriptione, wie dann alle hohe schulen der judenschaft zu
Franckfurt, Wormbs, Esslingen, Fridberg und anderswo vilgemelten Jösel dermassen parnos und manhig in iren ubergeben
gewelten und sonst nennen. Sollte nun dem juden sein ver-
lihe (?) sprach und dass er aus einfeltigkeit one alle verachtung
kais. Mt. ein regierer geschrieben, zu nachteil und schaden
reichen, das were je wider recht und alle billigkeit. Aber
E. furstl. Gn. werden one allen zweifel den sachen bass nach-
denken und des juden rechtmessige verantwortung gnediglich
beherzigen. Das auch die cald. und hebr. sprach die worter
parnos und manhig nit anders mitbringen und uf sich tragen,
dann wie oben solche wort usgelegt und bedeutet sein, zeucht
sich anwald uf dieselb sprach und auslegung derselben. Wo
es von nöten, als anwald nit verhofft, will er sich zu beweis-
ung on uberfluss hiemit erboten haben.

_ Und ist wol zu verwundern, dass·der fiscal dem juden das
wortlin regierer so hoch ufmutzt und auslegt. Dann wiewol anwalt
wol weiss, das regum des latein von kön. namen, wie man
dan sagt: 1 regum oder 3 regum, so hat dennocht der jud nie
gedacht, dass das wort regierer inbegriff von regnum ist,
ursach das das wort regierer uf andere schlechte, naturliche
und verachte sachen auch genant wirt, wie man dan spricht:
Sola pecunia regnat, mundus regitur opinionibus, das gelt regiert die welt, oder wo ein hauf landsknecht bei einander,
spricht man: ir regiment. Solte nun diese sprach schmach
der kais. Mt. sein, wer on zweifel vor vil jaren solchs abgestellt
worden, dass man das wortlin regiert oder regierer bei solchem
nit nennen müsst. Darum dem juden, so sich seiner cald.
und hebr. sprach und auch gemeiner art zu reden nach gebraucht, darzu gemeiner judenschaft parnas und manhig, das
ist sovil als ein speiser, furseber, regierer, anwalt, procurator,
nichts zu verargen ist.

Dieweil nun, gnäd. furst und herr, wie hie oben nach

der leng angezeigt, des judens halb die unwidersprechlich warheit und durch das wortlin regierer röm. kais. und kön. Mt.
nit geschmeht oder etwas zu irer Mt. verachtung, malitiose,
fraudulenter, tumultuose und peccanter gethan und gehandelt,
sonder sich allein in seiner bescheenen subscription der gewonlichen titel, so ime von hoen und nidern stands zugeschrieben,
zugelegt, auch der cald. und hebr. sprach gebraucht hat, und
durch den fiscal vermeinte clag in massen furbracht, nit bewiesen noch war gemacht, so ist an E. fürstl. Gn. anwalts
Jösel juden undertenig bit, in recht zu erkennen und zu sprechen,
das er von des fiscals clag zu absolviren und zu erledige sei,
auch ine juden mit urteil und recht davon zu erledigen und
zu absolvieren, alles mit abtrag erlittner costen und scheden ;
und so nichts neies von vilgemeltem fiscal inkomt, will anwalt
hiemit beschlossen, die sach zu E. fürstl. Gn. erkantnus gesetzt und in dem allem derselben hochadenlich richterlich amt
und hilfliche mittel rechtens zum undertenigsten angerufen
haben, vorbeheltlich aller notturft.

Cristoff Hoss, Doctor.

XIII.

Replice et conclusiones des kais. fiscals ctra. Jösel juden
von Rossheim, so sich nennet regirer gemeiner judischeit im
reich. Praes. Speir, 4. novembris anno 36. — Bezirksarchiv
Strassburg, F. 2615, Wetzl. 454, A.

Durchleuchtiger, hochgeborner furst, röm. kais. Mt. cammerrichter, gnäd. Herr! In sachen sich halten zwischen dem
kais. fiscal clegern eins-, und Jösel jud von Rossheim, so sich
nennet ein regirer gemeiner judischeit im reich, beclagten an-
dersteils, auf ein vermeint undinstlich exception und in eventum conclusionschrift von wegen gedachts Josel juden den 5.
julii jungst vor E. fl. Gn. gerichtlich einkomen, zu repliciren,
auch in eventum zu beschliessen, nimt 1. gemelter fiscal als
vor gerichtlich bekant an alles, so darinnen dem fisco zu gutem
verstanden werden mag, und sonderlich, dass die that darin
nirgent verneint, sonder gestanden wirt. Wider das uberig
sagt er gemein einred. Und in specie (doch mit der kurz)
zu repliciren, auch E. fl. Gn. anzuzeigen, dass die vermeinten
exceptiones dem beclagten keinswegs vorstendig, sonder er unverhindert derselbigen laut einprachter petition zu strafen sei;
demnach gedachter jud sein bebilf ungeverlich uf 3 puncten

vermeintlich gesetzt, 1. als ob solches sein underschreiben (regierer gemeiner judischeit im reich) nit solt reichen zu merklicher verkleinerung, spot und hone röm. kais. Mt., noch andern bösen zu ufrur ein exempel und beispiel geben, solches auch von ime, dem beclagten, nit dolose, arglistiger, böser meinung beschehen sein solte etc.; zum andern, als ob er solte seins berumten amts halben, auch dieweil ime von ander leuten dergleichen titel zugelegt worden sein soll, sich in massen, wie beschehen,. zu underschreiben guten fug gehapt haben; zum 3., als ob er Josel jud gemeiner judischer und hebr. sprach nach sich anders zu nennen nit solte gewusst haben. Sagt daruf procurator fisci mit der kurz, dass solches alles unbestendiger weis, allein zu einem plossen schein, die that also zu verpliemen, vom gegenteil wird furgewent.

Dan soviel den 1. puncten belangt, obgleich der beclagt nit hette wöllen röm. kais. Mt. durch sollich sein underschreiben verkleinern (welches doch procurator fisci keinswegs gestanden haben will), so ist dennocht das factum an im selbs dermassen geschaffen, dass es zu röm. kais. Mt. als einigs und rechtens Hn. und regierers der judischeit merklicher verkleinerung, spott und hone reicht, derhalben es auch keinswegs zu dulden, sonder ernstlich zu strafen ist. Und soll in solchem und dergleichen fellen (in welchem die oberkeit periclitiret, auch exempel und beispiel andern gegeben worden) vermog der recht nit allein animus delinquentis (welcher doch in gegenwertigem fall von wegen der that presumptionem juris wider sich hat), sonder viel mer factum ipsum, per se intolerabile, erwogen und angesehen werden; in betrachtung, dass in andern dergl., auch wichtigern sachen allweg solche ausred möcht vorgewendt werden, es were nit arger meinung oder dolose beschen etc., und wurden also viel missthaten entschuldiget und ungestraft hingen, welches aber vermög der recht kainswegs sein soll; wie E. fl. Gn. und dero treffenliche beisitzer als die hoch- und rechtsverstendigen sich dessen wol wissen zu erinnern. Derhalben dan dise vermeinte ausred in recht nit bestendig, noch dem beclagten dises falls vorstendig sein mag oder soll. Es ist auch vermog der recht von unnöten, uf des beclagten ploss verneinen dolum et fraudem weiter zu probiren, dieweil das factum vor sich selbs tamquam enorme, arrogans et seditiosum nit allein suspitionem doli et fraudis, sunder auch fortissimam presumptionem in recht mit sich pringt. Und demnach der beclagt ein jud, und wie die kais. recht alle juden beschreiben, feralis secte et nativus Christiani nominis hostis ist, welcher auch der juden nutz und wolfart, dargegen aller christen verderpnus, abgang und genzlich vertielgung gewislich vil lieber dan itzund das widerspiel vor augen sehen wolte und begert; auch wo inen forcht der peen und gewalt der

oberkeit nit abschreckte, on allen zweifel mit andern juden iren
nutz und unser aller verderben zu schaffen gern understen und
vornemen wurde; wie sich dan solchen aus disem berumten
und unpillicher weis angenommen titel guter massen tragt, so
wirt je vermog der recht und nach gestalt der that dolus et
fraus in disem fall von des becl. person, quemadmodum de servo,
presumiert und genzlich vermutet; derhalben dan solches weiter
zu probiren von unnoten.

·· Zum andern, belangen den 2. puncten, in versikel an-
fangen: Sagt anwalt die unwidersprechlich warheit sein, sagt
fiscalis, obgleich der becl., wie er im anfangs anzogens versikels
vorgibt, allweg bei Röm. kais und kön. Mt. gemeiner judischeit
sachen und geschefft (als ein verordneter bevelhaber) verwaltet
hab und ausgericht, so habe ime dennocht derhalben keinswegs gezumen amts halben, uf das er solchem seinem bevelch
exprimiret und anzeigt, von noten gewesen, sich einen regierer
zu nennen und unterschreiben. Dan wo er allein seinen gewalt und bevelb wollen anzeigen und darthun, hette er sich
billichen und verstentlichen mogen einen gewalthaber, anwalt
oder verwalter etc. underschreiben und sich deshalben keinen
regirer dorfen nennen. Dan regirer und anwalt oder bevelhaber etc. sein diversissima, und wurt durch das wortlin regirer
kein anwalt, noch bevelchhaber etc. von niemands verstanden.
Aus wellichem E. fl. Gn. haben zu vernemen, dass dem becl.
sich von wegen seines amts oder bevelhs dermassen zu underschreiben keinswegs gepurt hab noch von noten gewesen, sunder
solchs frevenlicher weis und aigens mutwillens von ime beschehen sei. Und mag den becl. nit entschuldigen, dass ime
auch von andern leuten solcher oder dergleichen titel zulegt
worden sein soll. Dan ob dem gleich also und inen viel leut
ein regirer gemeiner judischeit genant hetten, hat ime doch gar
nit gepurt, solchen titel anzunemen und den weiter von im
selbs offentlich zu schreiben und aigens vornemens auszugeben,
quia titulum inconsuetum et incompetentem agnoscere ac usur-
pare, propterea quod ab aliis adscribatur, minime licet. Man
mocht einen ein konig in Hispanien nennen, wurde aber niemand
gestattet werden, derhalben sich also zu schreiben.

So viel aber den dritten gegenteils vermeinten exceptionpunc-
ten belangt, im versikel: Vilgemelter jud hat sich auch etc., in
wölchem vermeintlich wirt vorgeben, als ob sich der becl. nach
gemeiner jud. und hebr. sprach nit hette mogen anders nennen,
darzu auch etlich hebr. cald. worter werden angezogen etc., dar-
wider sagt procurator fisci, was parnos oder manhig in hebr. cald.
sprach heiss und bedeute, gang inen nichts an. Hette aber
der becl. sich nach art hebr. cald. sprach wollen underschreiben,
solte er auch hebr. cald. supplication gemacht, und sich alsdan
parnos oder manhig underschriben haben. Da er aber uf

teutsch suppliciert, solte er sich auch pillich gepurlicher und
versientlicher weis uf teutsch, und nit nach art hebr. cald. sprach
zu teutsch underschriben haben. Es gesteht aber fiscalis dem
becl. gar nit, wirt sich auch nimmer war befinden, dass sich
der becl. nach art hebr. sprach nit hab gewust, anders zu
underschreiben. Dan demnach (wie der becl. in angeregtem
versikel selbs anzeigt und bekent) das hebr. cald. wort parnos
nach unserm teutschen nit allein ein regirer, sunder auch ein
anwalt, procurator und bevelchhaber heist und bedeut, hette
sich der becl. nach art vielgemelter sprach und zu teutsch ver-
stentlich eben als wol ein anwalt, procuratoren oder bevelchhaber als einen regirer der juden im reich etc. mögen und
pillich sollen underschreiben. Aus wölchem je clerlich volgt,
dass der becl. dises orts die unwarheit (citra iniuriam) vorgeben habe, und dass er nach art gemelter sprach wol heite
mogen und sollen sich gepurlicher underschreiben. Dass auch
solches von ime gar nit schlechter, einfeltiger meinung, on alle
arglistigkeit etc., sunder betrechtlich, fursetzlich, aigens willens,
elato, doloso et fraudulento animo (dieweil er sich hett mogen
auch seiner sprach nach anderst underschreiben) röm. kais. Mt.
zu hoher verkleinerung, spott und hone hab mussen beschehen
sein, und dass derhalben die allegirten recht des fiscals dises
falls in allweg statthaben, der becl. auch deshalben der gepur
nach zu strafen sei. Dieweil dan dem allen, wie anzeigt, in
der warheit also ist, sich auch gepuren will, dass E. fl. Gn.
in solche sachen von amts wegen ein gepurlichs, ernstlichs einsehen, allerlei unart damit zuverkummen haben, so repetiert
fiscalis kurz halb seinen recess, den 10. januarii jungst gehalten,
und bit, durch E. fl. Gn. in recht zu erkennen und zu sprechen,
wie daselbst und in seiner einkommen petition durch inen gepeten worden cum refusione expensarum; und sofer vom becl.
nit weiter neuerung vorpracht, will ers hiemit zu E. fl. Gn.
erkantnus gesetzt haben, mit erpietung, si quid facti ulterioris
etc. E. fl. Gn. um forderlich hilf des rechtens undertheniglich
anrufen. H. z. L., Doctor, advocatus fisci.

XIV.

*Die juden in der landvogtei Hagenaw obligiren sich, der
statt Strassburg burger und angehörige vor keinen fremden ge-
richtsstetten, sonder allein vor Hn. meister und rath der statt
Strassburg vorzunemen oder zu actioniren, auch dasjenige, was*

*innerhalb der ringmaur gestolen und ihnen zugebracht würd,
ohne entgelt zu restituiren.* Lectum den 17. Juli a. 36. Copie.
Stadtarchiv Strassburg, G. U. P. 174, n. 22.

Ich, Jösell jud zu Rossheim, und die gemeine judischeit
der landvogtei Hagenow in under Elsas bekennen samentlich
und unverscheidenlich fur uns, unser erben und nachkommen
in gemelter landvogtei und thunt kunt meniglichen mit disem
brief. Als sich nun zum oftermalen zugetragen, das etlichen
juden diser landvogtei einer löbl. statt Strassburg burger und
zugehörden mit uslendischen rechten furgenommen und sie nit
vor iren ordenlichen richtern ersucht; darum nun die gestrengen,
vesten, fursichtigen, ersamen und weisen Hn., meister und
rath gemelter statt Strasburg derohalben ein offene mandat an
ire burger lassen ausgen, das sie sich sollen von uns, gemelten
juden, entledigen, mit mer worten inhalt desselben mandat iren
burgern gebot ufgelegt worden, londt wir bliben. Aber jetzund,
D. dises briefs, hat sich abermals deren glichen von Schmül,
juden Aspach und Blümel, juden Pfaffenhoff, so gemelter statt
Str. burger mit Rottwyllischem rechten furgenommen, ungebürlichen costen ufgetriben. Darum nun gemelte unsere gnäd.
Hn. von Str. ein unwillen und zorn gegen uns, gemeinen judischeit, gefasst und furgenommen, in solcher mass, so lang
wir uns samt und sonder von sollichem nit absteen und ver-
schriben, die iren witers nit furzunemen, dan vor iren Gn.
oder wohin sie das weisent, so wollen sie uns armen des gleit
in der statt Str., wie von alter her, nimmer zulassen. Us
solchem ursache und ander beweglichen ursachen mer, das ein
gemeine judischeit allezeit geneigt und des willen sein, wider
eine löbl. statt Str. oder noch vil weniger gar nütz thon, hierum haben wir uns zu Rosheim versamlet und beschlossen, das
wir samt oder sonder keiner von uns nach dato dis briefs keinen
der statt Str. burger oder burgersburger mit uslendischen
rechten mer furzunemen, sonder vor unseren gnäd. Hn., meister
und rath gemelter statt Str., oder wohin sie es weisen, benügen
lass. Desgleichen obschon wir samt oder sonder verschribung
uf ire burger oder burgersburger hetten oder kunftiglich ge-
winnen wurden, domit sich einer behelfen wolt wider sollichen
vertrag, soll uncreftig und ab sein, sonder seine gerechtigkeit
und hauptsach verbrieft oder unverbrieft vor hochgemelten Hn.
von Str. furnemen mag und berechtigen und nit witers zu
appelliren noch handlen, dan was einer löbl. statt Str. ordnung
und gebruch ist.

Darzu mer, derselbig burger, der von gemelten juden
oder judin samt oder sonder beclagt wurd und derselbig
auch ein gegenclag zu haben vermeint, solle ime derselbig jud
oder judin des rechten zu sein und anwort geben auch vor

gemelten unsern gnäd. Hn. der statt Str. So aber ein burger
der stat Str. ansprach oder vorderung an uns samt oder sonder
vermeint zu haben one sollich ursach, wie gehort, mag uns
derselbig samt oder sonder auch vor unserm ordenlichen richter
nach vermög des reichsabschied ersuchen.

Darzu mer, als wir judischeit vernommen haben, wie bi
zeiten den iren in der statt Str. durch dieben etliche ire guter
veruntreuel und gestolen worden und etlichen juden zugetragen
und zu kaufen geben haben; dwil nun wir befunden, das eine
löbl. statt Str. allezeit in kriegesnöten und derenglichen erbarkeit
und guts bewisen, mit schutz und schirm bi inen uns beherberget;
hierum hat ein gemeine judischeit solliche artikel auch beschlossen,
wo iren burgern innerthalb der muren der statt Str. etwas, do
Gott für sei, gestolen wurd, was das were, und einem juden
von uns zukeme, bi tag oder nacht, solle er das bi sinem eide
getreulich ufhalten und vergebenlich one alle entgeltnus denselbigen beschedigten in der statt Str. wider zustellen.

Hieruf begeben wir uns fur uns, alle unser erben und nachkommen wider solliche artikel nit zu thon, globen und schwören
auch, solliches stet und vest zu halten. Und wer es sach, das einer
von uns wider sollichs thet, der soll hochgemelten Hn. 10 libras
zu einer straf geben, und in ir statt nit zu kommen, dan mit
bekerung costen und schaden der Hn. willen. Doch solle ein
gmeine judischeit vor denselbigen, der do fellig wurd, derohalben kein irrung oder nachteil haben, wie bitz alher geschehen
ist, sonder jeder sein bürde und straf leiden, als das göttliche
recht an im selbs tregt. Hieruf haben wir alle samt und sonder
bewilliget und begeben, globen und schwören, sollichs stet und
vest zu halten.

Gestrengen, edeln, erenvesten, fursichtigen, ersamen und
weisen gnäd. Hn. E. Gn. zeig ich undertheniglich an, als mir
E. Gn. abschriften eins vertrags zugeschickt; wiewol nun E. Gn.
on zwifel in solchem gnäd., hohen verstand seind, das E. Gn.
nit begeren oder geneigt sein, wider billichkeit zu handlen eim
juden als eim christen, aber durch etliche von den unsern un-
verstendige solche E. Gn. begern nit gründlich verstant haben,
darum sie nun mir als bevelchbaber bevolhen, einen milten und
verstendigen abscheid ufzurichten lassen, domit man in kunftigen
jaren in kein missverstand möcht kommen, und fridlich wir
als aime bi E. Gn. wie von alter her den eingang mit gleit und
schurm beschirm möchten werden; hab ich als gehorsamer und
einfeltiger hie bi angezeigte begriff derselbige bewilligung begriffen auch ein witern artikel E. Gn. zu gefallen begeben
wöllen. Bitten hierum, E. Gn. wöllen gnediglich hierin bedenken und alsdan dasselbig mir noch einmal zustellen, will ich
in disen 14 tagen noch einmal versamlen und dise sachen
gehorsamlich vollenden, so vil mir meglich ist und ich bi der

judischeit erlangen mag, will ich gegen E. Gn. mit verhalten.
Hiemit sei der fride von Gott dem almechtigen bi E. Gn. und
uns allen. E. Gn. untertheniger Jösel jud von Rosheim, gmeiner
judischeit bevelchhaber.

XV.

Die zehn Städte im Elsass an Josel. Copie. 26. Dezember
1540. Archiv Oberehnheim.

Wir Stettmeister, Burgermeister und rath der reichstette
in der lantvoglei Hagnaw, nemlich des heil. reichs chamer
und statt Hagnaw, Colmar, Schlettstet, Weissenburg, Landaw,
Keysersperg, Munster im St. Gregorienthal, Rosheim und Thur-
nigkheim, empieten Josslin jud zu Rosheim, gmeiner judischeit furstender und parnosen, unsern grus und dabei zu
wissen, dass uns die erbarn, weisen, unsere lieben und guten
freund, Burgerm. und rath zu Obernehenheim mit beschwerden
bericht: wiewol in gemeinen und des heil. reichs rechten und
ordnungen lobl. versehen, dass keiner den andern, so im zu
recht gesessen, mit auslend. rechten furfordern, sonder ein
jeder in ersten instanzen fur seinen ordenl. richter bethedingt
werden soll; wiewol auch sie zu Oberneh. den juden, in dem
flecken Barr gesessen, das gepeurlich recht gegen den ieren nie
geweigert, auch von inen um recht nie ersucht worden: dessen
aber alles unangesechen haben dieselben juden verschiner zeit
einen ieren burger, genant Fiax Bonn, um etlich ufsetzlich,
wucherlich sachen mutweiliger weis auf dem hof zu Rottweil
lassen furheischen und denselben mit geschwinder ubereilung
in die acht erlangt. Understand auch, berurte unsere freund zu
Oberneh., um das sie denselben ieren burger vermog habenden
kais. freiheiten auf sein recht und vermeug nit zu erhalten
willens, sollichs nit zu gestatten, mit berhumung, dessenhalb wider
gemeine statt Oberneh. allerhand nachtheil zu erwegen; wel-
lichs inen beschwerlich, mit beger, dir als dem furstender gem.
jud. sollichs anzuzeigen und abzuschaffen zu vermögen. Nun
ist nit on, sonder die furpringlich warheit, dass berurte
unsere freund zu Oberneh., auch wir gemeinlich dermass von
röm. kais. und kön. bei treffenlichen einverleupten penen dermass befreit, dass die unsern anders nit dann ordenlich rechtens
und an orten, do ein jeder gesessen, bethedigt werden soll,
wie wir dann solliche freiheit onverhindert hoherer und niderer

stend reuwiglich herpracht, auch dermoss fug und macht, uns
dabei zu schirmen, haben. Dass wir gleichwol den gepuerlichen
und wolverdienten weg gegen den juden zu Barr und andern
um sollichen und dergleichen mutwillen wol furzunemen und
uns bei dem befreiten herkomen zu hanthaben wusten, wollen
aber dismal allerhand ehaften ursachen ein sollichs umgen und
dich hiemit ervordert haben, du wellest sollichen unnosamen
mutwillen bei den vilberurten juden von Barr und andern auf
furderlichest und dermassen wurklich abstellen, dass obberurter
armer burger zu Oberneh., auch andere unsere angehorigen
furohin wider ordenlich recht und das befreit herkomen von
inen nit getrungen, und obbemelter Fiax Bon von vilbemelten
juden zu Barr erlangter acht und anderer beschwerden on ci-
nichen seinen costen freigestelt werd, und dich in disen dermass stattlich beweisen, wie wir dir getrauen. Dann solte
sollichs nit, sonder an disen oder andern unsern verwanten weiter
beschwerden ervolgen, wurden wir gegen dir und gem. jud.
vermeg rechtens und habender kais. freiheiten uf weg und handlung trachten und dermass an die hand nemen, dass wir der
und dergleichen ufsetzlicher und nachteiliger handlung von den
juden unbelestigt pliben. Das welten wir dir aus berurten ursachen nit verhalten, und begeren dessen, uns darnach haben
zu richten, dein beschriben furderlich antwort. D. an St.
Steffans, des heil. meterers, tag, anno 40. Dem bescheidenen
Josslin juden zu Rossheim, gemeiner judischeit furstender und
parnosen zu handen.

<hr>

XVI.

*Josephi oder Josels juden trostschrift an seine brüder
wider Buceri büchlin, sine die et consule.* Stadtarchiv Strassburg,
Wenck. Collect. Tom. III, n. 17.

Der frid von Gott dem almechtigen sei bei euch und bei
allen, die us irem gewissen zu seiner genad und barmherzigkeit begern und hoffen. Lieben und guten freund, auch brüder us Israhel! Als ir mir vil grosser beschwerung und elend
clagsweise zuschreiben, welches euch durch die disputation entgegenget, do von Martino Butzer ratschlag in truck komen,
damit ir von solchen seinen pittern worten bei euer oberkeit
zu ungnaden komen, und euch zulegen will sachen, die ir nie
ime sinn gehapt haben, auch wider unsern glauben und gewissen mit vil seinem schreiben zu irer predigung dringen will,

als ob ir ein zweifel bei euern gewissen unsers glaubens der
alten ehe, die wir seit Abrahams zeiten bitz uf disen tag gehapt, und noch mit mehr beschwerung euers schreibens ich
empfangen mit samt gemelten Butzers letzten truck, nach der
leng vernommen etc. Nun aber, lieben und guten freund, wiewol ich jetzund mit gescheften, die gemein betreffen, beladen
bin, dennoch um der ehr Gottes willen am fordersten, und
auch euch zu einer guten, erbarn meinung weisen will, damit
euch kein unrath hievon entsteen mocht, sonder zu friden, sovil mir Gott der allmechtig gnad und vernunft verleihet in der
heil. geschrift, euch dasselbig zum theil nit zu verhalten etc.
    Uf den ersten artikel, ir euch so hart beclagend, als durch
des Butzers schreiben, in truck zum andern mal usgangen, darumben das gemein volk wider euch angereizet worden, dass ir
an etlichen orten mit thatlicher schmach beschwert und beschediget werden, als dann hievor auch geschehen, dweil ich
noch zu Franckfort was, uf der strassen bei Fridpurg ein armer
jud geschlagen worden und das sein genommen; die theter
gesprochen: sehe, jude, den truck an, so Butzerus erlaubt hat,
man soll euch euer gueter nemen und die theilen under arme,
und damit hingelaufen etc. Lieben bruder, wiewol solches
schwer genugsam, darumben ich auch zu Franckfort mit Butzer
rede gehalten und ime under anderm angezeigt, solche ergernus
us seinem schreiben vervolgt. Dweil ich nun sihe, dass er
sich mit demselbigen noch nit settigen lasst und understeet,
uns alle mit samt andere grosse stend zu beleidigen, wie es
dann hienach dasselbig folgen wirt, darum (so vil mir Gott
gnad gibt) will ich mit der heil. geschrift euch berichten
und sein schreiben verantworten, was unsern glauben belangt etc.
    pag. 3. Sehet jetzt auf nechst gehaltenem tag zu Franck-
fort durch den hochgelerten Dr. Phillippum Melancton ist dem
hochgebornen fürsten und herren, marggraf Joachim von Brandenburg, churfürst, glaubhaftig furgepracht worden, wie von
tyrannen die armen juden bei seines vatern seligen leben zu
unrecht verbrannt worden, und wiewol der alt churfürst nit
so lauter den ufsatz gewisst, dannocht wurden 48 uf das unwahr gegeben verbrannt; und der demselbigen ubelthater, der
sie zu unrecht angeben musst, sein beucht gehort, der lebet
noch und ist warhaftig bei Wuttemburg. Solches hat gehört
Martin Butzer, auch beide herren und edelleut von Strassburg,
herr Batt von Duntzenheim und der ernvest herr St. Böckel
von vorgemelten hochgelerten. Auf solches furpringen hab ich
mit der hilf Gott bei hochgedachtem churfürsten der gemeinen
judischeit allenthalben erlangt, in irer churf. Gn. landen zu
handeln und wandeln, das uns nun 30 jar verpoten und versperret gewesen etc.

pag. 7. Nun will ich solchs mein schreiben diss buchs keinem zu schmach oder bosem reden oder seine meinung dahin gleichen, sonder uns zu verantworten. Aber es befremdet mich von dem Butzero, dieweil er im anfang vor einem hochgebornen fürsten schriftlich vernommen, dass ire fl. Gn. seinen ratschlag nit angenommen, sonder durch die gnad Gottes miltigkeit bewisen, und darubrr Butzer on noth oder gezwang wider ein hertere disputation wider uns armen zugericht; und nit das er sollichs seinem freund zugeschickt, wie er dann solcher meinung dargibt, sonder offentlich trugkt, uns armen gar hinzulegen. Dorumben sprich ich, thut er das us der liebe Gottes und ime ein wolgefallen daran, ist es gar gut. Do er aber feelt, und Gott kein wolgefallen doran hat solliche seine geschwinde urteilen, so er über uns armen schreibt, wurt Gott nach Seinem willen das wol offenbar machen, welcher rathgeber us Gott oder us vergiftem gemieth etc.

pag. 8. Wie ich dann einem zu Franckfort uf seine heftige und zornige wort geantwort, da er uns drowet und sprach: Ich will euch sagen, was es geschlagen hat; da ich sahe, dass er nit usser dem geist Gottes redet, sprach ich: Seit ir ein gelerter mann, dreuen uns armen leuten? Gott der Herr hat uns erbalten seit Abrahams zeiten, wirt uns on zweifel mit Seiner gnad vor euch weiters ze halten. Damit schied ich von ime; ist er nun demselbigen seinem zorn nachkomen, so ist es kein geist Gottes, dann wo zorn ist, da wonet Gott nit etc.

Auf den 3. artikel, wie euch die oberkeit durch Butzers schreiben und trugk zwingen will, in ir predig zu geen und ire neue leer ze horen, als ob wir ein zweifeln an unserm glauben solten haben, dorumben nun die oberkeit von euch wissen will, was ir wider Butzers letzten trugk sprechen könten, dass ir noch also lang in diser gefengnus bei unserm glauben beharren, und was euer gewissen ist im glauben. Darauf ir mich um sondern rath bittend, nach unserm glauben anzuzeigen, damit ir wissten antwort ze geben etc. Lieben brüder, uf den 1. puncten der predigen halben sag ich on gezwang, mocht ein jeder frommer jude wol zuhoren, wie ich selbs zu Strassburg ettlich mal den hochgelerten Dr. Wolffen Capito um seiner grossen leer willen gehort; aber wann er der glauben halben predigen, das mir nit angenem gewesen, so bin ich abgescheiden. Darumben so gepürt keinem juden, durch gezwang in die predigen zu gan, als ob er ein zweifel solte in seinem glauben setzen etc.

pag. 9 bis 14 confession der juden.

pag. 15 b. etc. Vom wucher. Aber (inter alia) der vergift luft, der under der ganzen welt regiert us der ungetreuen schlangen seit Adams zeiten, der weihet uns auch an, davon der greit, untreu, hoffart und alle laster entspringen etc.

pag. 19. Dann ich hab vernommen, ir halten euch gar
weltlich mit reuterei und hochmut, auch einer dem anderen nit
hold, und umsonst feindschaft tragen. — ibid. b. Aber dargegen
gibt Gott den grossen heuptern solchen verstand, dass sie auch
versteent die heil. geschrift, dardurch sie uns widar solche gnediglich erhalten, und keren sich nit an alle giftige geschrei
über uns. Je grosser die herren seint, so grosser sie auch gnad
von Gott haben, dieselben seind auch gegen meniglichen milt etc.
Wie ir jetzunt zu augenplick sehend, da ich in Sachsen zog zu
dem hochgebornen fürsten herzog Hanns Friderichen, churfürst,
zeugt ich auch die grossen fürschriften, so ich von dem hochgelerten Dr. Wolff Capito hab, der mit wissen und willen vil-
gemelts Butzers geschrieben wordn, man solt uns lieben und
mitleiden tragen, dann wir weren die wurzel des rechten olbaums,
wie ir hiebei derselbigen abschriften zu vernemen habt etc.
pag. 20. In der peurischen ufrur, weren die löbl. reichs-
stett allenthalben nit gewesen, und sonder die Hn. von Strassburg one alle gaben und geschenk gnediglich bei inen erhalten,
weren wir zu grund gangen, darzu in kurzem ire gnäd. fürschriften an hochgedachten churfürsten auch zugestellt, wie ir
hiebei auch zu vernemen haben etc.
pag. 21 b. Lieben freund, behuet uns Gott, dass wir mit
ime stimmen wolten, so er uns zu leib und seel understeet zu
verdammen. Aber ich sage, durch sein schreiben komt unser
warheit an tag, sollicher meinung: Ir wissen, dass im 30. jare
wir hart zu rede gestellt worden, wie wir hetten den luterischen
iren glauben gelert, mit mehr zugelegten sachen; darum ich
von unser aller wegen vor unserm allergnedigsten Hn. und
konig unser entschuldigung fürbracht, dass man uns belogen
hat etc. Solches tregt gut wissen mein gnäd. H., der bischof
von Str., der under solchen hendeln vor hochgedachten röm.
keisern und königen behort worden, die warheit zu eroffnen;
ist aber nie erhort worden, dass wir ein usschlag haben geben,
sonder pleiben bei unser alten ee.
pag. 23. Doch durch die gnaden Gottes hab ich zu Augspurgk vor unserm allergned. Hn., rom. keiser und konig, auch
allen stenden des reichs im 30. jar dem dauften juden, Marga-
retha genant, 3 artikel, uns armen benachlassert, die ich ime
hingelegt. Was das der artikel einer us den 3: Sie bitten um
den friden der königen etc.; uns zu leit werden von etlichen
unverstendigen oder von den abtrünnigen lügen ufgeredet, als
ob wir verfluchen solten die fremdling, darunder wir gefangen
weren. Darumben er die statt Augspurg verschweren muest,
wie ein ersamer rath zu A. wissen tregt, darzu der hochgelert
Dr. Mathias Helldt, röm. kais. Mt. jetziger canzler und Dr.
Brandt, ner (?) solche disputation usschreiben mussten.
ibid. b. Wie dann jetzunt nechst zu Str. im 39. jare des

brachmonats ungeverlichen einem gartner daselbst in einem
heimlichen gemach versunken und dasselbig von den armen
juden zu Landau wollen haben, und so die verstendig Oberkeit nit
dafür weren gewesen, weren die .judischheit doselbst totge-
schlagen worden von der unverstendigen gemeinen haufen. Indem es funden ward in demselbigen gemach, und wo das nit
geschehen were, so were es uns übel gangen etc. Herr Moises
saepius occurrit.

XVII.

.Karl V. an den Landvogt des Unterelsass wegen der Juden
zu Landau; 20. Juli 1541. Bezirks-Archiv Strassburg, C. 78, Orig.

Wir Karl von Gottes gnaden röm. keiser, zu allen zeiten
mehrer des reichs, in Germanien, zu Hispanien, beider Sicilien,
Jherusalem, Hungern, Dalmatien, Croatien etc. kunig, erzherzog
zu Osterreich, herzog zu Burgundi etc., grave zu Hapspurg,
Flandern und Tirol etc. Empieten unserm und des reichs lieben
getreuen Conratten von Rochberg als zu diser zeit lantvogt der
lantvogtei Hagnaw unser gnad und alles gut. Lieber getreuer,
uns hat Josel von Rossheim, gemeiner judischeit bevelhaber,
furpracht, wiewol unser und des reichs lieben getreue burgermeister und rath zu Landauw an einem und die juden, so in
gemelter statt gesessen sein, andersttheils etlicher irrung halben,
so sich zwischen inen halten, in dich und vier personen des
raths der statt Hagnaw, die darzu verordnet werden, dermassen
und gestalt laut eines compromiss veranlast und freiwillig versprochen, alles was in diser sache durch sie erclert und erkannt werde, one einichen auszug, widerrede und einer unnach-
lessigen peen, nemlich dreihundert gulden, zu velnziehen, und
nach beschehener anlassung beider theil clag, antwort, gegen-
und widerred, auch gefundner kuntschaft und im rechten fur-
prachten und eingelegten instrumenten und beweisungen sei
durch dich und die andern genante wilkurliche richter ein
rechtmessig urtheil ungeverlich dises inhalts gesprochen, erclert
und publicirt worden, dass bürgerm. und rath zu Landauw die
juden ieres heuslichen wesens oder wonung doselbst zu entsetzen und inen einich jar abzuziehen mit nichten gepuert hab,
sonder sie die juden wieder in ieren schutz und schirm anzunemen, zu restituieren und einzusetzen schuldig sein solten.
Und als aber bürgerm. und rath zu Landauw auf ir beschehen anpringen kein volg erlangt, hetten si eigens willens
gegen der judenschaft neu furgenomen, unpilliche satzungen

inen zu hechstem verderben widerum aufgericht, zudem auch
unangesehen unserer vorfarn seliger gedechtnus und unser
freiheit, gemeiner judenschaft gegeben, und lang herprachten
geprauch zu entgegen auslendische juden in der statt bei den
juden herberg ierer notturft nach sie zu besuchen und zu handlen
nit gestatten wollen, dergl. den freien kais. markt sich desselben zu geprauchen verspert. Und wiewol du sie, die von L.,
schriftlich auch müntlich ersucht und begert, von angeregtem
ierem unpillichen furnemen abzusteen und dem gesprochenen
urtheil, on ir selbs auslegen, deuten und zusatz nachzukomen,
auch Josell von wegen gedachter judenschaft oftermals gleicher-
mass gebeten, helten sie doch nichts erhalten mogen; sunder
uber sollichs alles etlich juden, in der statt wonhaftig, gefeng-
lich angenomen, erhalten und ieres willens gestraft haben,
alles wider obgemeltem gesprochenen urtheil, unser gegeben
freiheit, recht und pillicheit. Des sich gemelter Josel als bevelhaber gegen uns under anderm müntlich geclagt und underthenigl. gebeten hat, der gemeinen judensch. hierin unser kais.
hilf mitzutheilen und von neuem sollicher sachen halb comissarien zu verordnen. Wann uns dann einem jeden zu recht
und zu dem seinen zu verhelfen gepuert, haben wir dich mit
samt vier beisitzern des raths zu Hagnaw der gedachten irrungen, so zwischen beiden theiln richter und verhorer hievor
gewest sein, widerumb zu comissarien gesetzt und geordnet.
Und empfelhen dir, auch den vier personen des raths zu H.,
die vormals darin geordnet gewesen, von unser kais. macht,
geben euch des auch hiemit unser macht und gwalt ernstlich
mit disem brief und wollen, dass ir in unserm namen und
vermeg diser unser comission gemelte burgerm. und rath zu L.,
die juden daselbst, auch vorgemelten Josel juden von wegen
unserer gemeinen judensch. allenthalb im heil. reich zu jeder
zeit auf einen benenten tag vor euch verfaget, vergangener
handlung und urtheil, so euch furpracht werden, auch die jetzige
und kunftige irrung und geprechen, so sich zwischen beiden
theiln erhalten und zutragen mecht, verhöret und darin als
unsere verordnete comissarien entlich erkennet, erclert und
sprechent. Und ob die von L. jetzo oder hernach uber obberürte irrung an unsere gemeine judensch. samt oder sonder, an
ir leib oder gut anspruch zu haben vermeinen, denselben in
unserm namen schaffet und gebietet, dass sie bei unser ungnad
und straf deshalben mit der that an sie kein hand anzulegen
oder zu strafen verrer understeen, sonder dass sie dieselbig ir
vordrung euch als unsern comissarien gleicher gestalt vorbringen,
und alsdann ir sie zu beiden theiln der sachen auch mit euer
erkantnus und urtheil entscheidet. Und ob du von deinem
jetzigen lantvogtamt abtreten, auch aus den vieren des raths
zu Hag. einer mit tod abgeen würde, dass alsdan der kunftig

lantvogt zu H. mit samt den vieren, so jederzeit darzu von unsern burgerm. und rath zu H. darzu verordnet werden, die wir auch also zu comissarien gesetzt und hiemit unser macht und gw~lt geben haben wellen, in obbestimter sache in aller mass, wie obsteet, handlen, erkennen und urtheiln sollen und megen. Und was also durch euch gegenwertig oder kunftige comissarien erkent und gesprochen würdet, dabei sollen also beide theil bei vermeidung unser und des reichs straf und ungnad, auch einer peen, zehen mark letigs golds, pleiben, dem glept und volnzogen werden. Das ist unser ernstlich meinung. Geben in unser und des reichs statt Regenspurg under unserm aufgedrückten insigel am 20. tag des monats juli anno etc. im 41., unsers keiserthums im 21., und unserer reich im 26. Carolus.

Ad mandatum Caesareae et Catholicae Maiestatis proprium.

Vt palatinus   J. Obernburger.
Vt Naues.

XVIII.

Josel an den Rat zu Oberehnheim, 10. October 1542.
Original mit Siegel, Archiv Oberehnheim.

Fursichtigen, ersamen, wisen, gunstige Hn. An E. Wn. sie mein willigen dienst allezeit zuvoran bereit. Als E. Wn. mir als bevelchaber gemeiner judischeit clagswise zugeschriben, wie die bede juden, Nathan und Salmon, jetzund wonhaft zu Barr, E. Wn. als ein ersamen rhät mit Rotwilischer verkundung furgenommen um etlicher schuld, so sie bei E. Wn. burger haben, dieselbigen uf ir Rotwilisch erlangt recht E. Wn. dahin dringen wellen, sie in ire gueter inzusetzen; und wiewol um desselbigen span E. Wn. inen gedachten juden urbitig, vor einem landvogt zu Hagenow oder derselbigen landvogtei rhäten furzukumen guetlich oder rechtlich; ob ir sollichs schuldig zu thun sigent oder nit; dann E. Wn. verstand, das unser gemeiner abschid sollichs nit vermag; mit mher anghenkten schriften, um kurzeung willen nit not, meldung zu thun; aber beschluss E. Wn. begeren, sover ich mit gemelten juden verschaff, von solchem irem furnemen abzusten und bei gemeltem erbieten pliben lassen, will E. Wn. dasselbig guetlich lassen pliben; wo aber nit, werden E. Wn. verursacht, euere freiheiten wider an die hant zu nemen und uns gemeinlich die

frihe kais. märk zu versperren, darzu den durchwandel bei
uch. Daruf, gunstige, weisen Hn., uf obangezeugte E. Wn.
schriben hab ich am fordersten meine zugegebene juden diser
landsart ilents beschickt und inen E. Wn. schriben furgehalten;
denen nun und uns allen gemeinlich leid, wo sich die gemelten juden von Barr der ungebüre gegen E. Wn. hielten, in
welche wis das were; dann wir alle geneigt und gevlissen
seind, wider ufgerichten vertrag nit zu thun. Hierum uns nit
wenig befrembt, das E. Wn. uns gemeinlich solchen vertrag,
den ein ers. rhat bei uch und auch ich von aller juden wegen
gelopt und versprochen, um gemelter 2 juden willen wolten
ufsagen. Dann je der vertrag das nit vermag, so einer oder
mher frevelen wolt, das das ander teil darum gestraft werden
solt, oder den partien, E. Wn. oder uns ire glubt und treu
an eidesstat ufgehoben sein solt. Darzu findet man wol etliche, die nit ein fridlichen, guten verstand (als wol bei uns
und E. Wn.) haben, die dann uf solches E. Wn. vertrag uf-
sagung ger wider zu ir erste clag und ansprach an gemelte
st. Obereh. wolten furfaren. Dann so solcher vertrag ufgehoben wer, mussten wir um den sitz zu Obereh. und um des
gleits bruch mit allen iren angehenkten acten vor gesetzten
comissarien oder jetzigen cammergericht wider erholen. Das
nun, E. Wn., von Hn. seliger gedächtnus mit herr Hans Jacob,
landvogt zu Hag. selig, gehandelt, und auch ich mit seiner
Gn. und Wisheit mit grosser arbeit und allem vliss hingelegt
worden und bitz alber von uns allen fridlich und ungeverlich
gehalten worden, wie dann E. Wn. gnäd. schriben selbs uswiset. Hieruf soll es mit der hilf Gottes um solcher unver-
stendiger, irrigen personen, jud oder christ willen darzu nit
kumen, das unsere gemeinliche versprochne vertrag brechen
wolten und drussen schreiten, keineswegs, sonder wer do
bricht, der mag fur sich frevelen, und was demselbigen mit
recht ufgelegt wurt, soll billich selbs mit ime tragen. Ist auch
meins erachten, so E. Wn. vilgemelt vertrag gruntlich besichtigen werden, E. Wn. alsdan on zwifel solche meine warhaftig und zimlich widerantwurt gnediglich annemen. Will
mich auch von wegen aller gemeiner judisch. mit diser antwurt uf E. Wn. schriben in allem guten bezeugt haben, wo
sollich unser antwurt nit besettigen wolen und etwas des vertrags halben understund uns zuwider, unwillen zu bewisen,
in welchen weg das wer, will ich von wegen gemeiner judisch.
mit E. Wn. vor ein landvogt zu Hag. oder derselbigen rhäten
guetlich oder rechtl. kumen und entscheiden lassen; das wir
nun nit vermeinen, das solichs von nöten sig oder sein werd.
Aber vorgem. juden von Barr halben, so vil wir mit inen
gehandelt, das sie iren bescheit und antwurt mit irer handgeschrift in hebr. sprach hie bei uns gelassen, demselbigen

mit verding nachzukumen, kan ich um der leng willen nit er-
schriben. Soviel es aber E. Wn. gelegenheit sein wolt, will
ich ilents bei disem tag selbs erschinen und E. Wn. dasselbig
under anderem gehorsaml. muntl. anzeigen, oder bis nechst
donstag morgens, hieruf sich E. Wn. wissen zu halten, und
kein vil in disen sachen verkurzt an seinem rechte möcht
werden. Dan alle meine sinn und gmüt gegen E. Wn. und
anderen, hoch und nideres stands nit anders geneigt, dan
fridlich und freuntl. zu handlen, damit je eins bei dem andern gnedigl. und erbarl. handlen und wandlen möge.
Hiemit sie der frid von Got dem almechtigen bei E. Wn. und
uns allen. D. Zinstags, 10. October anno 42, und unserer zal
5302 jar und 30 tag sithar geschepft der welt E. Wn. gehors.
Jhosel jud. z. Rossheim, gem. judisch. bevelchaber.

XIX.

Copei der juden von Barr vertrag, 13. November 1542.
Archiv Oberehnheim.

Zu wissen, nachdem sich irrung und spenn zwischen den
fursicht., ers. und weisen Hn. burgerm. und rath der st.
Oberneh. eins-, sodann Natan und Salamon juden gebrüdern,
beide zu Barr sesshaftig, anderstheils bisher erhalten, antreffen,
das kein jude oder judin keinem burger der st. Oberneh. und
zu Bernhartzweiler kein gelt uf wuecher und sonderl. auf ligende
guter oder verschreibung leihen, besonder so jude oder judin
einem burger je etwas leihen wolt, das er oder si ein sollichs
auf varende und tragende pfender thun, doch darneben dem
burger oder burgerin ein ziel setzen, wann er das losen solt,
und so die losung in gemelter zeit nit geschehe, das dasselb
pfand dem jud oder judin verfallen sein sollt; alles inhalt und
ferner vermog des berürten vertrags, welcher mit des wolgepornen Hn., Hn. Hans Jacoben freihern zu Morsperg und
Befforts, selig gedechtnis, ingesigel angehangen und verwart.
Aber unangesehen desselben so haben obberürte 2 juden gemelter st. Oberneh. burger gelt auf ligende güter geliehen und
verschreibung darüber ufrichten und mit verzig der rechten
das versehen lassen; und als gedachte deren von Oberneh.
burger die ziel, darinnen bestimt, nit gehalten, si vor dem kais.
hofgericht zu Rotweil furgeheischt und beclagt und soweit
procediert, das si erlangte recht uf si einstheils eroberten.

Derohalben Joslin, jude zu Rossheim sesshaft, als gemainer judischeit diser landen bevelchhaber und parnes sich diser sach
undernommen und sovil mit burgerm. und rath der st. Oberneh.,
desgl. den gedachten 2 juden, Natan und Salomon gebrüdern,
underhandlung gehapt und si beiderseits vertragen, wie volgt.
Das zu. vorab der obbestimt gegen der judisch. ufgericht vertrag mit allen seinen puncten und inhalten in craft
sein und pleiben; und alsdann beide juden alle furgenommen
Rotweilsche processe, so si auf deren von Oberneh. burger haben und hienach uberkomen mochten, abschaffen und vernichten, damit einich burger des orts kein costen noch anders
widerfare. Dargegen solle burgerm. und rath bei den iren, so
vil thunl., verschaffen, welcher oder welche burger oder burgerin inen juden zu thun schuldig, das dieselben si zu den
2 zielen, neml. zu weihnachten nechst komt und zu weihe-
nacht uber 1 jar, a. der mindern zal 43, vernuegen und bezalen; oder wo dieselb bezalung zu den zielen nit geschehe,
das si inen juden beiden oder ir einigen ein bot vergunen,
das er in des burgers oder burgerin hus gen und inen oder
si um die schuld pfenden soll. Doch aber mit bedinglichem
und underschidl. furwort, das si 2 juden oder aber ir einicher
allein kein burger od. burgerin gemelter st. Oberneh. nit
uber 6 gulden leihen, auch ime nit daruber zu wuecher
schlagen. Wo aber er ine daruber leihen und ein summa
geltz machen, soll dasselbig vernichtet und uncreftig sein. Und
in allweg uf sein, des burgers, vertrauen od. aber auf varende
pfender, so er im pringet, und kein ligend gut od. pfand
noch auch verschreibung leihen. Im fal aber sich schulden
halben etwas irrung und spenn ferrer, es sei mit bezalung
od. sonst in was weg es were, nichts usgenommen, mit gemelter st. burgern und inen den juden zutragen und begeben
würde, das si juden bede oder ir einich besonder solche spenn
oder rechtvertigung niergends anderswa dann vor meister und
rath der st. Oberneh. oder des reichsgerichts daselbst, und vor
keinem fremden, uslendigen od. anderm gericht furnemen,
sonder sich des rechten zu Ob. settigen lassen, alles er-
barlich, getreul. und ungeverl.
Disen vertrag Natan jud in Joslin juden hand in abwesen
Salomon, seines Bruders, fur sich und irer beiden erben zu halten
und volnziehen gelopt und versprochen. Demnachso hat auch in
abwes. genantes Nat. jud Salom. sein brud. dem ers. und furnemen
Jorg Hinnsprecht, schultheiss zu Barr, mit aufgehobenen fingern
und geleitworten den zu halten fur sich und sein brud. ge-
schworn, desgl. burgerm. und rath durch ire anwelde das
auch fur sich und ire nachkomen zu halten zugesagt. Und
haben sich hierauf beide partien verzigt und begeben aller
widerrede, gericht, schirm, fridens, freiheit, recht, gesatz und

gewonheit der ernsten Hn., lands und stett und gemeinl. alles
des, so imer hierwider zu sein oder erdacht werden mochte,
uberal nichts usgenomen, alles erbarl., getreul. und ungeverl. Des zu warem urkunt seint diser vertrag 2 gleichlautend geschriben, und zu noch mehrer sicherheit so haben
beide partien die ers. und weisen schulth. und gericht zu
Barr erpeten, das si ires flecken ingesigel zu ende gehangen,
doch inen und iren nachk. on schaden, die geben seint
auf Montag nach St. Martin, des heil. bischofs, tag des
jars als man nach Chr., unsers lieben Hn., gepurt 1542 gezalt.

XX.

Der Kaiser an den Pfalzgrafen Friedrich. 31. Mai 1546.
Copie. Bez.-Arch., Strassburg, C. 78.

Karl, von Gots gnaden röm. kaiser, zu allen zeiten merer
des reichs etc. Hochgeporner, lieber schwager und churfurst,
uns hat die judischait, in unser und des heil. reichs landvogtei
Hagenaw gesessen, furpringen lassen, wiewol sie von uns und
weilend röm. kaisern und konigen und unsern und deiner lieb
vorfaren, auch dir als inhaber bemelter landvogtei gefreit und
begapt seien, das sie von den orten, darinnen sie in gedachter
landvogtei heuslichen wonen, nit vertreiben, sonder dabei gelassen und bleiben sollen, so tragen sie doch fursorg, dieweil
bürgem. und rhat zu Durckhaim die juden, so daselbst bisher
gewont, auszutreiben understanden haben, das villeicht andere
auch des willens sein und die juden bei inen fur sich selbst
zu vertreiben understehen mochten; und sich des gegen uns
merklich beschwert und demutiglich gepeten, sie bei iren freihaiten zu handhaben, auch dein Lieb deshalben in sonderbait
zu ersuchen, wie dan dein L. aus hier ingelegter supplication
vernemen wirdet. Und dweil dan dein L. nit weniger dan wir
sonder zweifel genaigt ist, das die judischait bei iren freihaiten
gehandhapt und daruber on merglich ansehenlich verschulden
nit ausgetrieben werden sollen, so begern wir an dein L. mit
ernstlichem vleis, dein L. wolle als inhaber bem. landvogtei die
judisch., darin gesessen, bei obberurten iren freihaiten, und in
sonderhait unser freihait, inen im 30. jar der mindern jarzal
gegeben, handhaben, schutzen und schirmen und den von
Turckh. noch andern stetten und flecken derselben landvogtei
nit gestatten, das sie also durch sich selbst die juden bei inen
austreiben, sonder wie bisher wonen und pleiben lassen, auch

dein L. bei der judisch. verfuegen, das sie sich mit iren hendeln und gewerben gepurlich halten. Daran thut dein L. unser
mainung und guet gefallen. Geben in unser und des reichs st.
Regenspurg am letsten tag des monats mai anno im 46., unsers
kaiserthums im 26.

XXI.

*Supplication Joeslin juden als bevelchabers der ganzen
judenschaft an m. Hn. der st. Strassburg, ersucht dieselben,
dass sie bei ihren bundsverwandten verfügen wollen, dass die
juden ohnbeschedigt pleiben und bei ihren freiheiten gelassen
werden moegen. Muss a. 1546 geschickt worden sein, als der
schmalkald. krieg angieng.* Copie. Stadtarchiv Strassburg, G.
U. P. 174 n. 26, Arch. Oberehnheim.

Gestrengen, edlen, vesten, fürsichtigen, ersamen und weisen
gnäd. Hn., an E. Gn. seien mein ganz underthenig dienst zu-
veran bereit. Gnäd. Hn.; demnach, Gott erbarme sich, durch
verbrecknis des Allmechtigen jetzen uf nechst gehaltenem reichstag zu Regenspurgk ein grausame kriegsristung die röm. kais.
Mt. als unser allergn. H. von Teutsch- und Welsch im Beyer-
land sich versamelt, wie dann das offenbar und vor augen, hab
ich bevelchhaber gemeiner judischeit deutscher nation us brüderlicher lieb dieselbige meine mitverwandten, so vil mir müg-
lich gewest, durch mittel unsere alte und nauwe frihaiten die
hochged. kais. Mt. mit aller underthenigkait ersucht und fürbracht, dweil die gemeine judisch. ire Mt. und dem röm. reich
zugehorig und in ir beider schutz und schirm von vil 100 jaren
her bitz an disen tag begriffen und bestimt sein in den gemeinen
landfriden, wie wir armen hinder allen herschaften sitzen und
keinem theil des kriegs oder andere kriegursache geben. Dann
wir armen allenthalben in der welt verspreit, nech lands od.
leut haben, dorum ir Mt. und auch das röm. reich, beide
theilen, in allen kriegszeugen kein sondere vöcht wider uns
fürnemen, sonder in friden befriden sein sollen, doch ein
jeder jud, wo er wonet, bei seiner oberkeit und mitburger
lieb und leid burgfriden zu leisten allwegen schuldig. Us sollichen worhaftigen, beweglichen ursachen hat hochgedacht röm.
kais. Mt. gemeiner judisch. ein offen gepotbrief und mandaten
gnedigl. zugestellt, domit dem kriegsvolk, deutsch und welsch,
allen nationen lossen verkinden, uns armen, wir wonen, wo
wir wellen, dass man uns solle bei ir Mt. und des reichs friden

und geleit solle lossen pleiben, wie dann derselbigen mandaten
heibi underthenig E. Gn. zu weisen efpilig bin etc.

Gnäd. Hn. So ist mir nun von Regenspurg in meinem heim-
zug glaubhaftig fürkomen und ist war das E. Gn. bundgenossen,
etliche derselbigen hauptmener und ire kriegsknecht die arme juden
ime Schwobenland hin und wider gesucht, etliche gefangen geschetzt, und welche entloffen, ire heuser zerprochen, und was darein
gewest, verderpt und hingefuert, dohin gepracht, das ire vil
arme wittfrauen und weiser verderpt und verjagt. Ist auch war,
das die arme juden ime Riess und namlich Wallerstein hinder
den groven von Eltigenn us forcht sollichs gewaltz haben mit den
hauptluten und kriegshaufen um etliche sum geltz mussen
vertragen, wie si in dann brief und gemelte schilt mit einem
gelen löben zu einem zeichen der losung jedem ubergeben, und
welche si in derselbigen landart befinden, so sich nit vertragen
het, von gemeltem kriegshaufen onsicher sein solle etc.

Gnäd. Hn., weil ich nun bei 40 jaren allwegen, was mir oder
meinen bridern unpillichs und widerwertigkeit entgegengangen,
desselbigen mein zuflucht und hochst vertrouen bei E. Gn.
und alle ire mitverwandten und zugehorige worhaftig gehapt,
auch trauwen und glauben gnedigl. befunden, in der beurische
emperung unser leib und güter geschirmt, dorzu mir E. Gn.
gnäd. fürschriften an car und fürsten mitgetheilt haben, domit
wir arme wider pillich in flecken oder strossen nit beschedigt
solten werden, und noch vil mehr gütigkeit, um der leng willen
underlossen, jetzen zu schreiben, sonder in trostlicher hoffnung,
E. Gn. derselbig güte und gerechtigkeit noch geneigt sei, wo-
rinnen E. Gn. vermiest oder verbunden sei, sollichs nit zulassen werden, dass uns armen samt oder sonder, das wider
den erkanten landfriden und besonder wider das röm. reich
und glieder derselbigen reich schutz und schirm allzeit sein,
einichen trang oder demenglichen die arme judisch. samt oder
sonder, wo die herfunden werden, bei vilgemelten E. Gn.
kriegsleuten nit gestatten werden, si zu schetzen oder zu beschuldigen. Bin auch in hoffnung, das alle kriegsreth, so
E. Gn. bundgenessen sollichs grüntlich huren und vernemen
werden, das si solliche schatzung und verderbung der arme
unverschult judisch. nit zugeben werden, sonder von des heil.
reichs wegen offen geleit on alle schatzung schirmen und becleiden
werden, gleicher weise, als hochged. kais. Mt. auch gethan.
Dann man sollichs in keinem gesatz, göttliche oder weltl., geschribne rechte oder nateurliche vinden kann, das man
gegen uns armen on erkant alle rechten das unser sollt nemen
oder von unser wonung us den oberkeiten sollt verjagen. Dann
offenbar ist auch war, das auf necbst gehaltenem reichstag zu
Wormbs ime 45. jar vor allen stenden ein umfrag geschehen
uf etliche unsere missginer vermeinte, uns armen Deutschland

zu verweisen, aber durch die gnod des allmechtigen von cor
und fürsten und alle stend und gesandten hochverstendige erkant
und usgesprochen worden, das sollichs nit zu thun ist, und wie
von alter her ire oberkeit ire juden bei kais. Mt. und des
röm. reich schutz, schirm und geleit halten mag, von menigl.
unverletzt etc. Ungeverlich seind das die wort und spruch,
dobei E. Gn. gesandten und derselbige bundgenessen, hoch und
nidere stend, beschluss gewesen. Welchermessen welten dann
E. Gn. kriegsleut oder kriegsheren die armen juden in jeder
oberkeit sei von sollichem alt und nuwe schutz und schirme
gewellige?

Beschluss dises sachen allen langt an E. Gn. von
wegen vilgemelter arme judisch, dutscher nation mein underthenig hochst pittlich ansuchung, wellen us oberzalten, treffeng-
lichen ursachen und besonder us E. Gn. als hoche verstendige
und eigne eigenschafte sollichs wel betrachten und darob und
doran sein, bei E. Gn. kriegsleuten und andere mitverwandten
bundgenessen gnedigl. zu schaffen, das si gemeinlich die arme
judisch. samt oder sonder, wo die herfunden werden, furter
unbetrenkt und unbeschedigt pleiben lessen, domit die armen,
auch so in Schwobenn, in Marckenschaft, Burgen und daselbst
umher wider zu iren heusern komen und wonen mechten. Das
will ich und auch angemeine judisch. um E. Gn. und derselbige
bundgenesse, hoch, nider stend, mit allen unseren armen müg-
lichen diensten verdienen und beschulden. Bitt und wart hierin
E. Gn. und derselbigen bundgenossen gnedige trostung und
schriftliche antwort. E. Gn. undertheniger, gehorsamer Joslin,
.jud von Rosshein, gemeiner judischait bevelchaber.

XXII.

Ratsprotocoll vom 12. *October* 1547 (*fol.* 546). Stadtarchiv Strassburg.

Josel und Mennel jud. Nachdem man mein Hn. ime
geschriben, das er denken soll und mit Mennel juden verschaffen, das er den Rottweilischen process gegen miner Hn.
angehorigen zu Irmstett abstell, hab er mein Hn. zum selben
mol durch ein schreiben geantwurt, das er nime under iure
gesessen, sonder sie er jetzt zu Wormbs. Hab man im wider
geantwurt, wo er nit schaff, das der process gegen dem von
Irmstett zu Rottwil abgestellt werde, so soll ime und allen

13

juden das gleit abverkündt sein. Derhalben er verursacht
worden, Mennel ein eigenen boten zu schicken. Der ist selbs
da und will sich gegen mein Hn. also verantwurt haben, das
ers inen nit zu trotz zu thun, sonder hab die sach also gestalt.
Vor 6 oder mher jaren hab er des von Irmstett vorfaren 6
gulden gelihen und die sithar von ime dem cleger vilfaltig-
lichen gefordert; zil geben; aber er hab ime nie nichts geben
wollen und ime die zil nit gehalten, und sie das so dick und
oft bescheen, bitz das er weichen müssen und gon Wurms
ziehen müssen. Hab er dem schaffner gesagt, er soll ime
helfen, oder er woll ihn gon Rottw. laden; hab er im geantwurt, woll er in nit gon Rottw. laden, so soll er ihn gon wissweyl
laden. Uf disen schwarzen bescheid hab er geschworen, er woll in
gon Rottw. laden. Dan dweil er sonst nichts bei von ime bringen
mogen und ime des costen und der arbeit zu vil worden, hab ers
us notturft thuen müssen. Und solt er gemeint haben, das er mein
Hn. domit zu ungunst bewegt hette, wolt ers underweegen gelassen haben. Ist urpultig, den process abzustellen, doch solt man
im ine zu recht halten hie oder zu Irmbstett, oder aber soll man
2 Hn. ordnen, die sie gegen einander hören und vertragen. Und so
man meint, das er zu vil costen ufgetriben, will er sich auch
weisen lassen und min Hn. thun, was in gevellig.
  Erkant. Pfitzer und Storck sollen ime sagen, min Hn. haben ob seiner verantwortung kein genugen. Dan wiewol im der
schaffner die antwort geben, so hab es im doch nit geburt.
Das er aber den process abstellen und sich mit ime vertragen
lassen und des ufgeloffenen costens halben, so derselbig wolt zu
unbillicht geacht werden, wisen lassen will, nem man an. Und
hab daruf ine befolhen, das sie sie vertragen sollen, moge er
tag ansetzen und den bauren darzu beschreiben lassen.   ·
  Herr Veltin Storck referirt, nochdem Pfitzer und er Josel
und Mennel juden antwurt geben, hab Josel gebeten, sie sollen
mein Hn. anzeigen, so jemands für mein Hn. komen und ob
inen clagen, das sie dan nit glich den juden die statt verbieten, sonder sollens ime zuschreiben. Jederzeit wolle er denselben beim bann gebieten und daran sein, das jederzeit noch
miner Hn. willen gehandelt werde. Dan so er einem bi dem
bann gebete, muss ers thun, oder sie in der ganzen judischeit
nit zu dulden.
  ` Erkant, also zu versuchen, doch vorbehalten den vertrag,
und das · min Hn. ir hand unbeschlossen sie, und sind zu
solchen sachen verordnet Gregorius Pfitzer und herr Veltin
Storck; sollen, wan clag komt, solchs dem Josel zuschreiben. ·

———————

XXIII.

Privileg Karls V. für die Juden, 30. Januar 1548, gedr.
mit Siegel, Bez.-Arch. Strassburg, C. 78.

Wir Karl der fünft, von Gotts gn. röm. kaiser, zu allen
zeiten merer des reichs, in Germ., zu Hisp., baider Sicil.,
Jherus., Hung., Dalm., Croat. etc. kunig, erzherzog zu Osterr.,
herzog zu Burg. etc., grave zu Hapsp., Fland. u. Tyrol etc.,
empieten allen und jegl. churfürsten, fürsten, gaistlichen u.
weltl., prelaten, graven, freien, herren, rittern, knechten, hauptl.,
landvögten, vitzthumben, vögten, pflegern, verwesern, amtl.,
schulth., burgerm., richtern, räthen, burgern, gemeinden und
sunst (allen andern unsern und des reichs underth. und getreuen, in was wirden, stadts oder wesens die sein, den
diser unser brief od. glaubwird. abschrift davon fürkumt, damit ersucht und ermanet werden, unser gnad und alles guts.)
Hoch- und ehrwirdigen, hochgebornen lieben freund, neven,
ohaimen, churfürsten und fürsten, wolgebornen, edlen, ersamen, andächtigen und lieben getreuen! Uns hat Josel jud von
Rosshaim, unser gemainer jüdisch. im hail. reiche teutscher
nation bevelchhaber, clagsweis fürgebracht, wie das etliche
juden über und wider ire freihaiten, privilegien, schutz, schirm
und glait, damit si von bäpsten, gemainen concilien, unsern
vorfarn am reiche, röm. kaisern u. künigen, säliger u. lobl.
gedächtnus, uns u. dem hail. reiche gnädigl. begabt und für-
sehen weren, auch unsern und des hail. reichs aufgerichten
landfriden, und sonderl. auch wider unser kais. mandat, derselben unserer gem. jüdisch. halben auf unserm nächstgehal-
tenem reichstag zu Speyr des 44. jars der mindern jarzal ausgangen, uber das, so ainem jeden, so spruch und vorderung
zu inen samtlich oder sonderl. zu haben vermaint, vor uns,
unserm kais. cammergericht od. an den enden, da sich dasselb
gebüre, rechtens nie vorgewesen und noch nit seien, gewal-
tiglich, fürneml. auf unser und des hail. reichs strassen, und
auch in etl. stetten, märkten und dörfern an iren leiben, haben
u. gütern mit mörden, todschlagen, rauben, wegfüren, gefengnus, austreibung irer heusl. wonungen, zerstörung und
versperrung irer sinagogen und schulen, auch an glait- und
zollgelt merklichen beschedigt, belaidiget, beschwärt und ge-
staigert werden. Und wiewol sie etlich aus euch diemütigl.
angerufen u. gebeten, gegen denen, so sie also beschedigt und
beschwärt, nach vermüg des reichs landfridens, unser schutz,
schirm und glaits zu handlen, auch bei iren freihaiten, privilegien, schutz, schirm und glait beleiben und sie darüber obbemelter massen nit dringen oder belaidigen zu lassen, so ha-

ben sie doch bei euern ains teils dasselb nit bekommen noch
erlangen mügen. Das gemainer jüdisch. zu merkl. beschwärung,
schaden und nachtail reichte, und sich des gegen uns abermals höchl. beschwärt und uns darauf diemütigl. angerufen
und gebeten, gemainer jüdisch. hierin mit unser kais. hilf
gnädigl. zu erscheinen, die zu schützen und zu schirmen. Und
dieweil uns dann als röm. kaiser gebürt, ainen jeden bei recht
und seinen habend. freihaiten zu handhaben und vor unbil-
lichem gewalt zu schützen u. zu verhüten, des auch zu thun
genzl. gemaint sein, und darauf die gemelt jüdisch. hievor in
unsern u. des hail. reichs schutz und schirm genommen und
ine unser u. des reichs freie sicherh. und glait für gewalt u.
zu recht gegeben haben laut unsers briefs, darüber ausgangen:
Demnach gebieten wir euch allen und euer jedem insonders
bei vermeidung unser u. des reichs schwären ungnod und
straf u. den peenen, in jetz gedachtem unserm schutz, schirm
und glaitbrief u. der jüdisch. freihaiten u. privilegien begriffen,
von röm. kais. macht ernstl. mit disem brief und wöllen, das
ir dieselb unser gem. jüdisch. samentl. u. sonderl. bei obbe-
stimten bäpstl., gemainer concilien, aller unserer vorfarn am
reiche u. desselben zugethanen fürstenthumben, grafschaften,
hersch., landen, stetten u. gebieten sicher handlen u. wandlen
lasset u. darüber ir leib, hab od. güter nicht beschediget od.
belaidiget, auch in gemaine od. sonderh. von iren heusl. wonungen, schulen u. sinagogen aigenthällichs fürnemens nit treibet, noch die zerstöret od. versperret, auch si mit neuem, un-
gewonl. zoll u. glaitgelt u. sonst in ander weg wider alt herkommen, recht u. billichait nit beschwäret, dringet od. staigert,
noch jemands andern zu thun bevelhet, schaffet od. gestattet,
auch den thätern, so also dieselb jüdisch. samtl. od. sonderl.
wid. des reichs landfriden, unser kais. schutz, schirm u. glait
u. disem unserm gebot u. mandat an irem leib, hab od. güte
angreifen, vergwaltigen, u. beschedigen wurden, kaine hilf,
fürschub noch beistand, haiml. noch offentl., nit beweiset, in
kain weise noch wege, als lieb euch u. ainem jeden seie obberürte peen u. straf zu vermeiden. Das mainen wir ernstl.
Mit urk. ditz briefs besieg. mit unserm kais. aufgetrucktem
insieg. Geben in unser u. d. reichs st. Augspurg am 30. januarii 1548 etc. Carolus. Ad m. Cass. et Cath. maiest. pr. Jo.
Obernburger.

V¹ Max. Archidux.
V¹ E. A. Berenot.

XXIV.

Supplication Jösel judens von Rosheim, von wegen sein und seiner mitverwandten, den ingang zu Colmar belangen, 48, *an den Landvogt.* Copie. Bezirksarchiv Strassburg, C. 78; Stadtarch. Colmar.

Wolgeborner gnäd. H. Als E. Gn. gut wissens hapt, was mass die röm. kais. Mt., unser allerχη. H., E. Gn. als ein landvogt der landvogtei Hagenaw mandaten und bevelch darbei betreffen etlicher stett, namlich u. sunderl. mit den fürsichtigen, ers., weisen Hn. meister und rath zu Colmar, ire offne kais. wuchen- und jarmarkt, darzu den pass durch die statt bei inen gemeiner judischeit unversperl zu lassen, inhalts des offnen mandats, und noch vermiege desselbigen buchstobens, so sich mit ime pringt, wie dann E. Gn. auch dasselbig inen durch schriflen verkunden haben lassen etc. Daruf ich nun nachvolgends bei gemelten Hn. meister und rath zu Colmar schriftl. durch einen boten sie ersucht, mich mit samt meinen verwandten inzulassen, wie dann dieselb. geschrift mit meher worten ausweiset. Daruf sie mir iren stattsoldner mit iren schriften zugeschickt und mich vertrösl, in 3 od. 4 wuchen furderl. ires thun od. lassens zuzeschreiben, darzu E. Gn. mir dermassen auch zugeschrieben, in einem monat werde mir volkemenliche antwurt, dessen ich mich gesettiget habe lassen. Gned. H., nun seifid 2 monat und auch der herbst verschienen, so befind ich noch kein antwurt. was die ursach ist, das, E. Gn., zuverderst auch ich und gemeine, arme judisch. so ufsatzlichen u. beschwerl. wider den inhalt habender kais. freiheiten u. dern von Colmar eigen schreiben ufgehalten werde, kan ich nit wissen. Der ungezweif. hoffnung, so und ich von wegen gemeiner judisch. vor E. Gn., od. wo sich das gepurn wurd, gütlich od. rechtl. um soliche sachen zu disputirn, wurd jeder theil vileicht mit zimlicher antwurt dem andern begegnen (lass ich dasselbig an seinem gepurenden ort pleiben). Gned. H., ich von wegen gemeiner judisch. und für mich selbst allezeit schriftlichen u. auch durch botschaften mich gegen denen von Colm. lassen hören, das ich darob und daran will sein, das sich ein judisch. aller gepüre mit dem zu- und vongang sollten halten, sie auch darbei beten lassen, das sie mich od. meine mitverwandt. gnedigl. hierinnen versteen wölle, sunder aus keinem trotz mir arm judisch. understeln, sollichs zu ersuchen od. sie in costen od. schaden inzufürn, sover uns die grossen beschwerden, auch getrunge notturft dohin nit bewegen wurde. Nun ist nit one, wir haben noch meher offne kais. bevelchbrieve und freiheiten bei grossen dorinnen verleipten peenen bei hau-

den, so sollichs mein von wegen gemeiner judisch. underthenig
ersuchen u. alle pillicheit erputig, gegen inen von Colm. nit
angcnem sein wölt, dessen den ich mich gor nit versiehe, alsdann will ich mich dannacht mit dieser geschrift gegen E. Gn.
am fordersten u. gegen inen von Colm. protestirt u. angezeigt
haben, damit man auch nit möchte sprechen, ich u. meine
mitverw. wolten gemelte freiheit u. weitere bevelchbrieve, die
ingemein u. sonder usweisen, das uns die stett, märk und päss
unverspert sein sollen, so wir samenthaft vor E. Gn. zugegen
od. wo sich das gepüren wurd, binderhalten wölten. Dann ich
jederzeit erputig, dieselbigen bevelchbrieve u. freiheiten gütl.
zu weisen u. zu zeigen, damit niemand den andern aus neid
od. drotz zu costen u. schaden pringen mechte. Hieruf so ruef
ich von wegen meiner mitverw. E. Gn. nochmaln underthenigl.
um abscheid diser sachen, damit ich von wegen gemeiner
judisch. mich weis weiters zu halten. Dann mein gemüth nit
anders dann zu erbarkeit u. friden geneigt, auch hierinnen u.
sonst gegen E. Gn. u. menigl. nit anders befunden werden
solle. Ob schon gleichwol wir nit eines glaubens sein, so seind
wir doch menschen, die Gott der almechtig beschaffen, bei andern menschen uf erden zu wonen. Wie dann auch alle hohe
u. nideren stende, keiser u. könige, auch in gemeinen geschribnen,
geistl. u. weltl. rechten klar befunden wurdet, das man uns arme
juden gleich andern volkern uf erden barmherzigheit u. miltigk.
beweisen solle, wie dann der röm. kais. Mt., unsers allergned.
Herns gemieth. u. willen jederzeit auch zu thun geneigt ist.
In hoffnung, sollichs zu geniessen, hiemit mich u. meine mitverw. in E. Gn. underthenigheit bevelhende, E. Gn. undertheniger
Jösel jud von Rosheim, gemeiner judischeit bevelchaber.

XXV.

*Copia citationis Josel jud zu Rossheim cum consort. ca.
statt Colmar*, 19. Dezember 1548. Bez.-Arch. Strassburg. 863,
Wetzl. 1249; Stadtarchiv. Colm.

Wir Karl d. fünft, von Gottes gn. rom. kaiser, zu allen
zeiten merer des reichs etc., in Germanien., zu Hisp., baider
Sicil., Jherus., Hung., Dalm., Croat. etc. konig. erzherz. zu
Osterr., herzog zu Burgundi etc.. grave zu Hapsp., Flanndern
u. Thirol etc. enbiet unsern u. des reichs lieben getreuen
Burgerm. u. rath der st. Colm. unser gnad u. alles guet. Lieben

getreuen, unserm kais. camergericht hat unser jud Josell von
Rosshem, gewalthaber gemeiner judeschaft clagend, furbringen,
wiewol die geistliche. u. weltl. satzungen wellen u. zulassen, dass die juden als des. heil. röm. reichs underthanen u.
verwante mit etlichen besondern gesetzen, ordnungen u. massen
bei u. under der christenheit geduldet werden u. dass ein gemeine judenschaft in allen sachen u. anligen sich des reichs gemeinen rechten, so die christen brauchen, auch erfreuen u. des
benugen lassen sollen u. mogen, derhalber auch inen ein freier
zugang, wandel u. handel bei allen unsern u. des reichs furstenthumben herrschaften, gerichten u. stetten im reich, doch gegen
leistung dessen, so von alter heerkomen ist, frei u. unverspert
gelassen werden, wie si dann dessen hin u. wider im reich u.
sonderl. gegen euch u. gemeiner·st. Colm. in ruebigem inhaben
gewesen u. noch sein sollten ; u. wiewol uber solche versehung
der gemeinen rechte ein gemeine judensch. auch von unsern
forfaren am reiche, röm. kaisern u. konigen, u. sonderl. von
uns selbs gnedigl. begabt u. gefreihet, dass si des freien
wandels und zugangs halber zu den gemeinen jar- u. wochen-
merken in allen stetten u. flecken zu irer notturft u. leibs-
underhaltung sicher und unverhindert passiern und wandeln
mögen, inhalts unsers kais. freihaitsbriefs u. dessen declaration
u. erclerung, am verschinen 47 jare der wenigern jarzaal zu
Augspurg daruber gegeben, u. gedachtem unserm cammerger.
in iren originaln derhalbn furbracht u. angezeigt : so sollen doch
ir burgerm. u. rethe solches alles unangesehen under einem schein
einer euer angegebner freiheit, welche doch vermoge gemeiner
rechten u. berurter unserer freihejten u. declaration euch gar
gar nichts furtragen, noch gemeine judensch. an irem wandel,
handel u. pass verhinder mög, inen an dem freien zugang zu
den jar- u. wochenmerkten u. sonst an dem pass daselbst zu
Colm. irrung u. verhinderung thun u. inen denselbigen zu irer
notturft gegen bezalung desjenigen, so von alter herkommen
u. preuchlich gewesen, nit wöllen zulassen noch gestatten,
alles gemeiner judensch. wider obangezogne unser kais. freiheit
u. declaration zu grossem nachteil u. schaden. Und demnach
dieweil uber obberurt unser kais. freihaiten u. declaration verkindung, auch das vilfeltig von gemeiner judensch. beschehen
ansuchen, inen als civibus Romanis solcher freier zugang u.
pass gespert wurde, zu ereffnung u. rechtfertigung desselbigen
um dise unser kais. ladung, auch sonst ander notturftig hielf
des rechtens inen gegen euch zu erkennen u. mitzutheilen, die-
mitiglich anrufen u. bitten lassen. Dweil wir dann meniglichem rechtens zu ferhelfen schuldig u. geneigt seien, inen
auch solche ladung erkannt worden ist, so haischen u. laden
wir euch von röm. kais. macht, dass ir uf den 24. tag, den
negsten nachdem euch diser unser kais. brief uberantwort od.

verkint wird, den wir euch 8 fur den 1., 8 fur den andern
u. 8 fur den 3. letsten u. entlichen rechtstag setzen u. benennen peremptoria, od. ob solcher tag nit ein gerichtstag sein
wirde, den negsten gerichtstag darnach selbs od. durch euern
folmechtigen anwalt an gedachtem unserm camerg. erscheinet,
den obgemelten clegern od. irem volmecht. anwalt darum im
rechten zu antworten, den sachen u. allen ieren gerichtstagen
u. terminen bis nach entlichem beschluss u. urteil auszuwarten.
Wenn ir kommet u. erscheinet, alsdan also od. nit, so wirdet
nicht destminder uf des gehorsamen theils oder seins anwalts
anrufen u. erfordern hierin im rechten gehandlet u. procedirt,
wie sich das nach seiner ordenung gepurt. Darnach wisset euch
zu richten. Geben in unser u. des reis st. Speier am 19. tag des
monats decembris, nach Chr. unsers hn. geburt 1548, unserer
reiche, des röm. ime 30. u. der andern aller im 33. jaren.

Ad mand. dpt. imperatoris proprium. Conr. Visch. D. verwalter Johan. Drewer, Dr. iuditii camerae imperialis protonotarius. Auf den 1. januarii a. im jar 49 hab ich Nicklas Nei-
ding uperliffert der st. Kolmar ein kais. verkindung gleichlauts dis
orgenals dem burgerm. u. etlichen des rats, mit namen h.
Mades Gunser, h. Jorg Vogel, h. Geronimusboner, statmeister,
u. Baltassar von Heln, stattschreiber zu Kolm., belassen Josel
juden von Rossen; abgefertigt den 22. decembris. Moritz
Meissner, bottenmeister.

XXVI.

Josel an den württemberg. Kanzler; Josel jud von Rossheim, gem. jud. befehlshaber, überschickt Valentin Frawen-
berger's relation, wie er das kais. mandat der juden halben
überantwortet, und was ihm der k. kanzler darauf für antwort
gegeben, und bedankt sich derselb gnäd. antwort, und bitt,
das man ime die zollstetten durch das land Wirt. zu wissen
wolle thun. 6. Februar 1551. Original mit abger. Siegel, Staatsarchiv Stuttgart.

Erwuidiger, hochgelerter, günstiger Herr, E. Gn. sein
mein gehorsam, willig dienst zuvor berait. Nachdem di röm.
kais. Mt., unser allergened. H., durch irer Mt. hof- u. camer-
poten Valletein Frawberger ein offen kais. mandat dem durch-
leuchtigen, hochgebornen meinem gnäd. furst u. Hn. herzog
Cristoffen von Wirtenberg uberantwurt, sovil ainer armen

judisch. wandel u. hass der offnen kais. strassen, u. das si bei
allen gewönlichen zöllen gnedigl. passiern möchten, betreff ist,
wie dann auch bei allen andern mer chur- u. fürsten im heil.
reich uf solche mandate fursehen, wie auch die geschribne recht
vermogen, das alle strassen durch stett u. flecken gemeiner
judisch. unverspörrt sein sollen, wie dann dasselbig on zweifel
E. Gn. u. alle hochgelerten guet wissens haben. Dweil nun
gemelter bot solche gened. widerantwurt gehorsaml. durch seine
schrift in hochgedachter kais. Mt. canzlei furpracht, wie dieselbig schrift hiebeigelegt copias E. Gn. zu vernemen haben,
so langt an E. Gn. mein underthenige bitt, wöllen mir bei disem
boten gnedigl. di zollstetten durch bemelt land Wirt. zu wissen
thun, welche dieselbig zollstetten die juden binfuro wissen zu entrichten, und ich als ir bevelchaber si darzue halten kunt, dasselbig auszurichten. Aber nach meinem wissen so bin ich vor
40 joren vilmalen durch bemelt land hin u. wider gezogen u.
an etlichen orten 2, 4 od. 6 pfennig wirtenbergisch. Hierauf
E. Gn. uns zu verston geben, wie der alt geprauch u. gewonn-
heit sei, sollen sich alsdann di juden in allem, wie sich gepürt,
halten. Will auch daran sein, das sich kein jud durch hoch-
gemelt fürstenthum in seinem wandel u. handel ainichlei unbillichs befleissen, sonder erberclich durch das land passiern,
u. wo ainen di nacht begreift, in offnem wirtzhaus beherbergt
werden soll. Bitt auch, E. Gn. wöllen hochgedechtem unserm
Hn. fursten u. hn. von wegen gemelter armer judisch. underthenigl. furpringen, dass ir fl. Gn. an denselbigen örtern u.
passen gened. bevelh thun u. ausgeen lassen, damit si bei
solchem kais. glait u. furstl. tröstung nit weiter beschwert od.
aufgehalten werd. Bin auch fur selbs willens, nach ausgang
des reichstags zue E. Gn. gen Stuggert zu verfuegen u. mich
mit aller gehorsam zu erzaigen. Dergleich von wegen der
armen judisch. bedank wir uns gegen hochged. unsern gnäd.
furst u. hn. ir fl. Gn. gened. antwurt u. tröstung in aller under-
thenigen gehorsam zum allerhöchsten. Thue mich u. gemelte
arme judisch. E. Gn. u. zuvor hochgemeltem unserm gnäd.
fürsten u. hn. in aller underthenigkeit bevelhen. D. Augspurg,
den 6. februarii a. 51. E. Gn. gehorsamer u. williger Jösel
jud von Rossheim, gemeiner judischeit bevelhaber. Dem er-
wurdigen u. hochgelerten hn. Job. Fessler, der rechte doctor
u. fürstl. wirt canzler, meinem günstigen hn. zu hand. Prag.
durch ein Augspurg. botten den 9. febr. 1551.

XXVII.

*Abgeschrift von der hebr. sprach, so von der gmain
judisch. Jesall jud, ierem bevelhhaber zukomen ist,* 14. Juli 1551.
Auszug. Staatsarchiv Stuttgart.

Der frid von Gott dem almechtigen der sei bei euch u.
uns allen, amen. 1. thond wir euch zu wissen, als ier uns uf
der post zugeschickt, wie ier ain abschid u. vertrag von wegen
gemainer juden mit dem durchleichtigisten, hochgebornen fursten, herzog Albrecht in Baiern ufgericht u. beschlossen, das
hinfur ain jud ¹/₂ gulden u. ain frouenperson 1. ort u. ain
knab od. dochter ¹/₂ ort zu glaitgelt geben soll, welche durch
das ganz land wandlen wollen; so sie aber an den ortern 1
meil, 3, 4 iere notturft nach zu wandlen hetten, sollen sie von
jeder meil ¹/₂ batz geben, u. in ierem wandel kain wucherliche qontract iben; auch wo ain alter zoll etliche pfenning,
dieselbigen auch zu geben. Zum anderen hapt ier uns zugeschriben, wie ier euch dermassen gegen dem durchl., hochgeb.
fursten Cristoffel zu Wirt. mit schriften von unser aller wegen ingelassen und bewilligt. Zum 3., wiewol ier wissens
haben, das die röm. kais. Mt. gebotbrief an alle stend lassen
usgeen, das man die strassen in allen landen bei altem, ge-
wunlichem zoll vor uns nit versperren soll; zum 4., so ist
auch uf nechst gehalten reichstag zu Augspurg von kais. Mt.,
churfursten u. allen stenden ufgericht u. beschlossen worden, das wir mogen ufrichtige handel kaufen u. verkaufen,
jar- u. wochen- u. fri margten suchen u. bassieren. Zum 5.,
als ier uns das decret von kais. Mt. zugeschickt u. darbi geschriben, ier wollten uf solche ein gebot an hochgedachten (ur-
sten nit nemen, sunder ier wollens gutlich ersuchen, wie ier
dann bei anderen fursten dermassen bis alher gehandelt haben,
geben wir euch disen beschaid, das uns sollichs euwers rats
wolgefall, mogt ime auch also nachkomen. Zum 6., als ier
schreiben, wie sollicher unwillen erwachsen von den unverstendigen juden, umsässer fürstenthums Wirt., darzu etliche
in anhangenden rechten zu Rottwyll u. vor der chamer be-
haft sein, u. uf euern rath, das man solle bei denselbigen
juden gutigl. verschaffen, ob sie sich mochten uf iere vorderung
• u. handlung kinten mit hochgedachtem fürsten an einer mal-
statt, so inen ernent wirt, vertragen, guetlich, wo dasselbig
nit sein mocht, das man dan not weg suchte, das judischait
ierenthalb nit entgelten soll: geben wir den beschaid, das
sollichs uns auch wolgefällig. Zum 7., als ier uns zuschriben,
wie ier euch heren haben lassen, das hinfuro us anspruch od.
vorderung, ain jud od. judin zu furst wirt. derselbigen under-

thanen zu haben vermaint um schuld, od. was das were, so
solle er gegen denselbigen kain uslendisch recht brauchen,
geben wir disen beschaid, das sollichs uns auch wolgefalt.
Zum 8. thun wir euch zu wissen, ob jud oder judin sich in
solchen articulle ubertreten wurden, so mogen ier dise straf daruf setzen lassen, das dem zugelassen bass verwirkt haben,
bis er uf ieren costen das wider abschaffe. Zum 9., sollen ier
auch im vertrag meldung thun. Haben wir versamlete Rabin
u. barnossn uf euer schriben albie zu Franckfurt nit kind
bergen. D. uf den 14. tag julii, 5311 jar seither beschaffung
der welt.- Den beschaidenen, unseren alten vorgengern Josell
jud. v. Rossh., gmainer juden bevellhh., itzund zu Augsp. an
kais. hof in seine aigne hand zu reichen. Praes. 7. August 1551.

XXVIII.

*Vertrag gegen der judischait ufgericht, d. Stuttgarten,
den 11. august a. 1551. Auszug.* Perg.-Original mit Siegel.
Staatsarch. Stuttgart.

Zu wissen, als an den Hn. Cristoffen die gemain judisch.
im reich gelangen lassen, ir Sr. fl. Gn. fürstenthum widerum
zu eröffnen u. zu erlauben, so haben ir fl. Gn. sollich bitten
irem anwalt u. gewalthaber Jossel juden von Rosshaim alber
geben Stuttgarten zu Sr. fl. Gn. canzlei kommen u. mit ihm
hierum handlung pflegen lassen. Der hat sich im namen gemainer judisch. als ir vollmechtiger anwalt in craft u. vermög
seins habenden gewalts Sr. fl. Gu. begeben und bewilligt.
U. erstlichs, nachdem etlich juden vil etwan sachen gegen
unserm gned. fursten u. irer fl. Gn. underthonon am keis.
camerger. u. dem hofger. zu Rotweyl in recht anhengig haben,
so sollen sie dieselben process alle alsobald abstellen: Doch
sollen solche juden um ir vorderung, darum sie dann anfeng-
lichs dise process angefengt, von Sr. fl. Gn. amtleuten vertagt
werden, sie in der güte zu vertragen. Wa aber sie nit ver-
glichen werden möchten, so soll jeder jud sein vorderung vor
Sr. fl. Gn. gericht u. sunst niendert anderstwa mit recht aus-
fieren. Wa aber noch juden vorhanden weren, die gegen Sr.
fl. Gn. underthanen contrahirt u. derhalben zu inen einiche
anforderung hetten, so soll jeder jud schuldig sein, die innerhalb 4 monaten zu Sr. fl. Gn. canzlei alber gen Stuttg. zu wissen
zu thun. U. im fall das güetl. handlung kein fürgang haben
wurde, so sollen sie darum keinen Sr. fl. Gn. underthonon

fur auslend. gericht furhaischen. U. wa einer solch anforderung in angeregter zeit nit zu Sr. fl. Gn. canzlei zu wissen
thun, so sollen sie darum kein ansprach mer haben; es were
dann, das einer eehaftig ursachen hete, so sollen die gehert
werden, u. was also erkennt wurd, dabei soll ein jeder bleiben.
U. wa einer so frevenlich sein u. dise puncten ubertreten wurde,
so soll der kein glait in unserm fürstenthum haben. U. wa
einer darüber ein auslend. recht anfinge, dasselbe nichtig sein.
U. es soll sich auch die judisch. derselben verprecher nit annemen. Hiegegen hat unser fürst uf der judisch. underthenig
pitt inen bewilligt, das sie durch Wurt. ziehen mogen, doch
das ein jeder, sobald er ankomt, sich zu nechstgesessnen
amtman verfuegen u. ine um glait ansuchen. Derselb soll
solchen alsdan ein glaitsman zuordnen, der ine sicherlich
fieren soll; es were dann, das der jud so arm were, das er
das lebendig glait zu verlegen nit vermöchte, und es bei seiner
glübd anstat des judenaids betheiren mücht, so sol der amtman
ime ein schriftlich glait geben. U. sollen die juden sich glait-
lich halten, u. gar kein hantirung treiben, sunder wa sie hin-
gefiert werden od. mit schriftlichen glait fürziehen würden,
in herbergen bleiben; es were dann, das einer im durchzug
uf ein freien markt keme u. um bar gelt etwas kaufte od.
verkaufte, soll ime onabgestrickt sein. U. darzu jeder zu glaitgelt geben, ein mansperson $^{1}/_{2}$ gülden, ein frau 1 ort u. von
ein kind $^{1}/_{2}$ ort eins guldins. U. wann einer nit mer dann
2 meil zu ziehen hette, soll er von jeder meil $^{1}/_{2}$ batzen geben,
u. dan dem glaitsman von jeder meil 3 kreuzer u. zerung.

Geben u. geschchen zu Stuttgarten 11. tag des monats
augusti, als man n. Chr., unsers lieben herren u. heilands, geburt zelt 1551 jar.

XXIX.

Josel an den Pfalzgrafen, 21. Mai 1553 Orig. mit abger.
Siegel. Bez.-Arch. Strassburg, C. 78.

Durchleuchtigster, hochgeborner churfürst, gnädigster herr.
An E. churfl. Gn. sei mein underfiesslichen armen dienst allezeit zuvoran bereit. Demnoch ich nun bei 50 jaren lang her in
diser landvogtei Hag. u. auch an andern orten gemeiner judenscheit vorgesetzt u. erwelt worden u. ein schweren hohen eid
darüber hab miessen thun, wo gemeine judensch. samt od.
sonder sie wider irer freiheiten, so sie von röm. kaisern u.

konigen, darzu von E. cfl. Gn. selbs od. derselbigen E. cfl.
Gn. voreiltern, loblich u. seliger gedechtniss, lang jor her. bis
uf disen tag berpracht und noch bei handen haben, hiewider
einicherlei widerforen wolt, so muss ich allezeit dasselbige
von iren wegen ire beschwer an orten u. enden, do sich dan
solche sachen gepüren wöllen, .furpringen, underthenigl. am
fordersten jede oberkeit, do dan solche beschwerungen herkeme,
derselbige demitig allerundertbenigst gemelte unser freiheiten
u. derselbig beschwerunge u. verantwortung fürzupringen. Wie
dan das one zweifel E. cfl. Gn. gnedigst wissens haben, das
oftermoln u. nemlich ime 51. jore ungevorlich ein bescheid
aus E. cfl. Gn. canzlei unserm gnäd. Hn. landvogten zukomen,
das ire Gn. in den reichsdörfern um Hag. der juden schulde
lossen erfaren u. aufschreiben; des orts von wegen gemelter
juden iren beschwerung E. cfl. Gn. beriecht that, daruf E. cfl.
Gn. solichs gnedigst abschluf, wie dan dasselbig abschaffunge-
schriften noch bei wolgemeltem meinen gned. Hn. landvogten
beihanden sein moge.

· Zum andern, gnedigster H., unangesehen solches hat wolgemelter landvogt u. zinsmeister jetzt uf montag noch Exaudi,
den 15. maii noch den juden doselbst zu Danckratzh. vor
iren Gn. lossen beschicken u. in gegenwertig irer u. meiner
uns 3 artikel angeseit; zu dem 1., das man alle bürger zu
Danck. befrogt, was sie den juden doselbst jeder schuldig ist,
dasselbig min gescheben, so sollen die juden auch dermossen
anzeigen, was gelichen gelt od. wucher darunter verlaufen; zum
anderen sollen sie von solchem gelt kein zins od. nutzung fürter
mehr nemen od. inen mehr liben. zu dem 3. sollen gemelte
juden zu Danckratzh. ire leibhab u. güter nit enteissern, alles
bis uf weitern bescheid. Gnädigster H., wiewol ich nun
von wegen gemelter juden solche beschwer meine gnad. Hn.
landvogten u. zinsmeistern underthenig angezeigt, das solche
gemelte 3 artikel wider hochgedochte kais. u. kön. u. besonder
E. cfl. Gn. lobl. freiheiten ganz zugegen u. wider were, wie
ich dan dasselbige mit worten angezeigt hab, hat aber wolgemelter mein gned. H. landvogt mir u. den juden fürgehalten,
es sei also von E. cfl. Gn. bevelch zukommen, des ire Gn.
nit endren können, es were dan, das E. cfl. Gn. uf mein fürpringen ein gnedigern bevelch usgen lossen.

Zum 3., gnedigster H., wiewol gemelte arme juden u.
auch ich am fordersten das E. cfl. Gn. gare kein sorge tragen,
das E. cfl. Gn. uns arme in alle wege wider unser freiheiten
u. alt herkomen gar nit beschweren od. ein hernuwerung werden
lossen machen, so haben gedochte juden uf den 1. puncten ire
schuld, was sie ungevorl. in 1 jar geluhen u. in gedechtnus
haben, was wucher od. hauptgut ist, angezeigt; was aber vor
etlichen jarn in der theirunge gelehnet worden u. etlich wein u.

gelt bezalt haben, u. wie die letzte rechnong beschlossen, auch angezeiget. Aber auf den andern puncten, das sie fürter nicht ausleihen od. von iren schuldner weiters kein nutzung haben sollen bitz uf weitern bescheit, beschwern sie sich nit wenig, wer auch wider alt herkomen. Darzu uf den 3. artikel, das sie ire leibe u. güter nit verandern solten bitz uf weitern bescheit, gnedigster H., ruefen wir arme mit aller underthenigk. E. cfl. Gn. an, wölt die armen samt od. sunder gnedigl. bei vielgemelten freiheiten u. der pillicheit handhaben u. schirmen. Dan so sie verclagt weren, miest man den cleger einen zugegen lossen komen, was dan noch clage u. verantwurtung eim od. mehrn erkant wird; wie dan der buchstaben onegevorl. in vielgemelten E. cfl. Gn. freiheiten gemelt u. verleibt ist, mit solchen worten : Wir od. unser amtleut sollen kein cleger wider die juden sein, sunder wer od. welche ansproch an sie zu haben vermeinten, so sol der 1. ansager das uf den juden bewern; so sich dan unbillich befindet, sol er sein gepürlich straf nemen, doch der hochst frefel 25 guldin, so im keine gnade geschicht, ausgenomen mörden od. stelen ; mit mehr tröstlicher freiheit jetzund um der lenge willen underlossen.

Zum 4., gnedigster H., so nu villicht von dem schulthissen zu Danckratzh. od. andre unser missgüner, sei wer sie wöllen, die villeicht von unsern lobl. freiheiten nit wissen hetten, darum sei E. cfl. Gn. oder derselben cfl. Gn. räthen fürpracht od. angezeigt hetten, wie das dan kumen were, dodurch E. cfl. Gn. bewegt hetten, nuwerung u. beschwerung gegen uns armen fürzunemen, bitten wir armen, wöllen uns die cleger lossen zugegen komen, wöllen gemelten juden samt od. sunder ein jeden uf sein cleg u. fürpringen noch vermöge vielgemelter freiheiten in der landvoglei Hag. E. cfl. Gn. landvogt u. räthen um jede ansproche zu recht sien. In hoffnung, E. cfl. Gn. ein sollichs gottlich u. fürstlich gemüet tragt, werden uns armen bei solchem gehorsame erpieten gnediglich lossen pliben u. solche vorgemelte beschwerunge 3er artikel abschaffen u. bei gutem altem herkomen u. gewonheit, darzu E. cfl. Gn. u. derselbigen voreiltern loblicher gedechtnuss selbsgegebne freiheiten nit lossen beschwern. Das wollen um E. cfl. Gn. gesund u. langwirige regierung mit unserm hochsten gebet vor Got dem almechtigen niemer vergessen. Bitten um gnedigst bescheid u. abfertigung. D. den 21. mai anno 53. E. cfl. Gn. underfiessiger Jhesel jud von Rossheim, gemeiner juden bevelhaber.

XXX.

Josel an den Rat zu Hagenau; sine dato. Copie. Bez.-Arch.
Strassburg.

Ehrenhafte, fürneme, ersame, weise, gunstige Heren. E.
fw. seien mein underthenig willig dienst bevor. Günstige Hn.,
aus gehorsamer und erbarer meinung wurde ich verursachet,
ime anfang E. fw. clagsweise underthenig fürzupringen, was uns
judenscheit zum theil entgegenget von unsern heren burgermeister und rhat der statt Rhossheim wider alle pillicheit und
sonderlich wider E. fw. versigelten vertrage, der dan in verschinen jaren zwischen uns der judenscheit und der statt Rhossheim ufgericht worden, deren jede partei einen bei handen.
Hierum konnen wir aus unvermeidlicher notturft nit lenger
umgen und sie mit recht ersuchen an orten und enden, do
sich solches gepüren will. Dieweil dan derselbig vertrage nun
etlich jare verschinen und E. fw. jetzo nit wissens haben mechten,
wie sich dieselben handlungen zugetragen hetten, so muss ich
jetzo E. fw. warhaftig den anfang bis zu usgang gehorsamlich
beriechten. Bitt darbei, E. fw. wollen ab meinem langen sup-
licieren kein verdruss, sonder in gonstigem bedacht haben.

Erstlichen ist war, dass sich ein schwerer handel zugetragen, dass die burger und inwoner zu Rossheim nit allein
uns juden daselbst grossen schaden und laster bei tag und nacht
zugefüeget, sonder auch den uslendischen juden, so in ierem
wandel durch die statt und neben der statt Rossheim an den
thoren aus- und inziehen, sie geschetzt, geschlagen und gerauft.
Welche juden sich vereinbaret, uf solche ire thaten an dem
kais. chammergeriecht vermege des ufgeriechten landfridens,
auch unserer kais. freiheiten, Dr. M. Swapach die-acten ange-
stelt, gemelte heren zu Rossheim zu-beklagen understanden.
Doch ich als ein alter solches nit wollen zulossen und aus ge-
trauwen erbarem gemiethe gesprochen zu gemeldeten heimschen
und fremden juden, wir wöllen solches vor und ehe einem ersamen, weisen rhat zu Hagenauw fürpringen, die dan gemelte
von Rossh. hauptstatt, und weise rhatsfreünde zu aller erbarkeit
und friden juden und christen geneigt sein, niemant wider die pillicheit lossen widerfaren; das mir nun gemelte juden gevolget.

Zum andern ist war, dass ich mit einer supplication derselben zeit vor ein ersamen rhat alhie zu Hagennauv erschinen
und übergeben, darinnen angezeigt ungeverlichen, wie hievor
gemeldet, und darbei sie underthenig gebeten, sofern es inen
gelegen sein wolt und anzunemen, dass ire fw. solches denen
von Rossheim zugeschickt, jeder partei ieren rechten unabbrüch-
lich, wolten mit gedachten juden vor obgemeltem heren meister

und rhat fürkomen, so mechten sie das iren fw. zuschreiben; miesten gemelte juden auch uf ein ernanten tag, wie der gesatzt würde, erscheinen. So solches zu gutem friden vertragen werden mechte, wol und gut, wo nit, solte jedem theil seine clage und ansproch vorbehalten sein.

Zum 3. ist auch war, dass ein ersamer rhat zu Hag. mir gonstiglichen guten willen beweisen und gesprochen, sie wellen ernstlich und vleissig darunder handelen, sofern gemelte von Rossh. solches von inen gutwilliglich begeren; und inen gleich meine supplication und ieren guten bedunken und rhat zugeschigkt. Daruf nun gemelte heren von Rossh. sollichen guten willen und meinung zu dank angenomen, das dan demselbigen noch ein ersamer rat zu Hag. iren stettmeister, magister Bartholome Botzheim seligen, und iren statschreiber, jetzigen zinsmeistern, verordnet, und noch zu inen Schlettstatt und Obernnehenheim zu solchem fride machen beschriben, dass sie auch noch 4 heren zu inen verordnet haben und uf ein bestimten tag g en Rossh. ses us demut erschinen und alle handlung, clag, widerwertigkeit von fremden und heimschen juden, auch dere ire wiederantwurt gemelte heren zu Rossh. noch der leng gnugsame gehört und ein verspielten offnen abscbeid jeder partei zugestelt, den man zu gelegner zeit wol heren wirt.

Zum 4. ist war, dass solchem allem nach burger und burgerssone dessen alles nit geachtet und wider bei tage und nacht der judenheuser, thiere und fenster zerworfen und geschediget, auch die fremden juden neben der statt in ierem banne gewaltiget, wie dann derselbigen juden einer mit Rottweilischem rechten den thäter, ein nambaftigen burger, der jetzund des rats zu Rossh. ist, dohien gepracht, das er demselben juden für seinen schaden ungeverlich 40 gulden geben miessen; und so ich allein und etlich heren zu Rossh. gemelten fremden juden nit so vleissig erpeten, were er mit seiner verkündung und zügen fürgefaren, ohne zweifel us craft des landfridens nicht wol usgangen. Wiss Gott der Herr, das es mir am fordersten von demselbigen burger und seines fromen vaters seligen halben leit was. Jedoch so nun der gemeine unverstendig man von sollichen nambaftigen sehen und hören die ungöttlicheit, werden sie darusser auch desto geherzsamer und frevenlicher, wie dann sie vielmolen bis an diesen tag mit uns armen gehandelt. Wiewol auch in kurzen jaren die kais. Mt., unser allergnedigster her, einen treffenlichen bevelch und gebotbrief unserm gnäd. Hn. landvogt zu Hag. zugeschickt, der ungestim halb, und namlichen die von Rossh. darinnen specificiert, das sein Gn. denen von Rossh. bei grossen penen gepieten und bevelhen soll, der juden, fremden und heimschen, bei nacht oder tag an den thoren und in der statt ungeschetzt und ungeschediget zu lossen. Wie dan dasselbig offen mandat wolgemelter landvogt abschrift inen

zugeschickt, darzu irer Gn. secretarien montlich inen lossen be-
vellhen; und dasselb offen mandat ist noch bei handen. So wir
mit inen rechtlich fürkomen, würd man ohn zweifel hören,
were kais. freiheiten und gebote ubertreten oder gebandhapt hat.
Zum 5. ist auch war, das jetzo in verschinem jare unangesehen alles obgemelt haben 4 gesessener burger zu Rossh.
unser judenheuser wider bei nechtlicher weil thüren und laden
zerstossen, zu den fenstern und chammerladen ingeworfen, und
als ich aus wichtigen gescheften mit anheimsch gesein, meine
hausfrau und künder hergestett, dass sie mordio geschrauven,
und zu grosser krankheit gepracht, doch zuletst ein nachtwachter
uf der that funden. Aber gemelte unsere heren zu Rossh.
jeden burgern nicht höher gestrafet, dann um 1 pfund Strassburger und mit dem thurm 3 oder 4 tag ungeverlichen; aber
um schmoch, schaden, weiber und kinder zu krankheit pracht,
nit gedacht worden, willen und abtrack zu thun. Das nun zu
erbarmen, dass wir armen in den 4 heüsern grosse tribut und
gewerf jerlich geben, bi 100 guldin ungeverlichen, und unsere
heren in allen verträgen auch gelopt und versprochen, mit allem
vleis zu schirmen und dermossen gehalten solten werden..
Zum 6. ist auch war, das nit ohne dass gemelte judenscheit
mich vercleint, so ich also andern auslendischen juden, weit
und breit, vor keisern, konigen und reichstägen austrag, auch
am chammergericht irentwegen im rechten ligen muss, dass ich
sollichen uberschwenklichen, unleidlichen gewalt stillschwige
und nit am chammergeriecht clagsweise fürpringe, so sag ich
das bei meiner warheit, dass ich nun bei 50 jaren der juden
halben in vil fällen alwegen nit gern zu krieg und widerwertigkeit, sonder viel lieber zu friden und einigkeit gewesen,
und noch heüt bi tag, wie E. fw. von einem zum andern
hören werden. Dann ich nun bei 40 jaren zu Rossh. gewonet
und nit allein, dass ich mich underthenig und gehorsame allezeit gegen meinen heren erzeigt, als pillich, sonder auch gegen
allen burgern mich freündlich geholten, nit viel zu geriecht
und rhat gangen. Darzu auch sonderlich gemelter statt Rossh.
guts bewisen, do 15000 man zu Altorff, ¹/₂ meile von der statt,
ime baurenkrieg gelegen und sie iren leger im anfang zu Rossh.
haben wolten, wöckt ich bi nachtenlicher weil Hans Mangen
und Jacob Wagner, beide burgermeister seligen, uf, sagt inen,
wie mir die hauptleüt in dem geheim anzeugten, dass sie am
morgen wirden iren platz zu Rossh. haben. Darum gemelte
burgermeister die thore desselbigen tags bis um mittag zuhülften,
und ire rhatschlag verstöret warde. Als sich gemelte hauptleut
gesterket und die statt vor inen nit uferhalten hetten megen,
doch (zoch?) ich mich zu den hauptleuten gen Altorff, gab Assmus
Gerwer, Peter von Nartheim und Diebolten von Dalheim, 80
goldguldin, darum sie mir brief und sigel uberantwurten, dass

14

sie mit iren haufen gen Rossh. nit inkomen wollen, es weren
dan alle andere reichstätt in ierem bund. Dessen sie mir nun
gehalten, und Jacob Wagner, burgermeister selig, bei mir zu
Altorff, als ich solches erlangt, was, sprach: Jhesel, du und
deine kinder sollen dessen geniessen.

Zum 7. hab ich jetzo in der kron Franckreich herzug mein
leib und gut bi inen gelossen und mer dan 60 guldin vor-
postirt, gon Ihnspruck und anderswo allenthalben warnung zukomen, und wie es auch um die kais. Mt. (Got lob) gesund
und bi leben was, wiewol ihre viel mir nit glaubten. Darzu
alles so zuletst marggrave Albrecht sich des bistums nehern und
man sagt, wie er die cleinen stett alle brantschatzen wolt, hatte
ich bi 400 gulden werth in gold und in silber in einem isern
treglin, sprach zu etlichen heren zu Rossh., ich wolt das inen
darlihen, solten andere burger auch aidigen, was sie von gold
und silber hetten darzuzelühen, wo der feind keme, um brand-
schatzung fordert, domit wir inen mechten abweisen. Durch
solches und anders mer ich wol vermeinet hett, dass ich ein
sonderen gunst und trost bei meinen hern soll befünden. So
siehe ich, das meine guthaten, wie obgemelt, die ich alle weis-
lich machen kann und sie selbs bekennen miessen, nicht helfen
will, muss ich mit andern meinen gesellen rechtlich fürfaro.

Zum 8. haben sie in verschinen etlichen monaten uns juden
beschickt und wider E. fw. vertrag unsern schulmeistern lossen
usgepieten und in meinem abwesen mich und andere gepfendt,
und darzu weiter gebot angeleit, bi 5 pfund Strassburger sich
in 8 tagen aus der statt zu thun. Indem bin ich zu lande komen
und mit meinen gesellen und nachgeburen vor rat zu Rossh. erschinen und sie E. fw. vertrags ermanet, dass sie solliches
nicht zu thun haben, inen fürgehalten, mit mir vor unsern gnäd.
heren landvogt oder E. fw. erscheinen und mir mein silbere
becher, so sie gepfendt, wider zuzestellen; wo nit, send mir verursachet, um solcher und andere gewaltsamer sachen mer sie
mit chammergeriecht anzunemen, dass man niemans ohne erkante
rechten pfenden oder entsetzen soll. Darüber sie usgepot der
schulmeister halb erlossen und gesprochen, die pfande sollen wir
ligen lossen, sie wollen die abschied von den stetten bass besiech-
tigen und mittlerweil uf unsern fürschlag antwurt geben. So haben
sie ungeverlichen 1 monat oder 2 nachdem uns wider beschigkt, send wir gehorsamlichen erschinen, do wir lange gewartet, hat Wendling Manng burgermeister zu uns gesprochen,
wir solten hiengen, mein heren lont die sache jetzo rugen bis
uf ein andere zeit.

Zum 9., uf solches bin ich fürfallender geschefl halben
verritten, haben sie in meim abwesen Jacob schulmeister,
meinen son, mit samt dem andern schulmeister und wittfrauen (?),
auch meiner, die aldo wonen, jetzund zinstags nach dem sontag

reminiscere vor rat beschigkt und gemelten schulmeistern gesagt, sie solten sich bei der straf us der statt thun, und so sie sich an die geldstraf nit keren wolten, wollen sie mit iren knechten gewaltig zur statt usfieren lossen. Und wiewol sie sich beruft und gepeten, mein zukunft zu erwarten, haben sie nützt zugelossen, und gleich die andere nacht darnach ire burger und inwoner aber an unsere heüser und laden geworfen und gestossen, wie ir gwonheit bis alher frevenlichen gethon, und als ich jetzo beriecht worden. Und als sie morgens dem burgermeister zu Rossh. das geclagt haben, sol er geantwurt: wir konnen nit dositzen und euer hieten, megen ir das nit leiden, so ziehen hienweg. Us solchem will ich diser zeit nit viel dispotieren, sonder was jetzund der schulmeister halben und auch des unleidlichen gewalts, nit allein wider E. fw. abscheid oder freiheiten, sonder wider alle erbarkeit, dass man uns menschen, die auch von Gott, uf der erden bei den leüten zu wonen, beschaffen, und in allen landen, loblichen stetten von hoch oder nider stenden dermassen nit gehalten werden, besonder von diser vilgemelten statt Rossh., miessen wir us dringender not um solches alles clagen und fürpringen, die den kais. gewalt haben, dises zu strafen und uns armen zu schirmen.

Zum 10. und beschluss aller sachen, damit E. fw. wie nun in dem und anderen sachen lange jar viel guts und miltigkeit bewisen, wie ich dann bi 60 jaren har von E. fw. vorfaren bis an disen tag gespüret und befunden, dass E. fw. als ein loblich statt Hag. zu aller gerechtigkeit eim jeden sonderlichen eim juden als wol als eim christen gern beholfen und geneigt sein, so will ich von meiner und auch gemelten juden zu Rossh. E. fw. zu gefallen mit solcher grossen clage stilston, bis E. fw. den heren zu Rossh. solche meine supplication und clag uf meinen costen vor nechst komendem samstag zuschicken, und so sie mit irem fürhaben, usgebot und pfendung stilston wellen und jedem seim rechten unabbruchlich um solche obgemelte verhandlunge vor E. fw. albar geen Hag. mit uns erscheinen wolten, wan dann E. fw. nach den osterfeiertagen tag ernennen, wöllen wir mit inen; aber solches nit gelegen sein will und dessen ire antwurt zuschreiben vor zinstags nach halbfasten, alsdann wissen wir uns judenscheit fürter zu halten. Wollen uns doch zuvor gegen E. fw. undertheniglich geprotestiert haben, wie gebert, dass wir arme nit geneigt, sie zu schaden zu pringen, dann was wir armen nit uberhoben konnen sein. Bitten nochmolen E. fw., unser lang supplicieren nit zu ungutem zu versteen, und was zu schreiben und botenlon costen, wollen wir, die juden, gehorsamlich usriechten. Bitte um gnäd. antwurt. E. fw. undertheniger und gehorsamer Jhesel jude von Rossheim, von meinen und meiner mitgewandten doselbst wegen.

Vita.

Ich, Ludwig Feilchenfeld, bin geboren zu Düssel-
dorf am 29. September 1871 als Sohn des Rabbiners
Dr. Wolf Feilchenfeld und seiner Gemahlin Ernestine,
geb. Berend. Meine Erziehung genoss ich in Posen, wo
mein Vater seit Herbst 1872 als Rabbiner der Synagogen-
Gemeinde wirkt. Im Herbst 1889 verliess ich mit dem
Zeugnis der Reife das Kgl. Marien-Gymnasium in Posen,
um an dem unter Leitung des Herrn Dr. I. Hildesheimer
stehenden Rabbiner-Seminar in Berlin mich für den
rabbinischen Beruf vorzubereiten. Gleichzeitig lag ich an
der dortigen kgl. Friedrich-Wilhelms-Universität hauptsächlich historischen und philosophischen Studien ob.
Allen meinen verehrten Lehrern sei mein herzlichster
Dank abgestattet für die auf meine Ausbildung verwendete Mühewaltung.

———————

*Der gelehrte junge Autor ist, als ihm der letzte
Bogen der Arbeit zur Korrektur vorlag, am 30. Mai d.
J. nach kurzem Krankenlager im siebenundzwanzigsten
Lebensjahre seiner Familie, seinem Berufe und der histo-
rischen Wissenschaft durch jähen Tod entrissen worden.
Ehre seinem Andenken!*